Zu diesem Buch

Die faszinierende Verbindung von Kulturgeschichte, taoistischer Liebes- und Lebenskunst und aktuelle Fragen der sexuellen Beziehung zwischen Mann und Frau macht die Bücher Jolan Changs zu einer fesselnden Lektüre.

«Das Tao für liebende Paare» ist ein Werk der Lebensfreude und Lebensbejahung, ein sehr persönliches und mutiges Buch, in dem der Autor viele Tabus unserer Gesellschaft sanft, aber entschieden durchbricht.

Jolan Chang

Das Tao für liebende Paare

Leben und Lieben im Einklang mit der Natur

Deutsch von Anna Koriander

rororo

Rowohlt

Einmalige Sonderausgabe
September 1995

Veröffentlicht im Rowohlt Taschenbuch Verlag GmbH,
Reinbek bei Hamburg, Januar 1991

Umschlaggestaltung Barbara Hanke
(Foto: E. Opalenik/ZEFA-Stockmarket)
Gesetzt aus der Sabon (Linotronic 500)
Gesamtherstellung Clausen & Bosse, Leck
Printed in Germany
1400-ISBN 3 499 13824 7

Inhalt

Vorwort

Wenn man mir die Zigaretten wegnähme, würde man mich vermutlich bald wegen Sexualvergehen oder ähnlichem einsperren.

Colleen McCullough

Was bringt eine talentierte und außerordentlich erfolgreiche Schriftstellerin wie Colleen McCullough, die Verfasserin des Romans *Dornenvögel*, zu einer so selbstzerstörerischen Lebensweise, daß sie ein Gewicht von knapp zweihundert Pfund mit sich herumträgt und eine Zigarette an der anderen anzündet? Mit ihrem, wenn auch scherzhaften, Eingeständnis, daß sie ohne die Unterstützung durch die Zigarette nicht zu einem moralisch einwandfreien Lebenswandel fähig wäre, beantwortet Colleen McCullough nicht nur die obige Frage, sondern noch zwei weitere, die die meisten Menschen immer wieder beschäftigen: Machen Reichtum und Ruhm automatisch glücklich? Können uns Erfolg und große Leistungen anhaltende Befriedigung schenken? Die Antwort auf diese Frage ist schlicht und einfach nein. Die allermeisten von uns wollen das jedoch nicht wahrhaben. Sie meinen, wenn sie nur reich, berühmt und erfolgreich genug wären, würden sich alle ihre Lebensprobleme von selbst lösen. Irgendwann kommt jedoch die Einsicht, daß dies eine Täuschung ist. In diesem Buch möchte ich Ihnen zeigen, daß es einen sehr viel einfacheren, gesünderen und angenehmeren Weg gibt, glücklich zu werden. Er steht Ihnen offen, wenn Sie lernen, sich die Lehren des Taos zu eigen zu machen und sich beständig darin zu üben.

Seit der Veröffentlichung meines ersten Buches, *Das Tao der Liebe*, sind mehrere Jahre vergangen. Obwohl ich mit diesem Buch in erster Linie den Männern helfen wollte, kam erstaunlicherweise mehr als achtzig Prozent der Leserpost von Frauen. Ihr Interesse brachte mich auf den Gedanken, ein Buch über das Tao zu schreiben, das speziell auf Probleme von Frauen im Zusammenleben mit ihren Partnern eingeht.

Wir erleben heute, daß die Welt mit wachsender Geschwindigkeit auf eine Katastrophe zusteuert. Die Frauen sind vielleicht die einzigen, die uns noch einen Ausweg aus dieser Lage zeigen können. Ich glaube nicht, daß dies eine Übertreibung ist. Sind nicht die Regierungschefs, die die Welt immer dichter an den Abgrund führen, fast ausnahmslos Männer? Bestehen nicht alle Eroberungs- und Besatzungsarmeen aus Männern? Bezeichnenderweise gilt dies auch für fast alle Betrunkenen auf unseren Straßen. Es gibt zwar auch ein paar Trinkerinnen unter ihnen, doch sie sind normalerweise stärker darauf bedacht, nicht in der Öffentlichkeit aufzufallen.

Die Frauen sind unterprivilegiert in unserer Gesellschaft; sie leiden im allgemeinen eher im Verborgenen, und dennoch tragen sie oft sogar mehr als die Hälfte der Last, die Welt in Gang zu halten. Sind es nicht vor allem die Frauen, die die nächste Generation junger Staatsbürger großziehen? Verrichten nicht sie die unumgängliche und doch so eintönige Hausarbeit? Und bemühen sich nicht vor allem Frauen am intensivsten, die Welt vor der nuklearen Katastrophe zu bewahren?

Immer wieder habe ich beobachtet, daß Frauen gesünder und in jeder Hinsicht leistungsfähiger werden, wenn sie genug Liebe bekommen. Vor allem sind Frauen, die von ihren Partnern geliebt werden, meist zärtlichere und liebevollere Mütter, ein Umstand, dessen Auswirkungen gar nicht hoch genug einzuschätzen sind. Und die Erfahrung hat mich gelehrt, daß der sicherste Weg, Männern wie Frauen genügend Liebe zu sichern, darin besteht, den Frauen zu zeigen, wie sie die Männer, alte wie junge, behutsam zu gewandteren Liebhabern erziehen können.

Darüber hinaus bin ich davon überzeugt, daß die philosophische Lehre des Taos den Frauen helfen kann, sich wirklich zu befreien, ohne daß durch schmerzhafte und aufreibende Auseinandersetzungen zwischen den Geschlechtern tiefe Gräben aufgerissen werden. Nur wenn Männer und Frauen lernen, auf der Basis von Gleichwertigkeit, Liebe und Eintracht zusammenzuleben, besteht Hoffnung, daß die drohende Katastrophe abgewendet werden kann. Wenn es uns gelingt, in gegenseitiger Wertschätzung gemeinsam an dieser Aufgabe zu arbeiten, nähern wir uns damit vielleicht sogar jenem Idealzustand einer vollkommenen Welt, von dem Dichter und Philosophen seit Jahrtausenden träumen.

Mit diesem Buch will ich einen kleinen Beitrag zu den Bemühungen einer ständig größer werdenden Zahl von Menschen leisten, die genannten Ziele zu erreichen. Außerdem möchte ich damit zugleich all die Fragen beantworten, die mir die Leser und Leserinnen meines ersten Buches gestellt haben. Ich danke ihnen allen aufrichtig für ihr lebhaftes Interesse und bitte alle, denen ich nicht direkt antworten konnte, um Nachsicht.

An dieser Stelle möchte ich darauf hinweisen, daß sich weder die taoistische Philosophie noch dieses Buch ausschließlich mit Liebe und Sexualität befassen. Wohl niemand wird bestreiten, daß Liebe und Sexualität die Kräfte sind, die die Welt bewegen und das Leben vorwärtstreiben. Dennoch erhebt sich für viele nachdenkliche Menschen immer wieder die Frage nach dem Sinn des Lebens – und immer seltener sind sie in der Lage, sie zu beantworten.

Vielleicht kann das Tao, die älteste philosophische Lehre, die sich mit dem Sinn des Lebens beschäftigt, darauf die einfachste Antwort geben: *Der Sinn des Lebens besteht darin zu leben – gesund, glücklich und frei zu leben.* In diesem Buch will ich Ihnen zeigen, was es heißt, glücklich und gesund zu leben. Was es dagegen bedeutet, «frei» zu leben, ist nicht so einfach zu bestimmen. «Freiheit» ist schon seit Jahrhunderten ein höchst schillernder Begriff. «O Freiheit, o Freiheit, wie viele Verbrechen begeht man in deinem Namen!» waren Madame Rolands (1754–1793) letzte Worte, bevor sie die Guillotine bestieg. Seither mußte immer wieder die Freiheit herhalten, um millionenfaches Morden und ungezählte Verbrechen zu rechtfertigen. Ist dies alles im Sinne des Taos, oder ist der Taoist ein Gegner der Freiheit? Ganz und gar nicht. Wir können das Tao sogar *die* Philosophie der Freiheit nennen. Nach taoistischem Verständnis bedeutet Freiheit, daß jeder die Freiheit des anderen respektiert, ohne ihm seinen eigenen Freiheitsbegriff aufzudrängen. Freiheit aus taoistischer Sicht bedeutet, daß niemand in den Freiheitsraum eines anderen einbricht. Dazu gehört auch, daß niemand das Recht hat, einen anderen seelisch oder körperlich zu verletzen.

Ich möchte in diesem Zusammenhang auf den sozialen Zwang zur Konformität hinweisen, der heute selbst in den hochentwikkelten Gesellschaften herrscht. So habe ich zum Beispiel erst gestern im Augustheft 1982 des ‹Life Magazine› einen interessanten Artikel über einen amerikanischen Arzt gelesen, der nach zwanzig Berufsjahren Chefarzt eines Krankenhauses wurde. Kurz darauf stellte er fest, daß er Krebs hatte. Als Leiter eines angesehenen Krankenhauses hatte er natürlich Zugang zu den besten und modernsten medizinischen Behandlungsmöglichkeiten. Doch auch eine langwierige und schmerzhafte Behandlung, viele Tests und mehrere Operationen, bei denen ihm beide Hoden entfernt wurden, befreiten ihn nicht von der tödlichen Krankheit.

Als etablierter Mediziner hatte der Arzt zeitlebens in konventionellen Bahnen gedacht. So waren zum Beispiel lange Haare für ihn ein ausreichender Grund gewesen, um einen Mann von vornherein abzulehnen. Doch nun nahm er eines Tages ganz gegen seine Gewohnheit zwei Anhalter im Auto mit. Er begriff selbst nicht recht, warum er das tat. Vielleicht war es ein Wink des Schicksals;

vielleicht kam es daher, daß Todkranke häufig ihr Verhalten radikal ändern. Manche, wie auch dieser Arzt, werden freundlicher und hilfsbereiter, andere dagegen werden hart. Während der Fahrt erwähnte der Arzt sein Krebsleiden. Die jungen Mitfahrer, die über die Heilkraft richtiger Ernährung Bescheid wußten, sandten dem Arzt wenige Tage später Broschüren zu diesem Thema. Wie ein Ertrinkender, der nach jedem Strohhalm greift, begann der Arzt, die Ernährungsratschläge zu befolgen. Doch er hatte nicht bedacht, wieviel Mut er als Chefarzt würde aufbringen müssen, sich dem Zwang zur Anpassung zu widersetzen. Wie sollte er die zahlreichen Arbeitsessen und Einladungen überstehen? Zuzusehen, wie andere sich saftige Steaks schmecken ließen, war schwierig genug, doch noch viel mehr Überwindung kostete es ihn, bei solchen Gelegenheiten sein mitgebrachtes Eßgeschirr hervorzuholen und seine vegetarische Diät zu essen, während aller Augen auf ihn gerichtet waren und spöttische Bemerkungen über seine veränderten Eßgewohnheiten fielen. Zum Glück fehlte es ihm nicht an Standhaftigkeit – ohne diese Eigenschaften wäre er wohl auch in seinem Beruf nie so weit gekommen. Er hielt sich unbeirrt an seine Diät. Nach einigen Monaten war die Krebsgeschwulst verschwunden – durch ein Wunder oder durch Zufall?

Ich werde in einem späteren Kapitel genauer auf die taoistische Heilkunst eingehen. Taoistische Ärzte haben seit Menschengedenken eine Vielzahl unterschiedlicher Krankheiten hauptsächlich dadurch geheilt, daß sie die Patienten lehrten, falsche Eßgewohnheiten zu korrigieren. Aus unserer Zeit stammt dagegen das Buch *Does Diet Cure Cancer?* der englischen Ärztin Maud Tresillian Fere, die sich selbst und eine Reihe von Patienten mit Hilfe einer Diätbehandlung vom Krebs befreite. Ich kenne hier in Stockholm eine Sängerin, die nach einer schweren seelischen Erschütterung an Leberkrebs erkrankte. Die Geschwulst war bereits so weit fortgeschritten, daß eine Operation nicht mehr in Frage kam. Glücklicherweise kannte der Hausarzt der Kranken die Heilmethode, die in Maud Tresillian Feres Buch beschrieben wird. Die Sängerin richtete sich nach dieser Methode – und nach etwa einem Jahr bildete sich ihr Tumor zurück.

Um dieses Vorwort nicht noch mehr in die Länge zu ziehen, will ich nur noch zusammenfassend darauf hinweisen, daß wir niemanden unter Druck setzen sollten, der die Energie und den Mut aufbringt, eine für ihn sinnvollere und befriedigendere Lebensweise auszuprobieren. Ohne diesen Mut hätten der Chefarzt und Maud Tresillian Fere an Krebs sterben können. Selbst der berühmte Wissenschaftler Linus C. Pauling, der 1954 den Nobelpreis für Chemie erhielt, wurde hart angegriffen, als er die unkonventionelle These vertrat, daß Vitamin C bei Erkältungskrankheiten und sogar bei Krebs helfen kann. Inzwischen liegen natürlich viele weitere Forschungsergebnisse vor, die seine Ansicht bestätigen. Der aus Ungarn stammende Albert von Szent-Györgyi, ein anderer seiner Zeit vorauseilender Wissenschaftler – für seine Forschungsarbeiten über das Vitamin C erhielt er 1937 den Nobelpreis für Medizin –, wurde bei seiner Einbürgerung in den USA von Reportern gefragt, was er von der Demokratie halte. Die Demokratie sei eine ausgezeichnete Staatsform, antwortete Szent-Györgyi, wenn man davon absehe, welchem Anpassungszwang Individuen mit unkonventionellen Neigungen in ihr ausgesetzt seien. Die Wurzel des Problems liege in der Schwäche des demokratischen Wahlsystems, nach dem zwei Dummköpfe mehr zu sagen und damit mehr Macht hätten als ein Genie, das bloß über eine einzige Stimme verfüge.

Ich möchte mit dem großen französischen Philosophen Voltaire schließen, der vor mehr als zweihundert Jahren einem Gegner gegenüber erklärte, er teile zwar seine Meinung nicht, werde aber bis zum letzten Atemzug dafür kämpfen, daß er sie frei äußern dürfe. Dies ist der Geist, der die Demokratie am Leben erhält, der Geist, der die Lehren des Taos durchzieht.

I

Befreiung durch eine Revolution des Liebens

1

Das Tao der Liebe und das Glück

Was begehrt der Mann im Herzen des Weibes?
Die eignen Freuden erfüllten Verlangens.
Was begehrt das Weib im Herzen des Mannes?
Die eignen Freuden erfüllten Verlangens.

William Blake[1]

Das Geheimnis, wie man rasch zu Reichtum kommt, kann ich Ihnen nicht verraten, denn ich habe es noch nicht entdeckt. Doch nachdem ich vom Schicksal der Millionenerbin Barbara Hutton gehört und die Lebensgeschichte von Milliardären wie Getty, Howard Hughes und Onassis gelesen habe, bin ich davon überzeugt, daß diese Reichen trotz all ihres Geldes keine glücklichen Menschen gewesen sein können. Barbara Hutton bekannte kurz vor ihrem Tod: «Liebe kann man nicht kaufen... Mein Geld hat mich nie glücklich gemacht.»[2]

Was ich Ihnen jedoch verraten kann und auf den folgenden Seiten erklären will, ist, wie man ein gewandterer Liebhaber und damit zugleich ein glücklicherer Mensch wird. Ich gehe dabei von meinen persönlichen Erfahrungen aus, weil sie einleuchtender sind als jede Theorie.

Der Fluch der Impotenz

Als ich in Toronto lebte – ich war damals etwa dreißig Jahre alt –, war ich eine Zeitlang hoffnungslos impotent, ein Problem, unter dem fast alle Männer zeitweilig oder ihr ganzes Leben lang leiden.

Durch seine Impotenz gerät der Mann in eine höchst peinliche Lage. Er hält eine anziehende Frau in seinen Armen, eine Frau, die ihn begehrt und von ihm erwartet, daß er sie liebt – doch er kann nicht. Bei mir war die Impotenz die Folge meiner Gewohnheit gewesen, beinahe täglich, oft sogar mehrmals am Tag, zu ejakulieren – und das zwölf Jahre lang. Es ist ein Irrtum, wenn «ein Therapeut für Sexualfragen der University of California... sagt: ‹Manche hatten so viel Sex in den letzten zehn oder fünfzehn Jahren, daß sie die Sensation hinter sich haben. Heute gilt ja alles, was man will, als erlaubt, sogar als gut für die Gesundheit. Für eine Reihe von Leuten, die es getan haben, hat Sex seinen Charme verloren...›»[3] Nicht sexuelle Begegnungen und Liebeserlebnisse töten den Reiz und verursachen Impotenz, sondern uneingeschränktes, unkontrolliertes Ejakulieren. Ich selbst habe nach der kurzen, schmerzlichen Erfahrung, impotent zu sein, in den darauffolgenden drei Jahrzehnten mindestens drei- oder viermal häufiger geschlechtlichen Umgang gehabt als in jenen zwölf frühen Jahren. Und mit welchem Ergebnis? Die körperliche Liebe hat für mich nichts von ihrer Faszination verloren. Im Gegenteil: Ich genieße sie heute mehr als je zuvor.

Wie mir eine Frau bei der Überwindung der Impotenz half

Die Frau, die ich in jener Zeit sehr mochte, war ein außergewöhnlicher Mensch. Sie hatte Geduld mit mir, obwohl ich wegen meiner zeitweiligen Impotenz nicht oft mit ihr schlafen konnte. Zudem war sie immer bereit, ganz so, wie es im *Tung-hsüan-tzu* beschrieben ist: «Ihre Korallengrotte ist feucht und fließt über wie eine geheime Quelle, aus der Wasser in ein tiefes Tal rinnt.»[4] Ich dachte, unter solch günstigen Bedingungen könnte es mit ein wenig Nachhilfe nicht allzu schwierig sein, in sie einzudringen, selbst mit einem schlaffen Glied. Also versuchte ich, meinem halb erigierten Penis mit den Fingern einen Weg in ihre feuchte Vulva zu bahnen. Mit dem Glück des Anfängers gelang es mir gleich beim erstenmal. Mit der Zeit und mit zunehmender Übung wurde ich so geschickt, daß ich meinen Penis auch dann hineinschieben konnte, wenn er völlig weich war. Das Erstaunliche ist, daß mein Selbstvertrauen als Mann automatisch in dem Maße stieg, in dem es mir gelang, mein männliches Werkzeug immer kundiger zu gebrauchen. Damit war das Problem der Impotenz für mich gelöst. Daß Impotenz eine vor allem durch Ängste und fehlendes Selbstvertrauen verursachte Störung ist, weiß heute so ziemlich jeder; aber die Möglichkeit, sie mit Hilfe der eigenen Finger zu beheben, ist weit weniger bekannt. Ich gab meiner neugefundenen Methode den Namen «Weiches Eindringen». Seitdem sind mehr als dreißig Jahre vergangen.

Wenn ein Mann diese Methode des «weichen Eindringens» mit der Ejakulationskontrolle verbindet, die in den alten taoistischen Texten empfohlen wird, dann ist er als Liebhaber unschlagbar. Ich dachte zuerst, ich hätte eine völlig neuartige und revolutionäre Entdeckung gemacht. Viele Jahre später fand ich jedoch in einer Neuausgabe einer über zweitausend Jahre alten Schrift von Wu Hsien, einem Tao-Meister der Liebe aus der Han-Zeit (206 v. Chr. bis 219 n. Chr.), die genaue Entsprechung des «weichen Eindringens».[5] In Wirklichkeit sind die alten Taoisten unschlagbar! Allerdings sind die klassischen chinesischen Texte wegen des charakteristischen Lakonismus des damaligen Chinesisch in der Regel nur sehr mühsam zu entschlüsseln. Hinzu kommt die Schwierigkeit, daß der Themenkreis des Taos der Liebe seit der späten Ming-Dynastie gegen Ende des sechzehnten Jahrhunderts nicht mehr gründlich durchforscht worden ist. Nach wiederholtem Lesen des Buches von Wu Hsien wurde ich auf die folgenden vier chinesischen Schriftzeichen aufmerksam: *«tho zer chan zoo.» Tho* bedeutet «weich, schwach, schlaff», *zer* «hinein, eintreten», *chan* «stark, steif» und *zoo* «zurückziehen, hinaus, verlassen». Zusammengenommen können diese vier Zeichen mit «Schlaff hinein, steif heraus» übersetzt werden. Der Ausdruck als Ganzes erschien mir zunächst rätselhaft. Wäre ich nicht zufällig selbst auf die Methode des «weichen Eindringens» gestoßen, hätte ich wohl nie erraten, was damit gemeint war. Tatsächlich kommen in den beiden Vorgängen, die der Satz beschreibt, die beiden Grundprinzipien des Taos der Liebe zum Ausdruck. Wenn zwei Partner den im ersten Teil des Satzes bezeichneten Akt beherrschen, können sie fast jederzeit und so oft sie es wünschen, miteinander schlafen. Wenn ein junger Mann die zweite Forderung, das «Steif heraus», meistert, ist er imstande, seine Ejakulation zu kontrollieren, so daß er zu einem fast vollkommen «sicheren» Liebhaber wird. Seine Partnerin braucht nie wieder künstliche Verhütungsmittel anzuwenden, solange sie nur mit ihm schläft. Ich sage hier nur deswegen «fast», weil es auf Erden tatsächlich keine hundertprozentige Sicherheit gibt. Selbst die «Pille» mit ihren gefährlichen Nebenwirkungen bietet bis heute keine vollkommene Sicherheit. Ich selbst habe über vierzig Jahre lang ausschließlich die Methode des Zurückziehens, wenn nötig zusammen mit der Ejakulationskontrolle nach dem Tao, angewandt und in dieser Zeit keinen einzigen «Unfall» verursacht. Ich muß allerdings hinzufügen, daß ich mich immer außerordentlich gewissenhaft und sorgsam verhalten habe, denn es ist die oberste Pflicht des Mannes, die Geliebte nicht ungewollt zu schwängern. In dem Kapitel über Empfängnisverhütung werde ich noch genauer auf diesen Punkt eingehen.

Nach der Überwindung der Impotenz und der Rückkehr zu den bewährten Ratschlägen des Taos hat sich mein Leben deutlich zum Besseren gewandt. Ich fühle mich gesund und habe sehr viel Liebe bekommen und gegeben. Mit anderen Worten: Seitdem ich meine Impotenz überwunden habe, bin ich ein glücklicher Mensch und ein glücklicher Liebhaber geworden. Mit der nun folgenden wahren Geschichte möchte ich zeigen, daß das Tao jedem von uns helfen kann, die Seligkeit der Liebe zu kosten.

Ava

«Ava» ist nicht der wirkliche Name der jungen Frau, die ich Ihnen vorstellen möchte, doch sie ist alles andere als eine Phantasiegestalt. Sie ist damit einverstanden, daß ich sie hier erwähne. Ich kenne Ava erst seit ungefähr drei Monaten. In dieser Zeit ist in ihrem Gesicht eine Veränderung vorgegangen – Ava sagt es selbst, und ich stimme ihr zu. Sehr oft liegt nun ein warmes, glückliches Leuchten auf ihrem Gesicht.

Ava kommt aus ungünstigen, ja sogar aus sehr traurigen Familienverhältnissen. Ihr Vater ist Alkoholiker, ihre Großmutter ebenfalls, und auch der Freund der Großmutter ist Trinker. Avas Mutter, eine engelsgleiche, schöne Frau mit wunderbar zarter Haut, die – wie Ava – weder raucht noch trinkt, hat sich vor mehr als fünfzehn Jahren von ihrem Mann scheiden lassen.

Ava ist einer der liebevollsten und offensten Menschen, die ich je gekannt habe. Furchtlos vertraute sie mir Stück für Stück ihrer

Lebensgeschichte an. Schon beim ersten Kennenlernen erfuhr ich, daß sie drei Liebhaber hat. Sie zögerte nicht, mich als ihren vierten Geliebten dazuzunehmen. Entgegen dem Ruf, den Stockholm im Ausland genießt, lebt man in dieser Stadt keineswegs besonders freizügig; doch glücklicherweise kreuzen von Zeit zu Zeit immer wieder so unverkrampfte und mutige Menschen wie Ava meinen Weg. Das ist es, was diese Stadt trotz ihrer dunklen und kalten Winter so reizvoll macht und was es mir ermöglicht, dieses Buch zu schreiben.

Obwohl erst vierundzwanzig Jahre alt, ist Ava doch schon eine vielversprechende Künstlerin. Da sie auf vorteilhafte Kleidung keinen Wert legt, erscheint sie auf den ersten Blick nicht ungewöhnlich attraktiv. Doch wenn sie ihre unkleidsamen Sachen auszieht, kommt darunter eine wirkliche Schönheit zum Vorschein. Ihre weiche, glatte, wie Jade schimmernde Haut (das Erbe ihrer Mutter, wie Ava sagt) und ihre wunderbare Figur machen es zu einem köstlichen Vergnügen, Ava anzusehen und zu berühren. Ich fühlte mich bei ihrem Anblick spontan an Botticellis Gemälde *Die Geburt der Venus* erinnert. Außerdem ist Ava eine der warmherzigsten und zärtlichsten Frauen, denen ich je begegnet bin, und sie genießt die Freuden der Liebe in vollen Zügen.

Vielleicht sollte ich an dieser Stelle auf den Unterschied zwischen der taoistischen Auffassung von Schönheit und den alltäglichen Maßstäben hinweisen. Gemäß den alten Schriften des Taos ist die warme, mitfühlende und ausgeglichene Frau die begehrenswerteste, und nicht die kalte, gefühllose und unnatürliche Schöne, die zwar auf den ersten Blick einen starken Reiz ausüben mag, aber zu keiner längeren und tieferen Beziehung fähig ist.

Mein zweites Zusammentreffen mit Ava war ein überwältigendes Erlebnis. Sie besuchte mich an einem Freitagabend und zeigte mir zuerst einige ihrer Zeichnungen, die mir außerordentlich gut gefielen. Nicht lange danach begannen wir wie von selbst, uns zu lieben. Ich habe nur wenige Frauen gekannt, die wie Ava den Zauber völliger Ungezwungenheit besitzen. Ihr Körper verschmolz harmonisch mit dem meinen. Wir waren, wie die alten Chinesen sagten, förmlich miteinander verwachsen. Wir liebten uns die ganze Nacht hindurch und schliefen erst umschlungen ein, als der Tag schon lange angebrochen war.

Doch das ist inzwischen drei Monate her, und wahrscheinlich kann ich jenes hinreißende erste Zusammensein mit Ava jetzt nicht mehr so lebendig beschreiben wie unsere späteren Begegnungen. Wir sehen uns ziemlich regelmäßig zwei- oder dreimal die Woche. Manchmal ist es so traumhaft wie in unserer ersten gemeinsamen Nacht, manchmal etwas weniger intensiv, manchmal sogar noch schöner als beim erstenmal. Bei Paaren, die das Tao befolgen, steigert sich der Liebesgenuß mit der Zeit immer mehr, doch geschieht das natürlich nicht in einer stetig ansteigenden Kurve.

Unser Zusammensein in der letzten Nacht übertrifft jedoch alles – und ich habe es noch ganz frisch im Gedächtnis.

Ava kam etwa gegen zehn Uhr abends nach ihrem Sprachkurs zu mir. Da draußen ein kaltes, feuchtes Schneetreiben herrschte, nahm sie als erstes ein heißes Bad. Sie hatte sich am Abend zuvor mit ihrem brasilianischen Freund getroffen. Ava berichtet mir stets von ihren Liebesabenteuern, und ich habe beobachtet, daß sie mich nach jedem Zusammensein mit anderen Männern noch zärtlicher liebt. Ich fragte sie an diesem Abend, ob mein Eindruck richtig sei. Sie sagte ja und fügte nach einer Weile hinzu: «Jolan, wenn wir uns lieben, ist es, als ob wir zusammen ein klassisches Musikstück spielten und einen klassischen Pas de deux tanzen. Bei José habe ich das Gefühl, amazonische Rhythmen zu spielen und einen indianischen Dschungeltanz zu tanzen.»

Mit einem einzigen Liebesakt gibt sich Ava nie zufrieden: «Je öfter und länger, desto schöner ist es für mich.» Wenn ich sie anschaue, weiß ich, daß sie die Wahrheit sagt, denn je länger wir uns lieben, desto stärker überzieht ein engelhaftes Leuchten ihr Gesicht. Mit jeder neuen Vereinigung vertieft sich dieser ekstatische Ausdruck – ein Zeichen dafür, wie beglückend und befriedigend das Liebesspiel für sie ist.

Wir sind jedesmal sehr glücklich, wenn wir miteinander schlafen, doch gestern nacht und heute morgen war es so rauschhaft, daß wir uns den Beinamen «Die genußreichen Liebenden» gaben. Wir müssen uns vor dem Einschlafen wenigstens vier- oder fünfmal geliebt haben, und dann wieder vier- oder fünfmal, bevor wir heute morgen kurz vor acht aufstanden. Ich kann nur den Kopf schütteln, wenn ich an David Reubens Feststellung denke: «Der dritte Geschlechtsakt des Abends ist oft mehr fürs Tagebuch (oder für den Stammtisch) gedacht als zum Vergnügen der Beteiligten.»[6] Wie konnte einem erfahrenen Arzt nur ein solcher Irrtum unterlaufen? Ich könnte die Behauptung höchstens dann verstehen, wenn sie allein auf die überforderten Männer gemünzt wäre.

Spezielle Fragen – konkrete Antworten

Ich kann mir vorstellen, daß mir manche unter Ihnen bereits an dieser Stelle gern ein paar Fragen stellen würden. Vielleicht gelingt es mir, einige davon gleich vorweg zu beantworten.

1. Was bringt eine so junge und bezaubernde Frau dazu, sich einem Mann zuzuwenden, der dem Alter nach ihr Großvater sein könnte? – Die Antwort ist einfach: Man sieht mir mein Alter nicht an. Nur sehr selten schätzt mich jemand auf über vierzig, manchmal werde ich sogar für dreißig gehalten. Als der bekannte Romancier Lawrence Durrell und ich uns vor Jahren zum erstenmal trafen, sah Durrell mich aus dem Zug steigen und hielt mich zunächst für einen jungen Burschen. Das lange Wochenende, das wir zusammen verbrachten, regte ihn dazu an, ein kleines Buch zu schreiben, das das Tao und meine Versuche, das Tao wieder zum Leben zu erwecken, zum Thema hat. Es trägt den Titel *A Smile in the Mind's Eye*. Darin schildert Durrell unter anderem unsere erste Begegnung: «Als er das Trittbrett hinunterkletterte, dachte ich, er sei vielleicht achtzehn, so elastisch und leicht waren seine Bewegungen. Er winkte mir lächelnd zu und sprang dann mit der Geschmeidigkeit einer Katze auf den Bahnsteig. Doch kein Zweifel – es war Chang! Ich brauchte einige Zeit, bevor ich mich an den Gedanken gewöhnte, daß dieser schlanke, jugendliche Chinese in Wirklichkeit ein Mann um die Sechzig war!»[7]

Natürlich nimmt Durrell sich hier die dichterische Freiheit, den Eindruck von Jugendlichkeit stark zu übertreiben. Doch im Kern stimmt seine Beschreibung mit meinem eigenen Selbstgefühl überein.

2. Wie kommt es, daß Sie so jung und agil sind? – Wenn ein Mann sehr häufig und in der durch das Tao vorgeschriebenen

Weise liebt, produziert sein Körper fast genausoviel Testosteron wie der eines Jugendlichen. Wie wir wissen, ist Testosteron ein anabolisches Hormon, das den Mann gesünder, kräftiger und leistungsfähiger macht und ihn viel jünger aussehen läßt, als es seinem tatsächlichen Alter entspricht. Jede zärtliche Stimulierung durch eine Frau hat zur Folge, daß im Körper des Mannes mehr Testosteron erzeugt wird. Der am Max-Planck-Institut für Psychiatrie in München tätige Endokrinologe Karl M. Pirke und seine Mitarbeiter haben dies 1974 in einer Untersuchung nachgewiesen. Pirkes Forschungsergebnisse belegen, daß selbst eine rein visuelle Stimulierung den Testosteronspiegel im Blut des Mannes anheben kann. Natürlich sind die hormonellen Auswirkungen noch weit stärker, wenn der Mann tatsächlich und ausgiebig liebt, mit Frauen Liebkosungen austauscht und regelmäßig sexuellen Verkehr hat, so wie das Tao es empfiehlt.[8]

3. Aber kann denn jugendliches Aussehen allein der ausschlaggebende Grund dafür sein, daß ein Mann auf Frauen anziehend wirkt? – Eine Frau, die warm und zärtlich ist und Freude daran hat, die Liebe zu genießen, wird einen Mann, der das Tao praktiziert, zumeist höchst anziehend finden, und zwar aus dem einfachen Grund, weil die Kenntnis des Taos den Mann befähigt, die Bedürfnisse der Frau vollkommen zu befriedigen. Im Lauf der Jahre habe ich immer wieder beobachtet, daß Frauen nur die Männer wirklich lieben, die ihr Liebesbedürfnis restlos befriedigen. Meine Beobachtungen und persönlichen Erfahrungen bestätigen voll und ganz, was der englische Dichter William Blake vor fast zweihundert Jahren zu diesem Thema sagte: Die Frau will, daß der Mann ihr Genuß verschafft. Natürlich stimmt das auch, wenn man es von der anderen Seite her betrachtet. Viele Männer wären bereit, so gut wie alles aufzugeben, wenn sie eine Frau finden könnten, die sie wirklich glücklich macht.

4. Kann jeder Ihre Ratschläge anwenden, unabhängig davon, wie alt er ist und welchem Geschlecht er angehört? – Lassen Sie sich nicht beirren, lesen Sie weiter, und Sie werden sehen, daß das Tao sehr leicht zu erlernen ist, wenn Sie ihm ganz vertrauen. Es kann Ihr Leben grundlegend ändern – und zwar zum Besseren!

Ich habe meinem Vorwort eine scherzhafte Bemerkung der bekannten australischen Autorin Colleen McCullough vorangestellt. Es ist offensichtlich, daß sie sich trotz des Geldsegens und der Berühmtheit, die ihre erfolgreichen Bücher ihr eingebracht haben, nicht wirklich ausgefüllt und glücklich fühlt. Ich möchte deshalb noch eine weitere Australierin erwähnen, eine Bekannte von mir, die im Gegensatz zu der erfolgreichen Schriftstellerin weder Reichtum noch Ruhm ihr eigen nennt. Sie ist in den Fünfzigern, also ungefähr zehn Jahre älter als die gefeierte McCullough, und findet Glück und Erfüllung darin, jüngere und unerfahrene Frauen und Männer zu beraten und ihnen zu zeigen, wie man liebt. Obwohl sie das Tao nicht kennt, haben ihre eigenen Beobachtungen und Erfahrungen sie zu ähnlichen Schlußfolgerungen geführt. Ich möchte hier aus einem Brief zitieren, den sie einer jungen Ratsuchenden schrieb. Sie erklärt darin, wie eine Frau die Männer dazu anleiten kann, zärtlichere Liebhaber zu werden.

«Die Frau zeigt dem Mann das erotische Spiel und lehrt ihn, die Erfüllung seines Begehrens hinauszuschieben. Das geht nur, wenn der Mann sensibel ist. Der erste Schritt ist, ihn daran zu gewöhnen, daß er Sie an den Händen hält, während Sie sich mit ihm – sei es über alltägliche, sei es über bedeutende Themen – unterhalten. Er soll die körperliche Nähe und enge Berührung mit Händen und Armen erleben, während sein Geist mit etwas anderem beschäftigt ist, sich auf das Thema des Gespräches konzentriert... Andernfalls verlangt der Mann in dem Augenblick, in dem er die Frau berührt, nach *Sex*. Das ist vor allem in den angelsächsischen Ländern so, in denen Körperkontakt von Kindheit an als Tabu gilt. *Wir können nur dann ein Gefühl des Einsseins spüren, wenn wir uns körperlich nahe sind.*

Sie nähern sich dem Mann durch Berührungen, die man als ‹nichtsexuellen Sex› bezeichnen könnte. Ermutigen Sie ihn, indem Sie ihm sagen, wie herrlich das für Sie ist und *was für ein Gefühl inneren Friedens in Ihnen erwacht, wenn Sie ihn berühren.* Allmählich wird der Mann diese Berührungen bewußt erleben... *Lehren Sie allmählich den Körper Ihres Partners, jedes Stückchen Haut, jeden Muskel, das Berühren und Streicheln mit Händen und Lippen genußvoll zu erleben.* Beginnen Sie bei den Händen, den

Armen, dem Gesicht und dehnen Sie die Berührungen und Liebkosungen nach und nach auf den Nacken, den Rücken und den Oberkörper aus.»

Lieben und geliebt werden

Wer liebt und geliebt wird, hat keinen Grund, andere zu beneiden. Wahre Liebe ist kostbarer als alle Reichtümer und alle Macht dieser Welt. Nur wahre Liebe kann uns wirklich glücklich machen. Barbara Hutton hat recht, wenn sie sagt, daß man Liebe nicht kaufen kann und daß Geld allein nicht glücklich macht. Das Tao will Ihnen helfen, zu einem Menschen zu werden, der Liebe gibt und Liebe empfängt.

2

Siege des Taos

Vom Alter von sieben Jahren an bis sie an Altersschwäche stirbt, ist die Frau im Monat dreiundzwanzig Tage lang – mit Ausnahme der Zeit, wo sie schwanger ist – zum Geschlechtsverkehr bereit und imstande. So wohl imstande, wie es der Kerzenhalter ist, die Kerze zu empfangen. Alltäglich und allnächtlich. Auch verlangt sie nach der Kerze, begehrt sie, ersehnt sie…

Mark Twain[1]

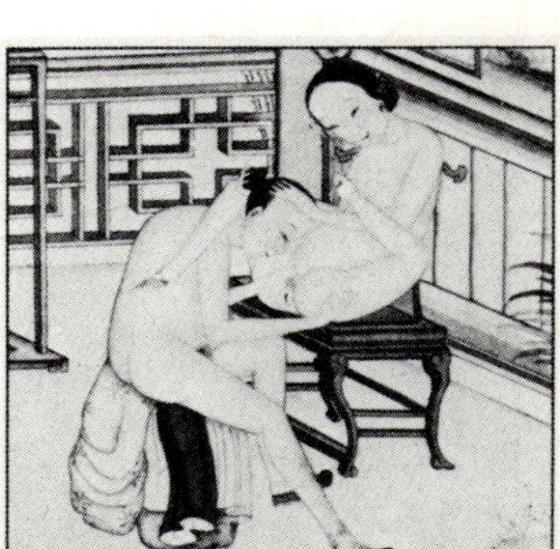

In den erst nach seinem Tod veröffentlichten *Briefen von der Erde* liefert Mark Twain die eingangs zitierte, leicht satirisch gefärbte Beschreibung der erstaunlichen sexuellen Erlebnisfähigkeit der Frau. Er stellt ihr sodann die im Vergleich ärmlich wirkende Kapazität des durchschnittlichen Mannes gegenüber, der nach Mark Twains Einschätzung nur etwa drei Prozent des sexuellen Potentials seiner Partnerin erreicht.

Auch wenn man berücksichtigt, daß Mark Twain die Verhältnisse ein wenig drastischer darstellt, als sie wirklich sind, trifft seine Beobachtung dennoch ins Schwarze. Sie stimmt ebenso mit den Erkenntnissen der alten Tao-Meister wie mit den Ergebnissen der modernen Forschung überein, insbesondere mit der bekannten Theorie der amerikanischen Ärztin Mary Jane Sherfey.[2]

Wir scheinen uns also in einer ausweglosen Situation zu befinden: Die sexuellen Ansprüche von Mann und Frau klaffen hoffnungslos auseinander. Aber das ist kein Grund zu verzweifeln. Die Anwendung des Taos kann uns helfen, eine für Männer und Frauen überaus angenehme Lösung zu finden.

«Meine Frau will täglich dreimal lieben»

Durch einen Leser meines ersten Buches erfuhr ich von den Nöten eines Ehemannes, dessen Frau dreimal am Tag sexuell mit ihm verkehren wollte. Der Mann hatte schließlich den medizinischen Ratgeber einer Zeitung angeschrieben. Wie zu erwarten war, riet der Doktor zu einem beiderseitigen Kompromiß. Doch seien wir ehrlich: Kann dieser Rat einer solchen Ehe wirklich viel nützen? Der Ehemann hatte seine Kräfte bereits aufs äußerste angespannt, so daß der Kompromiß nur noch zu Lasten seiner Frau gehen konnte. Sie mußte versuchen, ihre robuste Sexualität zu zügeln. Der Leser des *Taos der Liebe*, der mir von diesem Fall berichtete, war der Überzeugung, allein das Tao könne das in den meisten Beziehungen zwischen Mann und Frau bestehende sexuelle Ungleichgewicht überwinden helfen. Ich möchte nun von zwei Menschen berichten, denen das Tao geholfen hat, ihre Ehe aus einer ähnlich verfahrenen Situation herauszuführen.

Ein verzweifelter Ehemann

> Der berühmte griechische Schriftsteller Kazantzakis hielt einen jungen Mann in den Zwanzigern für einen der größten Philosophen Spaniens. Dieser junge Mann glaubte nämlich, alle Probleme der Welt seien lösbar, wenn es nur gelänge, das seit jeher vorhandene sexuelle Problem zwischen Mann und Frau zu beseitigen. Unglücklicherweise starb dieser Philosoph schon mit dreißig Jahren. Er ertränkte sich – wegen einer Frau.[3]

Kurz nachdem ich vor der Gesellschaft für orientalische Studien der Universität Uppsala einen Vortrag gehalten hatte, rief mich ein junger Mann an. Er hatte mich sprechen gehört und bat darum, mich zusammen mit seiner Frau so bald wie möglich besuchen zu dürfen. Seine Stimme klang sehr beunruhigt. Die beiden kamen am nächsten Tag zu mir.

Sie hatten kaum den Mund aufgemacht, um mir von ihren Schwierigkeiten zu berichten, als sie auch schon zu weinen anfingen. Beide Ehepartner waren noch keine dreißig Jahre alt, und sie hatten zwei kleine Kinder. Die beiden gingen sehr zärtlich und fürsorglich miteinander um. Worin bestand also ihr Problem?

Die Frau hatte einige Monate zuvor einen anderen Mann kennengelernt, und diese Begegnung hatte ihre lang unter Verschluß gehaltene leidenschaftliche Sinnlichkeit mit einem Schlag zum Leben erweckt. Da die beiden offen und ehrlich miteinander umgingen, verschwieg die Frau ihrem Mann nicht, was geschehen war. Die Situation, vor der sie nun standen, war – wie die zitierten Sätze von Mark Twain zeigen – durchaus nicht ungewöhnlich. Die Ehe dieser beiden jungen Menschen war es wert, gerettet zu werden, und ich glaubte fest daran, daß es für sie noch eine Chance gab – und das nicht nur wegen der beiden kleinen Kinder, sondern auch, weil die Eheleute mit großer Zuneigung aneinander hingen und sich im Grunde zärtlich liebten. Wie aber sollten sie mit der heftigen Leidenschaft fertig werden, die auf einmal zwischen sie getreten war?

Schon auf den ersten Blick waren mir die großen körperlichen Unterschiede zwischen den beiden Partnern aufgefallen. Der Ehemann war liebevoll, aber alles andere als kräftig, während sie mit ihrem üppigen Körper vor Gesundheit strotzte. Der Mann befürchtete zwar, er könne seine Frau an ihren neuen Freund verlieren, doch anstatt etwas zu unternehmen, um diese Gefahr abzuwenden, griff er zu Zigaretten und Alkohol und trank obendrein unzählige Tassen schwarzen Kaffee. Die unvermeidliche Folge war, daß er an Schlaflosigkeit zu leiden begann und immer schmaler und schmächtiger wurde. Da er ohnehin keine robuste Konstitution hatte, war er nun noch weniger als zuvor in der Lage, die Bedürfnisse seiner gesunden und leidenschaftlichen Frau zu befriedigen. Die beiden waren in einer Sackgasse gelandet. Ohne Hilfe von außen hätte sich die Situation leicht zuspitzen können.

Mein Rat

Als erstes riet ich dem Ehemann, so rasch wie möglich von seinem selbstzerstörerischen Kurs abzugehen. Die Eheleute wollten wissen, ob ich den Gebrauch von Ginsengwurzeln als Stärkungsmittel für nötig hielte. Ich sagte, wenn sie genügend Geld hätten, könnten sie es natürlich damit versuchen, doch da der Mann noch recht jung und frei von ernsten Krankheiten sei, sähe ich es nicht als unbedingt notwendig an. Doch sollte der Mann unverzüglich damit beginnen, seinen Körper zu kräftigen – den Genuß von Zigaretten, Alkohol und Kaffee ganz aufzugeben oder wenigstens auf ein Minimum zu beschränken. Ich riet ihm, viel Weizenkeime mit Milch zu essen. Glücklicherweise achteten die beiden bereits auf eine gesunde Ernährung, so daß ich ihnen nicht zu einer vollständigen Umstellung ihres Speiseplans zu raten brauchte. Da die beiden überdies auch mein erstes Buch gelesen hatten, kostete es mich nicht viel Mühe, ihnen die Gedanken und Methoden des Taos der Liebe zu erläutern. Ich empfahl ihnen, nachts sehr eng beieinander zu schlafen, sich am besten dabei umarmt zu halten oder einander wenigstens zu berühren, auch wenn der Ehemann in diesem Stadium nicht oft zu sexuellem Verkehr fähig war. Nachdem ich den beiden diese Ratschläge gegeben hatte, bat ich sie noch, mich nach vier Wochen wieder anzurufen.

Eine glückliche Wendung

Einen Monat später meldete sich die junge Frau und berichtete mir am Telefon, daß sich die Situation in ihrer Ehe bereits erfreulich gebessert habe. Dann bat sie, mich allein aufsuchen zu dürfen, da sie in Gegenwart ihres Mannes nicht ohne Scheu über alles sprechen könne. Sie kam am nächsten Tag und schilderte mir ausführlich ihre Begegnungen mit ihrem Freund, der ein viel ausdauernderer Liebhaber war als ihr Mann. Im Laufe dieses Gesprächs wurde ihr zum erstenmal klar bewußt, daß ihre sinnlichen Bedürfnisse viel intensiver und ihre Wünsche nach körperlicher Liebe viel stärker waren, als sie selbst je geahnt hatte.

Ich gab der jungen Frau ein paar Hinweise, die ihr helfen sollten, ihren Mann zu einem mindestens ebenso kundigen Liebhaber zu erziehen, wie ihr Freund es war. Der entscheidende Punkt meiner Anweisungen bestand darin, nicht die Muskelkontraktionen des Orgasmus als den Gipfel des sexuellen Aktes zu betrachten, sondern die sinnliche Wahrnehmung der Partner so zu schärfen, daß sie sich viel häufiger an der Liebe erfreuen konnten. Im einzelnen gab ich ihr folgende Ratschläge:

1. Verbringen Sie soviel Zeit wie möglich, vor allem am Wochenende, zusammen im Bett – nicht um zu schlafen, sondern um sich aneinanderzukuscheln und zu liebkosen. 2. Wann immer die Frau den Wunsch hat, das Glied des Mannes in sich zu fühlen, sollte der Mann die Technik des «weichen Eindringens» anwen-

den (im ersten Kapitel dieses Buches finden Sie eine knappe, im achten Kapitel meines ersten Buches, *Das Tao der Liebe*, eine ausführliche Darstellung dieser fundamental wichtigen Liebespraktik) und sein Glied mit Hilfe der Finger äußerst behutsam in die Scheide einführen. 3. Dann soll der Mann versuchen, sein Glied in der Scheide zu bewegen und sachte zu stoßen. 4. Der Mann hört sofort auf zu stoßen, wenn seine Erregung zu sehr ansteigt, denn sonst gelingt es ihm nicht mehr, seinen Erguß zu kontrollieren. 5. Streichen Sie ein wenig Pflanzenöl auf das Glied, auf die Vulva oder beides.

Im Falle des jungen Ehepaars war es nicht notwendig, ein besonderes Gleitmittel zu verwenden. Wie die Frau bekannte, war ihre Vulva fast immer sehr feucht. Sie hatte sich deswegen sogar schon einmal an einen Arzt gewandt. Glücklicherweise war der Arzt aufgeklärt genug gewesen, um ihr zu sagen, daß sie sich keine Sorgen zu machen brauche, denn es handle sich dabei um einen ganz normalen Vorgang, der sogar als Zeichen von Gesundheit zu betrachten sei. Leider teilen nicht alle Ärzte diesen Standpunkt; manche verordnen ihren Patientinnen sogar Mittel, die die Feuchtigkeit der Scheide verringern. In meinen Augen ist das ein verhängnisvoller Irrtum. Frauen, die sich wegen ihres raschen Feuchtwerdens beunruhigen, machen sich unnötige Sorgen. Sie können sich glücklich schätzen, daß sie in unserer immer noch stark von Hemmungen geprägten Gesellschaft fähig sind, so natürlich und unverkrampft zu reagieren.

In zwei Fällen gilt das allerdings nicht, und zwar dann, wenn unangenehm riechender Ausfluß oder Juckreiz auftritt. Über die Frage, ob es ratsam sei, Pflanzenöl als künstliches Gleitmittel zu benutzen, führte ich einmal ein längeres Gespräch mit einer Leserin meines ersten Buches. Sie meinte, vom Gebrauch eines künstlichen Gleitmittels wie Öl sei in jedem Fall abzuraten. Ich dagegen vertrat die Ansicht, eine solche Frage könne man nicht ein für allemal starr beantworten. Pflanzenöl ist billig und gesund, und unsere Körpergewebe können es leicht und ohne Schaden aufnehmen. Nach meiner Erfahrung ist es ein hilfreiches Mittel bei vielerlei lästigen Hautreizungen. Ich habe immer ein Fläschchen Öl neben meinem Bett stehen, um es bei Bedarf gleich bei der Hand zu haben.

Die junge Frau, die mit ihrem Problem zu mir gekommen war, erwies sich als ein sehr warmherziger und kluger Mensch. Intuitiv begriff sie sofort, was ich ihr sagen wollte.

Schon nach fünf Tagen rief sie wieder an und berichtete voller Freude: «Ich bin so froh! Wir haben es geschafft. Gestern paßte meine Schwester auf unsere Kinder auf, und da Sonntag war, konnten wir fast den ganzen Tag im Bett bleiben und uns so lieben, wie Sie es empfohlen haben. Und mein Mann war hinterher tatsächlich kein bißchen müde!»

Julies Irrweg

Julie ist eine sehr schöne Frau. Sie ist fünfundzwanzig, wirkt aber wesentlich älter. Seit sie fünfzehn war, litt sie darunter, daß sie keinen Freund finden konnte, der imstande war, ihr körperliches Verlangen zu befriedigen. Ihr Verlangen ist von einer Stärke, die an das weiter oben von Mark Twain beschriebene Maß heranreicht. Mit etwa zehn begann sie, sich für junge Männer zu interessieren; mit fünfzehn machte sie sich aktiv auf die Suche nach einem Partner. Doch unglücklicherweise zogen sich alle Männer, die sie kennenlernte, sehr rasch wieder von ihr zurück. Ihrem gesunden, ungezügelten Hunger nach Liebe fühlte sich keiner von ihnen gewachsen. Da Julie der Selbstbefriedigung nichts abzugewinnen vermochte, litt sie um so mehr unter dieser Situation.

Für einen Menschen wie Julie ist der Hunger nach Liebe quälender als der Hunger nach Nahrung. Ihr jahrelanges vergebliches Suchen nach einer befriedigenden Liebesbeziehung ließ ihr das Leben als sinnlos erscheinen. Immer wieder verfolgte sie der Gedanke, ihrem Leben ein Ende zu setzen und sich die Pulsadern aufzuschneiden. Doch glücklicherweise ging sie nie so weit, diesem Antrieb tatsächlich nachzugeben. Statt dessen wählte sie den einfacheren und langsameren Weg, sich durch übermäßiges Rauchen und Trinken unaufhaltsam selbst zu zerstören. Eineinhalb Jahre lang betrank sie sich fünfmal in der Woche. Julie war auf dem besten Weg, Alkoholikerin zu werden.

Doch eines Tages gewann Julies Lebenswille die Oberhand über ihre Todessehnsucht. Sie erkannte, daß sie ihr Leben ändern mußte, wenn sie nicht als Alkoholikerin enden wollte. Sie begann, das Trinken drastisch einzuschränken. Außerdem unterzog sie sich drei Jahre lang einer Psychotherapie. Die Möglichkeit, sich einmal in der Woche vorbehaltlos auszusprechen, half ihr, ihre Einsamkeit und Verzweiflung besser zu ertragen. Sie war jedoch immer noch eine starke Raucherin, betrank sich etwa zweimal in der Woche und weinte sich so gut wie jeden Abend in den Schlaf.

Schließlich geriet die schwedische Ausgabe des *Taos der Liebe* in ihre Hände. Das Buch ermutigte sie und half ihr schließlich, sich aus ihrer belastenden Lage zu befreien. Auf einmal erschien ihr das Leben nicht mehr völlig hoffnungslos. Sie besorgte sich zwei weitere Exemplare des Buches und schickte sie zwei ihrer früheren Freunde, die sie durch ihr ungezügeltes Verlangen verschreckt hatte. Sie hatte Glück; einer der Männer ging auf ihre Anregung ein und begann, die Lehren des Taos mit wachsendem Interesse zu studieren. Ein paar Monate später rief Julie mich an, um mir von der glücklichen Wende in ihrem Leben zu berichten. «Ich möchte, daß Sie wissen, daß Ihr Buch mein Leben völlig verändert hat», sagte sie und erzählte mir kurz, was geschehen war. Als ich sie und ihren Freund einige Tage danach traf, berichteten die beiden mir die folgende ermutigende Geschichte.

Zwei Menschen entdecken die Geheimnisse des Taos

Jahrelang hatte Julies unbändiger Hunger nach Liebe alle ihre Freunde in die Flucht geschlagen. Dabei hatte Julie nie etwas anderes getan, als ihre Liebe und Zärtlichkeit offen zu zeigen und sich genauso ehrlich zu ihrem natürlichen sinnlichen Verlangen zu bekennen. Vom taoistischen Standpunkt aus betrachtet, brachte sie damit nichts anderes zum Ausdruck als das in jeder Frau angelegte Streben nach der Einheit von Yin und Yang. Ein Mann, der mit den Lehren des Taos vertraut ist, würde eine Frau von Julies Wärme und Liebesfähigkeit mit offenen Armen aufnehmen. Doch leider gibt es auch heute noch viel zu wenig Männer, die genügend

Einsicht in diese Zusammenhänge haben, um vor dem heftigen Begehren einer Frau wie Julie nicht zurückzuscheuen.

Bevor Julie und ihr Freund Thomas das Tao kannten, betrachteten sie die Befriedigung, die die Beziehung zwischen Mann und Frau gewähren kann, als gleichbedeutend mit Orgasmus und Ejakulation. Wenn die Beziehung zweier Partner jedoch auf einem so unsicheren Fundament ruht, werden die beiden es sehr schwer haben, wirkliche Befriedigung zu finden. Solange stets das Gebot «Der Mann muß ejakulieren» über ihnen schwebt, wird es keinem von beiden gelingen, das ekstatische Gefühl wahren Gleichklangs mit dem Partner zu erleben.

Wenn ein Mann auf die herkömmliche Weise mit einer Frau schläft, kommt es immer wieder vor, daß die Frau auch nach seiner Ejakulation mit ihm zusammensein will. Die Frau ist noch nicht befriedigt, während er, zumindest vorläufig, definitiv «fertig» ist. Es gibt zwar einige Frauen, die dem Mann zuliebe so tun, als kämen sie jedesmal zum Orgasmus, doch damit ist das Problem keineswegs gelöst. Dieses Vorspiegeln falscher Tatsachen führt auf die Dauer nur zu Spannungen und einem Gefühl der Bitterkeit, das sich früher oder später in Form von Vorwürfen und Aggressionen entlädt.

Kein sensibler Mann kann das Gefühl der Befriedigung wirklich genießen, wenn seine Partnerin unbefriedigt geblieben ist. Er erlebt deshalb nach seiner Ejakulation gewöhnlich Momente peinlicher Hilflosigkeit. Er möchte der Frau zu ihrer Lust verhelfen, doch er ist nicht mehr dazu fähig. Oft fühlt er sich ausgesprochen jämmerlich. Er ist in der Position eines Soldaten, der im dichtesten Feuergefecht entdeckt, daß er seine Munition bereits restlos verschossen hat.

Die Verfasser herkömmlicher Sexhandbücher würden in diesem Fall zu einem «Nachspiel» raten, also zu zusätzlicher Stimulierung mit der Hand. Natürlich haben unzählige Männer diesen Vorschlag bereits ausprobiert, und viele bemühen sich jedesmal wieder, das Dilemma auf diese Weise zu überwinden – doch das erhoffte Ergebnis bleibt zumeist aus. Die Stimulierung mit der Hand bringt mindestens drei Probleme mit sich. Erstens ist es ganz und gar nicht einfach, eine Frau durch geschicktes Reizen und Streicheln zur Befriedigung zu bringen. Es erfordert vielleicht ein ebenso hohes Maß an Fingerspitzengefühl und Fingerfertigkeit wie das Spielen eines Instruments. Zweitens bereitet es vielen Frauen kein Vergnügen, wenn ihre Klitoris und Vulva mit den Fingern bearbeitet werden. Drittens kann zu häufiges Stimulieren für beide Partner sehr ermüdend sein. Eine genußreiche Beziehung läßt sich auf diese Art nicht lange aufrechterhalten, denn schließlich sind derartige Berührungen ja immer nur ein Ersatz, ein Notbehelf. Manche Ratgeber trösten ihre Klienten, indem sie behaupten, man könne seinem Partner mit den Fingern sogar noch größere Wonnen bereiten als mit dem Geschlechtsorgan. Das mag zutreffen – aber nur, wenn der Mann nicht gelernt hat, seinen ganzen Körper und sein Glied lustvoll einzusetzen!

Julie und Thomas erprobten die Ratschläge des Taos der Liebe und entdeckten, daß es dabei nicht nur auf den richtigen Gebrauch der Geschlechtsorgane ankommt. Die höchste Seligkeit der Liebe liegt vielmehr in der engstmöglichen Vereinigung der beiden Körper – in der Harmonie von Yin und Yang, der Verschmelzung der weiblichen Substanz mit der männlichen.

Bevor Julie die Lehre des Taos gekannt hatte, hatte sie geglaubt, die Liebeserfüllung der Frau hänge vom Orgasmus ab. Je zahlreicher und intensiver die Orgasmen, desto nachhaltiger die Befriedigung. Sie gehörte zu den Frauen, die kaum durch sexuelle Hemmungen behindert werden, und erreichte seit ihrem achtzehnten Lebensjahr auch ohne Unterstützung der Finger regelmäßig den Orgasmus.

Durch das Tao änderte sich die Beziehung zwischen Julie und Thomas radikal. Die erste Offenbarung für Julie war, daß Thomas sie nun praktisch jeden Tag – manchmal sogar mehrmals hintereinander – lieben konnte. Dann bemerkte sie, daß ihr Verlangen jetzt nicht mehr so übermächtig und dringlich war wie früher. Die Zeit, in der sie von dem Gefühl beherrscht worden war, regelrecht ausgehungert zu sein, war vorüber – und nun kam sie auch plötzlich nicht mehr jedesmal zum Orgasmus. Sie entdeckte, daß ihre Orgasmen um so rascher, zahlreicher und heftiger auftraten, je mehr Verlangen sie aufgestaut hatte. Wenn Julie nach einigen Tagen der Abstinenz, etwa unmittelbar nach ihrer Periode, vor Begierde fast außer sich war, erlebte sie schon einen Orgasmus oder sogar mehrere nacheinander, sobald ihr Liebhaber nur sein Bein gegen ihr Geschlecht preßte. Schließlich erkannte Julie, daß Befriedigung nicht mit Orgasmus gleichzusetzen ist. Sie erlebte so viele verschiedenartige Orgasmen. Manche rissen sie fort vor Lust, während sie andere kaum wahrnahm. Die Selbstbefriedigung war für Julie nach wie vor ein dürftiger Ersatz: «Es ist wie ein kurzes Niesen, eine vorübergehende Erleichterung, aber keine große Sache. Sich selbst zu befriedigen, ist bestimmt kein schönes Erlebnis. Es ödet mich eher an», meinte sie.

Heute glaubt Julie, daß ein gelegentlicher Orgasmus zwar etwas sehr Erfreuliches ist, doch den Genuß, den die möglichst häufige und intensive Verschmelzung mit dem Körper des Geliebten bereitet, empfindet sie als viel wichtiger und befriedigender. Am liebsten hat sie es, wenn sie mindestens jeden zweiten Tag mit Thomas zusammensein kann. (Wenn man sich nach dem Tao richtet, dann besteht jedes körperliche Zusammensein in der Regel aus mehreren Liebesakten.) Bei weniger als zwei Vereinigungen in der Woche spürt Julie wieder den alten Heißhunger in sich aufsteigen. Nach sechs oder sieben enthaltsamen Tagen hält sie es nicht mehr aus; in ihr erwacht der Drang, die Sinne durch ununterbrochenes Rauchen zu betäuben und vor dem Schmerz in den Alkohol zu fliehen. Doch nun vergehen, außer während ihrer Periode, selten mehr als zwei Tage, ohne daß Thomas und sie sich lieben. Das Ergebnis ist, daß Julie das Rauchen und Trinken ganz aufgegeben hat. Zum erstenmal weiß sie, was Lebensfreude ist.

Julies Partner Thomas hat ebenfalls eine interessante Entdekkung gemacht. Bevor er das Tao kennenlernte, hielt er – so wie die meisten Männer – die Ejakulation und den Orgasmus des Mannes für ein und dasselbe. (Dieses Thema wird im folgenden Kapitel noch ausführlicher behandelt.) Inzwischen weiß er es besser. Vor der Anwendung des Taos war jeder Koitus wie ein Kampf, den Thomas von vornherein voll Nervosität und Anspannung antrat. Bei Julie hatte es für ihn früher nie die geringste Chance gegeben. Zwar war es ihm oft gelungen, seinen Erguß zurückzuhalten, bis Julie ihren Orgasmus erreicht hatte. Doch wenn Julie Thomas ein paar Tage nicht gesehen hatte, war sie mit einem einzigen Orgasmus nicht mehr zufrieden gewesen. Sie hatte sich nach langen genußreichen Begegnungen mit wiederholten Liebesvereinigungen gesehnt. Doch für den siebenunddreißigjährigen Thomas war es auf die Dauer zu anstrengend gewesen, mehrmals an einem Abend zu ejakulieren. Nachdem er sich ungefähr zwei Monate hindurch mindestens einmal pro Woche mit Julie getroffen hatte, waren seine Kräfte erschöpft gewesen. Obwohl er Julie geliebt hatte, war ihm nichts anderes übriggeblieben, als den Rückzug anzutreten. Die beiden waren zwar Freunde geblieben, doch Thomas hatte es von da an vermieden, noch einmal mit Julie ins Bett zu gehen.

Als ihm Julie dann eines Tages *Das Tao der Liebe* zusammen mit einem kurzen Brief ins Haus schickte, erwachte Thomas' Neugierde. Er las das Buch und rief dann kurz entschlossen bei Julie an, um ihr zu sagen, daß er Lust habe, die Ideen des Taos gemeinsam mit ihr auszuprobieren.

Zu welchem Ergebnis kam Thomas bei diesem Experiment? Schon nach wenigen Versuchen fand er es nicht mehr schwierig, nach den Anweisungen des Taos zu lieben. Auch als er das Tao noch nicht kannte, war es ihm oft unangenehm gewesen, bei jedem Liebesakt ejakulieren zu müssen. Er hatte es dennoch getan und manchmal sogar den Erguß erzwungen, weil er es nicht gewagt hatte, den alten Aberglauben anzuzweifeln, daß der Mann bei jedem Geschlechtsverkehr ejakulieren müsse. Das Tao hat Thomas nun die Unterstützung gegeben, die er brauchte, um sich nicht mehr in seinem eigenen Empfinden beirren zu lassen.

Ohne den Zwang zur Ejakulation kann sich Thomas nun viel gelassener auf die Liebe einlassen. Es passiert ihm nun nicht mehr, daß er hinterher völlig erschöpft ist, und es irritiert und ängstigt ihn nicht mehr, wenn Julie immer noch mehr will. Im Gegenteil, er findet es jetzt wunderbar, daß Julie so unersättlich ist. Kurz: Thomas ist zum erstenmal fähig, sein Leben und die Liebe wirklich zu genießen. Auch er hat die Entdeckung gemacht, daß das totale Ineinander-Eintauchen, das Verschmelzen von Körpern und Seelen, die Harmonie von Yin und Yang die größte Freude ist, die das Leben uns bietet. Denn was sind schon die Spasmen der Ejakulation, verglichen mit dem überwältigenden Erlebnis totaler Harmonie?

Julie berichtet

«Es ist keine Übertreibung, wenn ich sage, daß das Tao mir das Leben gerettet hat. Als ich es noch nicht kannte, lebte ich viele Jahre lang ziellos und hoffnungslos dahin. Ich sehnte mich immerzu verzweifelt nach Liebe. Dieses ständige Hungern zermürbte mich so sehr, daß ich oft nicht mehr wußte, wozu ich noch weiterleben sollte. Deshalb versuchte ich – bewußt oder unbewußt –, mich selbst zu zerstören.

Durch das Tao hat sich alles verändert. Ich spüre den alten Hunger zwar noch manchmal, ja sogar ziemlich oft, aber jetzt ist es ein gesundes Verlangen. Die qualvolle Angst, nie zu bekommen, was ich brauche, ist dahin. Mir ist ein riesengroßer Stein vom Herzen gefallen. Ich habe jetzt ein wunderbares Gefühl von Sicherheit!

Den Lehren des Taos verdanke ich nicht nur, daß ich jetzt immer zur Befriedigung komme, sondern ich kann die Liebe nun endlich auch genießen. Mein ganzes Leben hat an Reiz gewonnen. Ich habe zwar früher auch Orgasmen gehabt, aber das waren kurze, flüchtige Momente. Die Befriedigung hielt nie lange an. Es machte mich verrückt, nie zu wissen, ob mein Hunger wirklich gestillt würde. Meist gab es nicht genug Gelegenheit, um sich ohne Hast zu lieben und wirklich auszukosten, wie wundervoll das sein kann. Erst jetzt kann ich Thomas richtig in mir fühlen. Ich fühle jetzt, daß wir zusammengehören, immer wieder. Was sich früher bei mir im Bett abgespielt hat, kann man nur ‹Sex› nennen. Aber jetzt machen wir wirklich ‹Liebe›. Ich liebe Thomas, wie ich noch nie einen Mann geliebt habe. Wenn man das Tao kennt, ist die Liebe das Allerschönste auf der Welt!»

Thomas berichtet

«Als erstes muß ich sagen, daß mich das Tao zum Mann gemacht hat, und sogar zu einem sehr glücklichen Mann. Vorher war ich tatsächlich nur ein jämmerlicher Feigling, der vor den Frauen weglief, weil sie ihm Angst einjagten. Je liebevoller, zärtlicher und schöner die Frau war, desto unsicherer fühlte ich mich. Doch dank der Hilfe des Taos und Julies Unterstützung habe ich das überwunden. Ich weiß jetzt, daß ich Julie wirklich liebe. Es ist phantastisch, mit ihr zusammenzusein.

Ohne das Tao wären wir nie soweit gekommen. Früher konnte ich mich spätestens dann nicht mehr zurückhalten, wenn Julie einen heftigen Orgasmus hatte *, und oft kam ich sogar schon vor-

* Nach der herkömmlichen Anschauung gilt es als ideal, wenn der Orgasmus der Frau mit der Ejakulation des Mannes zusammenfällt. Doch wenn die Frau mehrmaligen Geschlechtsverkehr braucht, ist diese Idealforderung nicht mehr leicht aufrechtzuerhalten. Und die taoistische Lehre sagt (nicht anders als Mark Twain), daß die meisten Frauen auf wiederholten Geschlechtsverkehr angewiesen sind, um vollkommene Befriedigung zu spüren.

her. Wenn ich dann ihren flehenden Blick sah und wußte, daß sie noch lange nicht befriedigt war, fühlte ich mich so hilflos, daß ich am liebsten in den Erdboden versunken wäre. Aber was sollte ich machen? Wenn ich ejakuliert hatte, konnte manchmal eine ganze Woche vergehen, bevor sich bei mir wieder das geringste Verlangen rührte!

Inzwischen ist das allerdings völlig anders geworden. Durch das Tao habe ich gelernt, mich genau auf die Situation einzustellen. Egal wie stürmisch Julie auch immer zum Orgasmus kommt – ich behalte die Situation in der Hand, und das schenkt mir ein Maß an Selbstvertrauen und Befriedigung, das mehr wert ist als hundert Ejakulationen. Mitzuerleben, daß der Liebespartner vor Lust außer sich gerät, und zugleich zu wissen, daß man selbst ihm diesen Genuß bereitet hat, ist ein äußerst wohltuendes Gefühl.

Hinzu kommt, daß ich jetzt, seitdem ich den Samenerguß steuern kann, nur noch ejakuliere, wenn ich wirklich das Bedürfnis danach habe. Und selbst wenn ich ejakuliert habe, bin ich nach zwanzig Minuten schon wieder so weit, daß ich von neuem loslegen könnte... Es ist nicht mehr so wie früher, als ich den Erguß oft erzwang und dann Tage brauchte, um mich wieder zu erholen.»

3
Die orgastische Verwirrung

Das Tao und die Angst vor dem Orgasmus

> Wo fängt der Bereich des Krankhaften an? Wo hört die Normalität auf? Worin besteht die echte orgastische Hemmung? Was ist noch als normale Variante der sexuellen Reaktion der Frau zu betrachten? Ab wann sollte behandelt werden? Wann sollten wir der Frau versichern, daß sie normal reagiert?
>
> Zur Zeit gibt es auf diese wichtigen Fragen nur abstrakte und höchst umstrittene Antworten. Am einen Ende des Meinungsspektrums steht die psychoanalytische Ansicht, daß jede Frau, die beim Geschlechtsverkehr keinen Orgasmus erreicht, als neurotisch und frigide zu betrachten sei, selbst wenn sie den sexuellen Verkehr genießt... Am anderen Ende des Spektrums befindet sich die Gruppe der Feministinnen, die den klitoralen Orgasmus als die Norm ansehen und jeden Orgasmus während eines heterosexuellen Verkehrs als ein Zeichen für die weibliche Unterwerfung unter den Mann beargwöhnen...[1]

Das Klagelied der bekannten amerikanischen Ärztin und Therapeutin Helen Singer Kaplan läßt den Eindruck aufkommen, daß die Betrachtungsweise des Taoismus der weiblichen Sexualität eher gerecht zu werden vermag als die Ansichten der heutigen westlichen «Sexperten». Im Taoismus spricht man nicht von «Orgasmus», sondern von «Genuß» und «Befriedigung». Nach Ansicht der alten Taoisten kommt es bei der körperlichen Liebe vor allem darauf an, daß wir so intensiv wie möglich fühlen und genießen. Unter der Anleitung des Taos der Liebe können wir lernen, den Liebesakt immer wacher und genußreicher zu erleben. Und wenn wir uns beim erstenmal nicht befriedigt fühlen, können wir es wieder und wieder versuchen, bis unser Verlangen gesättigt ist. (Dies setzt allerdings voraus, daß die Männer lernen, nach den

Regeln des Taos zu lieben, damit sie überhaupt imstande sind, es immer wieder zu probieren.) Auf diesem Weg kommen wir weiter, als wenn wir nur ewig darüber streiten, ob die Frauen tatsächlich zwei verschiedene Orgasmen haben können, einen vaginalen und einen klitoralen, und wenn ja, welcher von beiden der überlegene Orgasmus ist. Das ganze Hin und Her führt im Grunde zu nichts. Erfahrene Sexualforscher wissen, daß die Orgasmen von Frau zu Frau verschieden sind: Manche Frauen erleben den Orgasmus wie einen Blitzschlag, der sie plötzlich durchzuckt und ihnen die Besinnung raubt. Bei anderen wiederum ist der Orgasmus so unauffällig wie ein Schlucken oder Gähnen. Und zwischen diesen beiden Extremen liegen ungezählte Abstufungen der spasmischen (durch krampfartige Muskelanspannungen gekennzeichneten) Variante des Orgasmus.

So viele verschiedene spasmische Orgasmen es gibt, so viele verschiedene Arten gibt es auch, den Höhepunkt zu erreichen. Einzelne Frauen erleben bereits einen – oder sogar mehrere – dieser Orgasmen, sobald sie einen Mann nur umarmen oder küssen. Viele sind darauf angewiesen, daß ihr Liebhaber sie mit unerschöpflicher Geduld stimuliert, indem er etwa die Klitoris eine halbe Stunde oder länger mit den Fingern reizt. Manche Frauen kommen nur zum Orgasmus, wenn sie oral stimuliert werden. Andere brauchen die zusätzliche Berührung mit der Hand, während der Mann mit seinem Glied in die Scheide hineinstößt. Wenn man will, kann man diese Frauen wieder in viele verschiedene Untergruppen aufteilen: Einige reizen sich am liebsten selbst mit dem Finger; andere ziehen den oder die Finger des Mannes vor. Manche wollen, daß der Mann sein Glied in flachen, neckenden Stößen bewegt, so daß es vor allem den empfindlichen, an der Vagina ansetzenden pubokokzygealen Teil der Aftermuskulatur stimuliert. (Jüngere Männer laufen bei solchen flachen Stoßbewegungen Gefahr, die Kontrolle über ihren Samenerguß zu verlieren.) Andere Frauen wiederum ziehen tiefe, flüchtige oder langsame Stöße vor, bei denen der Muttermund leicht berührt wird (oft ist das für beide Partner ein sehr erregendes Gefühl).

Fast alle Sexualforscher haben erkannt, daß die Angst einer der größten Feinde einer glücklichen Liebesbeziehung ist. Allzu starke Konzentration auf das Erreichen des Orgasmus führt zu Nervosität und Spannung, und häufig hindert gerade diese Spannung die Frau daran, den Höhepunkt der sexuellen Erregung zu erreichen. Die Frau kommt am leichtesten zum Orgasmus, wenn sie lernt, sich zu entspannen und sich ganz den lustvollen Empfindungen hinzugeben, die durch das Berühren und Stoßen ausgelöst werden, anstatt sich ausschließlich auf den Orgasmus zu konzentrieren. Sobald die Frau die körperliche Nähe zu ihrem Partner entspannt genießen kann, wird sie entdecken, daß der Liebesakt schon allein dadurch für sie viel schöner und befriedigender geworden ist. Und überdies wird es ihr dann leichter gelingen, zum Orgasmus zu kommen.

Auch wenn die Frau den Höhepunkt nicht erreicht, wird sie das Liebesspiel dennoch genießen. Nicht alle Frauen, die häufig lieben, haben das Bedürfnis, dabei jedesmal den Orgasmus zu erleben. Manche empfinden zu viele Orgasmen eher als Überanstrengung. Wenn beide Partner von diesen Dingen wissen und einander ihre persönlichen Vorlieben mitteilen, wird dies ihrer Beziehung sehr zugute kommen. Schon manche Liebesbeziehung ist daran gescheitert, daß die Partner zu einseitig auf den Orgasmus fixiert waren. Nicht selten ist das eine Folge der Überbetonung des explosiven, spasmischen Orgasmus, die seit über einem Jahrzehnt in den aufgeklärten Ländern des Westens zu beobachten ist – eine Überbewertung, die ich als «Des Kaisers neue Kleider»-Syndrom bezeichnen möchte.

Des Kaisers neue Kleider

Die meisten von Ihnen kennen sicher das Märchen *Des Kaisers neue Kleider* von Hans Christian Andersen, so daß ich nicht näher darauf einzugehen brauche. Bei der Diskussion über den Orgasmus der Frau fühle ich mich immer wieder an dieses Märchen erinnert. Seit es chic geworden ist, von den eigenen Orgasmen zu berichten, hat ein großes Verwirrspiel begonnen. Viele Frauen geben offen zu, daß sie sich unter einem Orgasmus nichts vorstellen können, erklären aber gleichzeitig, daß sie den Liebesakt aufs höchste genießen. Viele andere, denen der Orgasmus ebenfalls ein

Rätsel ist, wollen ihre Unsicherheit nicht eingestehen und tun so, als ob sie ständig Orgasmen erlebten. Viele erreichen den explosiven Orgasmus, ohne ihn wirklich zu genießen, fühlen sich aber gezwungen, Genuß vorzutäuschen. Andere kommen mühelos zum Orgasmus und erleben ihn als lustvoll. Wieder andere erleben die körperliche Liebe im ganzen als lustvoll, gleichgültig ob sie dabei zu orgastischen Hochgefühlen gelangen oder nicht; für sie zählt nur, daß sie oft genug und in immer wieder anderen Variationen Geschlechtsverkehr haben.

Den größten Schaden richten jedoch die Männer an, die die ohnehin schon verworrene und leidvolle Situation noch verschlimmern, indem sie ihrer Partnerin einreden, wenn sie nicht jedesmal zum Orgasmus komme, sei sie nicht normal. Manche Männer sehen Frauen, die keinen sexuellen Höhepunkt erleben, sogar als minderwertig an und verlassen sie aus diesem Grund. Die Überschätzung des Orgasmus hat viele Menschen unglücklich gemacht. Manche Frauen können das Wort «Orgasmus» schon nicht mehr hören, ohne in Hysterie zu verfallen. Keine von ihnen möchte gern darauf angesprochen werden, ob sie zum Orgasmus kommt oder nicht. Lassen Sie mich an dieser Stelle die Erfahrungen zweier Frauen anführen.

Als ich Frida vor fünf Jahren kennenlernte, war sie neunzehn Jahre alt und studierte Kunst. Sie war eine wunderschöne junge Frau. Die Liebe war für sie das herrlichste Vergnügen, das sie gar nicht lange und oft genug genießen konnte. Vor zwei Jahren zog sie nach Südschweden. Letzten Sommer besuchte mich Frida nach zweijähriger Abwesenheit zum erstenmal. Ich fragte sie, wie es ihr im Süden ergehe. Zu meiner größten Überraschung gestand sie mir, daß von ihrem früheren unersättlichen Liebesbedürfnis nichts mehr übriggeblieben sei. Was war passiert? Frida berichtete, daß sie in ihrer neuen Heimat nie mit einem Mann zusammensein konnte, ohne daß er ihr hinterher die obligatorische Frage stellte: ‹Hast du einen Orgasmus gehabt?› «Und diese ewige Fragerei», so Frida, «ging mir so auf die Nerven, daß ich lieber gar nicht mehr mit ihnen schlafe!» Das buchhalterische Fragen nach dem «Gelingen» oder «Mißlingen» des Liebesakts hatte sie nach einiger Zeit so zermürbt, daß sie die Liebe nicht mehr genießen konnte.

Lena ist eine üppige Mittdreißigerin, mit einem Körper, der wie geschaffen ist für die Liebe. Ich fragte Lena einmal, wer unter ihren bisherigen Partnern der schlechteste Liebhaber gewesen sei. Ohne zu zögern, nannte sie einen Mann, der jedesmal von ihr bestätigt haben wollte, daß sie tatsächlich einen Orgasmus gehabt habe. Oft habe er dann noch hinzugefügt, das sei sehr wichtig für ihn, denn er bemühe sich sehr, ein guter Liebhaber zu sein! Lena braucht jedoch ein sehr ausgedehntes und zärtliches Liebesspiel, um zum Höhepunkt zu kommen, und die meisten Männer sind überhaupt nicht in der Lage, soviel Geduld aufzubringen. Durch Selbstbefriedigung könnte Lena sehr leicht einen explosiven (spasmischen) Orgasmus erreichen, doch sie greift nur sehr selten zu diesem Notbehelf. Sie zieht die Liebesbegegnung mit einem Mann vor, auch wenn sie dabei keinen «richtigen» Höhepunkt erlebt.

Frida und Lena sind beileibe keine Einzelfälle. Fast alle Frauen, mit denen ich bisher über das Thema «Orgasmus» gesprochen habe, wehrten sich dagegen, genau über ihren Höhepunkt Auskunft geben zu müssen. Eine Ausnahme bilden nur die Frauen, die ohne weiteres explosive Orgasmen erreichen und auf diese Tatsache so stolz sind, daß sie gern darüber reden. Sie stellen jedoch nur eine verschwindend kleine Minderheit dar.

Lust erleben ohne Leistungszwang

Wenn wir aufrichtig sind, müssen wir zugeben, daß die zwanghafte Jagd nach dem Orgasmus weder die Frauen noch die Männer zufriedener macht. Angst vor dem Orgasmus und Angst vor ungewollter Schwangerschaft haben vielen Frauen die Freuden der Liebe vergällt. Es täte uns deshalb allen gut, wenn wir dem Orgasmus nicht gar soviel Aufmerksamkeit schenken würden. Den taoistischen Lehren zufolge kann das nur dazu führen, daß wir uns selbst der höchsten Seligkeit berauben, die das Leben uns zu bieten hat.

Vergleichen wir die Freuden der Liebe einmal mit dem erlesenen Genuß, den uns die Aufführung eines großen musikalischen Werkes durch hervorragende Musiker bereitet, oder mit dem Vergnügen, die bewegenden Bilder van Goghs in der Pariser Kunsthalle

‹Jeu de Paume› oder die Meisterwerke der chinesischen Malerei und Keramik aus der Sung-Periode in den Museen zu betrachten. Bei diesen erlesenen ästhetischen Genüssen quälen wir uns nicht mit der Frage, ob unsere Hingabe an das Kunstwerk auch tatsächlich dem Orgasmus vergleichbare Höhen erreicht oder nicht. Warum sollten wir uns dann ausgerechnet in der Liebe mit diesem verschwommenen und Verwirrung stiftenden Begriff belasten?

Oder denken wir an profanere Vergnügungen wie etwa ein spannendes Tennismatch oder ein leckeres Essen. Außer in Illustriertenberichten würde dabei wohl niemand von «Höhepunkt», «Ekstase» oder ähnlichem sprechen. Im täglichen Leben denken wir nicht in so hochtrabenden Kategorien. Nur in unseren Liebesbeziehungen beharren wir unerbittlich auf dem Gipfelerlebnis des «Orgasmus».

In der Sexualtherapie tauchen heute immer häufiger Begriffe wie «Sex ohne Zwang» oder «Vergnügen ohne Zwang» auf. Fast alle Sexualwissenschaftler sind sich darin einig, daß Angst – sei es nun Angst vor dem Geschlechtsverkehr oder vor dem Versagen – der schlimmste Feind des Liebesgenusses ist. Wir können diesen Ängsten entgegenwirken, indem wir lernen, uns von Erwartungen und äußeren Forderungen frei zu machen und die Liebe entspannt zu genießen.

Wenn der eigene Partner – sei es der Mann oder die Frau – angestrengt versucht, den Orgasmus zu erreichen oder einen Samenerguß zu erzwingen, sollten wir ihm helfen, sich zu lockern, indem wir ihn liebevoll streicheln oder ihm sagen: «Quäl dich nicht. Je mehr du dich anspannst, desto stärker hinderst du dich selbst daran, einen Höhepunkt zu erleben. Versuche dich ganz deinen Gefühlen und Empfindungen zu überlassen, dann kommst du viel schneller zum Orgasmus, und es ist auf jeden Fall viel lustvoller für dich.» Oft genügt das schon, um dem Partner über den Leistungszwang hinwegzuhelfen. Mario Puzo schildert in seinem Roman *Narren sterben* eine Situation, in der ein Paar verzweifelt versucht, um jeden Preis einen Orgasmus zu erleben: «Als wir einmal nachts im Bett waren, schaffte ich es nicht. Ich war nicht impotent, aber ich konnte nicht zu Ende kommen. Sie tat alles nur Erdenkliche, um mir zu helfen, aber dann fing sie an zu schreien und zu toben... Sie weinte vor Enttäuschung und weil sie glaubte, versagt zu ha-

ben. Ich lachte sie aus. Das wäre doch keine Katastrophe, beruhigte ich sie... Ich nahm sie in die Arme, wir plauderten eine Weile – und dann kamen wir beide...»[2]

Die Vorstellung, daß der Geschlechtsverkehr ohne die Ejakulation des Mannes unvollständig bleibt, ist heute bei Männern und Frauen weit verbreitet. In Puzos Roman beginnt die Frau zu weinen, als es ihr nicht gelingt, dem Mann zum Orgasmus zu verhelfen. Offenbar hat er den Erguß nicht erzwingen können. Erst als beide ruhiger werden und nicht mehr an den Orgasmus denken, sind sie in der Lage, einen Höhepunkt zu erreichen. Wer mit dem Tao der Liebe vertraut ist, besteht nicht mit dieser Beharrlichkeit darauf, daß der Mann unbedingt ejakulieren muß.

Es muß nicht jedesmal zum Orgasmus kommen

Offenbar rückt der Orgasmus immer dann für uns an die erste Stelle, wenn wir nicht genug Liebe bekommen. Wir verhalten uns dann wie Ausgehungerte, die versuchen, ihren Heißhunger ausgerechnet mit Bonbons oder Eis zu stillen. Doch wie wir wissen, ist eine solche Ernährungsweise weder gesund noch wirklich befriedigend. Am gesündesten ernährt sich der, der schon ißt, wenn sein Hunger noch gering ist, zu einer Zeit also, in der ihn die Eßlust noch nicht übermannt.

Solange sie das Tao nicht kennen, fällt es den meisten Menschen schwer, sich in der Liebe genauso zu verhalten. Unter der Anleitung des Taos wird es jedoch kinderleicht, denn wenn der Mann gelernt hat, seinen Samenerguß zu beherrschen, kann ein Paar sich immer lieben, wenn einer von beiden auch nur das leiseste Verlangen verspürt. Und gemeinsam mit dem Zustand extremen Mangels verliert sich dann auch das Bedürfnis nach einem Orgasmus.

Bleibt die Lust des Mannes unvollständig, solange die Frau keinen Orgasmus erreicht? An Stelle einer direkten Antwort möchte ich gern eine eigene Erfahrung anführen.

Vor einiger Zeit lernte ich eine Frau kennen, die man als «orgastisches Phänomen» bezeichnen könnte. Wahrscheinlich haben viele von Ihnen gehört oder gelesen – und manche Leserinnen haben es vielleicht selbst ausprobiert –, daß eine Frau mit Hilfe eines elektrischen Vibrators * nacheinander fünfzig und mehr Orgasmen herbeiführen kann, bis sie körperlich erschöpft ist. Frauen, die das gleiche an einem Abend allein durch normalen Geschlechtsverkehr und sogar ohne manuelle Stimulierung der Klitoris erreichen, gibt es jedoch vermutlich nicht viele.

Maria gehörte zu diesen Frauen. Ich traf sie vor etwas mehr als einem Jahr. Zuerst war ich überwältigt von ihrer ungeheuren orgastischen Erlebnisfähigkeit. Doch im Laufe der folgenden Monate wurde meine anfängliche Faszination immer geringer. Ich stellte fest, daß der Liebesgenuß des Mannes keineswegs davon abhängt, ob die Frau zum Orgasmus kommt oder nicht. Wie können so viele Männer dennoch steif und fest behaupten, sie erlebten die Liebe nur als halb so lustvoll, wenn die Frau keinen Orgasmus hat? Häufig ist der Orgasmus das einzige sichtbare – oder vielmehr hörbare – Zeichen, das dem Mann verrät, daß er seiner Partnerin Befriedigung schenken konnte. Doch sobald die Frau die Freuden des Liebesspiels genußvoll auskostet und spontan zeigt, welche Wonnen sie dabei empfindet, macht es für die Lust des Mannes keinen großen Unterschied, ob sie einen deutlich wahrnehmbaren Orgasmus erlebt oder nicht.

Nach den Erfahrungen, die ich in meiner über fünfundvierzigjährigen Liebespraxis sammeln konnte, sind diejenigen Begegnungen die denkwürdigsten, in denen ich mich mit meiner Partnerin völlig eins gefühlt habe, die Begegnungen, in denen unsere Körper und Seelen vollkommen miteinander verschmolzen. Bei so ekstatischen Erlebnissen bleibt keine Zeit, sich lange zu fragen, ob während der Erfahrung seliger Harmonie nun auch noch ein Orgasmus eintritt oder nicht.

Ich will damit nicht sagen, daß ich die rauschhaften Vereinigungen mit Maria nicht genossen hätte – ganz im Gegenteil. Aber ehrlicherweise muß ich bekennen, daß Marias rasch aufeinander-

* Ich persönlich halte nicht viel davon, mechanische Hilfsmittel dieser Art zu gebrauchen, weil sie die natürliche Empfindlichkeit der Klitoris schädigen können. Doch stark gehemmte Frauen können sie vielleicht eine begrenzte Zeit lang benutzen.

folgende Orgasmen meinen Liebesgenuß – nachdem der Reiz des Neuen erst einmal verblaßt war – nicht entscheidend gesteigert haben, obwohl ich nicht umhin konnte, ihre jäh wie Vulkanausbrüche einsetzenden geräuschvollen Höhepunkte mit stetem Staunen wahrzunehmen.

Was daraus folgt

Nachdem ich das Thema «Liebe» fast ein halbes Jahrhundert lang in Theorie und Praxis erforscht habe, bin ich zu der Ansicht gekommen, daß nur die sexuell Ausgehungerten nicht ohne Orgasmus und Ejakulation auskommen können. Wer nicht soviel Mangel leidet, erlebt jede Berührung, jede Liebkosung, jeden Kuß und jeden «liebenden Stoß» als eine himmlische Wonne, die die Seele nährt und ihr Frieden schenkt. Viele Frauen sind imstande, den Orgasmus ganz gelöst als eine Art «Zusatzprämie» auszukosten, ohne ihn ganz in den Mittelpunkt zu rücken. Die meisten Männer haben jedoch in dieser Hinsicht erhebliche Schwierigkeiten. Für sie wäre es gut, wenn sie die Ejakulationskontrolle erlernten, denn sonst wird die Liebesvereinigung bei jedem Erguß unterbrochen oder gar beendet. Der Mann sollte seiner Ejakulation erst dann freien Lauf lassen, wenn beide Partner das Bedürfnis haben, eine Pause einzulegen. Doch selbst in diesem Fall ist es ratsam, daß der Mann nicht bei jedem Zusammensein ejakuliert, sondern in längeren Intervallen, je nach seinem Alter und Gesundheitszustand. Unter keinen Umständen aber sollten Sie dem Beispiel von Mario Puzos Romanhelden folgen und die Ejakulation zu erzwingen versuchen.

In einem seiner anderen Bücher schreibt Mario Puzo sinngemäß, es gebe Situationen, in denen Männer ein Vermögen dafür geben würden, wenn sie es nur zu einer Erektion bringen könnten. In der Tat kennen wohl die meisten Männer das prekäre Gefühl, mit einer Frau schlafen zu wollen, aber körperlich nicht dazu imstande zu sein. Mit Hilfe des Taos läßt sich dieses Problem fast mit hundertprozentiger Sicherheit lösen. Der erste Schritt hin zu jenem glücklichen Zustand ständiger Erektionsbereitschaft besteht darin, niemals mehr einen Samenerguß zu erzwingen. Als nächstes muß der Mann lernen, nur bei jedem dritten Koitus zu ejakulieren. Aber verzichtet er denn damit nicht auf sein schönstes Vergnügen? Keineswegs. Mit der Zeit wird er immer klarer erkennen, daß dies tatsächlich der einzige Weg ist, der ihn und seine Partnerin zum höchsten Liebesgenuß führt. (Genauere Einzelheiten zum Thema «Ejakulationssteuerung» finden Sie im dritten Kapitel meines ersten Buches, *Das Tao der Liebe*.)

4

Der Mythos von der Monogamie

Die Königinmutter des westlichen Reiches hat keinen Ehemann, aber viele stattliche Liebhaber. Ohne Wangenrot und Puder erhält sie sich gesund, jugendfrisch und schön. Kennt sie ein Zaubermittel? Sie folgt der Weisung des Taos: Sie ist genügsam bei Tisch und unersättlich in der Liebe. Sie spielt die Laute und läßt nichts Kleinliches stören ihre Seelenruhe und Harmonie.[1]

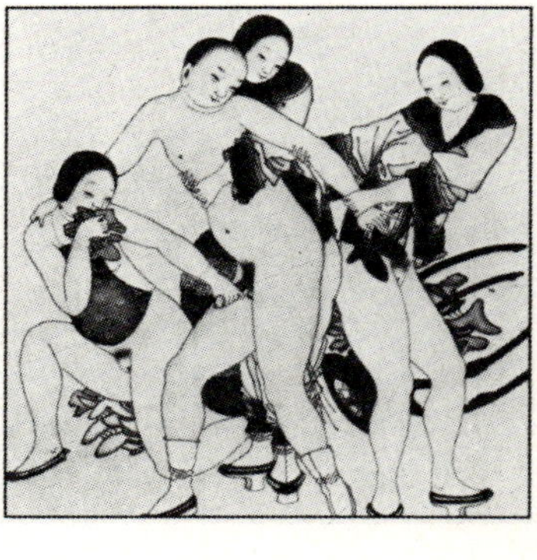

Sind wir alle von Natur aus monogam? Ganz und gar nicht. Ava, die ich im ersten Kapitel vorstellte, ist sicherlich nicht monogam veranlagt, genausowenig wie viele andere Männer und Frauen aus meinem Bekanntenkreis. In dem Essay *Polygyny and Polyandry* beschäftigt sich George Bernard Shaw mit den Hintergründen eugenischer Theorien. Unsere angebliche monogame Veranlagung, so Shaw, sei die Erfindung schwacher und unsicherer Männer, die es nicht hätten verwinden können, daß sie auf so wenig Zuneigung seitens der Frauen gestoßen seien. Die Frauen, behauptet er, hätten instinktiv schon immer dazu geneigt, sich von den stärksten und tüchtigsten Männern schwängern zu lassen, um ihren Kindern die besten Anlagen mitzugeben. Vor die Wahl gestellt, einen «zweitklassigen Mann» ganz für sich allein haben zu können oder einen «Mann erster Wahl» mit anderen Frauen teilen zu müssen, würde sich die Frau mit Sicherheit für die letztere Möglichkeit entscheiden. Um all die zweit- und drittklassigen Männer nicht leer ausgehen zu lassen, hätten die Männer den Frauen das Gesetz der Monogamie aufgezwungen. Soweit der spöttische Kommentar George Bernard Shaws.

In seinen *Briefen von der Erde* schilt Mark Twain den Mann einen «unsagbaren Lümmel», habe er doch die Einehe willkürlich zum Gesetz erhoben ohne jede Rücksicht auf die Frau, die dabei dank ihrer höheren sexuellen Erlebnisfähigkeit ungleich mehr zu verlieren habe als der Mann.

Wenn wir Mary Jane Sherfeys Theorie Glauben schenken, dann lebten die Frauen in vorgeschichtlicher Zeit keineswegs monogam. Vielmehr erfreuten sie sich völliger sexueller Freiheit – einer Freiheit, die jedoch der sozialen und kulturellen Entwicklung im Wege stand und deshalb nach und nach unerbittlich unterdrückt wurde. Sherfey schreibt, es sei denkbar, «daß die *gewaltsame* Unterdrückung der ungewöhnlich großen sexuellen Ansprüche der Frau eine Conditio sine qua non für das Erwachen jeder modernen Zivilisation, ja beinahe jeder lebenden Kultur sein muß. Der Geschlechtstrieb der primitiven Frau war zu übermächtig, zu anfällig für die fluktuierenden Extreme einer vorwärtsdrängenden, aggressiven Erotik, um den disziplinierten Anforderungen eines seßhaften Familienlebens zu genügen, in dem viele überlebende Kinder zum Wohlergehen einer Familie notwendig waren und wo für das Zusammenhalten von Familie und Familienbesitz die Vaterschaft ebenso wesentlich wie die Mutterschaft geworden war. Wären diese Einschränkungen nicht verfügt worden, hätten die Frauen fast die Hälfte der Zeit der Befriedigung ihrer erotischen Bedürfnisse nachgejagt; die Vaterschaft wäre nie eindeutig festzustellen gewesen und die sexuelle Stimulierung durch den Stillvorgang hätte eine ununterbrochene Pflege des Säuglings in Frage gestellt.»[2]

Wie viele historische Belege zeigen, lebten im alten China weder die Frauen noch die Männer in strenger Monogamie. Wäre das Geschlechtsleben nicht frei gewesen, hätten die alten taoistischen Meister nicht die Ratschläge des Taos der Liebe entwickeln können, um Männern und Frauen zu helfen, ihre unterschiedliche sexuelle Kapazität auszugleichen. Doch diese glückliche Situation, in der beide Geschlechter gleichberechtigt und in sexueller Harmonie miteinander lebten, änderte sich grundlegend, als zu Beginn des ersten Jahrhunderts die Anhänger des Konfuzius in der Politik die Oberhand gewannen. Danach sank die Frau allmählich zum Besitz des Mannes herab und verlor das Recht, sich ihre Partner frei zu wählen.

Doch in den seltenen Fällen, in denen Frauen die Gelegenheit hatten, selbst über ihr Leben zu bestimmen, zeigten sie fast immer polygame Neigungen. Wu, die einzige Kaiserin der chinesischen Geschichte – sie regierte an der Wende vom siebten zum achten Jahrhundert –, ist ein herausragendes Beispiel. Wu war schon siebenundsechzig Jahre alt, als sie «Kaiser» wurde (sie wollte nicht «Kaiserin» genannt werden). Sie begründete eine eigene Dynastie, die jedoch ihre sechzehnjährige Regierungszeit nicht überdauerte. Sie scharte – genauso wie ihre männlichen Vorgänger und Nachfolger sich mit Frauen umgaben – zahlreiche Liebhaber um sich.

Auch im Westen gelang es nur einzelnen Frauen, sich einen Rest ihrer in prähistorischen Zeiten genossenen Freiheiten zu bewahren. Zu ihnen zählt zum Beispiel die ägyptische Königin Kleopatra. Selbst von der jungfräulichen Königin Elisabeth I. von England wissen wir, daß sie sich gern mit Männern umgab. Die Frage, ob sie auch als Jungfrau starb, ist seit Jahrhunderten umstritten. Oder Katharina die Große: Der Ruf, viele Männer geliebt zu haben, ist untrennbar mit ihrem Namen verbunden.

Auch in der heutigen Zeit wird das Monogamiegebot von Frauen unterlaufen, die sich diese Freiheit dank ihrer Machtstellung oder ihrer finanziellen Mittel erlauben können. Diese Frauen geben ihren polygamen Neigungen nach, ob ledig oder verheiratet, wie zum Beispiel Barbara Hutton, die nacheinander sechs Ehen einging und sich sechsmal wieder scheiden ließ. Es ist nicht bekannt, wie viele außereheliche Beziehungen sie darüber hinaus hatte. Auch Marilyn Monroe hatte eine ganze Reihe Ehemänner und Liebhaber. Unglücklicherweise starben diese beiden Frauen unter tragischen Umständen. Die eine nahm in den letzten drei Jahren vor ihrem Tod kaum etwas anderes als Coca-Cola zu sich und starb schließlich an Unterernährung. Die andere beging Selbstmord. Beide Frauen waren verzweifelt, weil sie nicht genug Liebe bekamen. Als das Tao der Liebe noch nicht so bekannt war, hatten sinnenfreudige Frauen es noch sehr viel schwerer, Männer zu finden, die ihre Bedürfnisse befriedigen konnten. Inzwischen bessert sich diese unselige Situation ganz allmählich, wie die im zweiten Kapitel geschilderten Beispiele zeigen.

Der taoistische Standpunkt

Mangel an Abwechslung tötet sein Begehren.
Simone de Beauvoir

Mangelnde Abwechslung tötet auch *ihr* Begehren – obwohl Madame de Beauvoir diesen Sachverhalt seltsamerweise nicht der Erwähnung wert findet. In ihren Büchern läßt sie jedenfalls keinen Zweifel daran, daß sie in ihrem Leben so manches Mal das Verlangen und den Wunsch gespürt hat, neben ihrem Jean-Paul auch noch andere Männer zu lieben. Nicht nur so gut wie alle Männer haben zeitlebens ein waches Auge für jede attraktive Vertreterin des anderen Geschlechts. Die Frauen machen es ganz genauso; viele von ihnen, Verheiratete wie Unverheiratete, haben mir gestanden, daß sie sich jeden anziehenden Mann, der ihnen begegnet, genau anschauen und sich insgeheim fragen, wie es wohl wäre, mit ihm ins Bett zu gehen. Wir alle, egal ob Mann oder Frau, alt oder jung, brauchen uns dieser ausgeprägten naturgegebenen Neigung nicht zu schämen. Das Interesse am anderen Geschlecht ist angenehm, fördert unsere Gesundheit und verlängert unser Leben.

In allen alten taoistischen Büchern wird diese gesunde, lebensspendende, natürliche Stimulation durch das andere Geschlecht betont. Die alten chinesischen Weisen wiesen immer wieder darauf hin, daß die Abwechslung in der Liebe eine wesentliche Rolle spielt. Wenn beide Liebespartner gleiche Rechte und gleiche Freiheiten genießen, verliert der Wunsch nach Abwechslung seine Schrecken. Und da die meisten von uns sich ohnehin schon – sei es nur als bloßer Wunsch, als Tagtraum oder in Wirklichkeit – Abwechslung verschaffen, wäre es müßig, dieses in uns allen vorhandene Verlangen leugnen zu wollen.

Ich möchte an dieser Stelle einen Bericht wiedergeben, der zeigt, wie es einer Frau gelang, nicht allein den Fortbestand ihrer Ehe, sondern auch ihr eheliches Glück zu retten. Das amerikanische Ehepaar Mr. und Mrs. Blank hatte zu Beginn dieses Jahrhunderts geheiratet. Mr. Blank versuchte zuerst, ohne Liebesaffären auszukommen, da seine Frau auf Grund ihrer strengen Erziehung keine außerehelichen Beziehungen dulden wollte. Durch diesen Verzicht

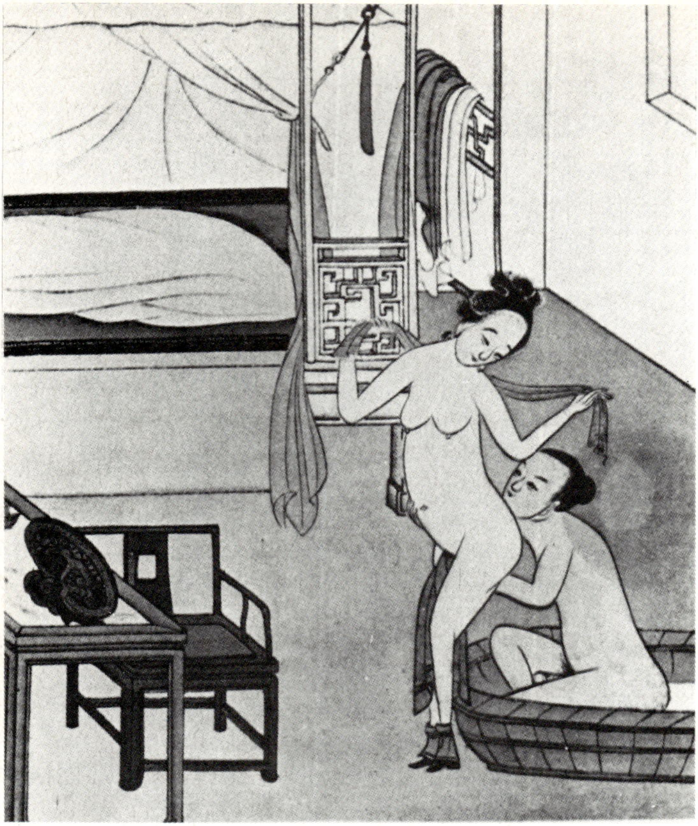

des Ehemannes kühlte die Atmosphäre in der Familie jedoch merklich ab und wurde angespannt und explosiv. Schließlich mußte Mrs. Blank einsehen, daß dies auf die Dauer keine Lösung war. Sie schlug ihrem Mann ein Experiment vor: Jeder von ihnen sollte dem anderen das Recht auf außereheliche Liebesabenteuer zugestehen. Zuerst lehnte Mr. Blank diese Möglichkeit strikt ab. Für sich selbst fand er diesen Vorschlag zwar sehr gut, aber er brachte es nicht fertig, seiner Frau die gleiche Freiheit zuzubilligen. Um die Ehe zu retten, erklärte er sich am Ende doch dazu bereit – und das Experiment gelang. Die Ehe war nicht nur notdürftig gekittet, sondern die Blanks lebten nun glücklicher zusammen als jemals zuvor. Mrs. Blank wurde mit der Zeit sogar zu einer begeisterten Verfechterin einer solchen offenen Ehe. Der 1927 erschienene Bericht über die Ehe der Blanks[3] wurde seinerzeit weltberühmt und machte seinen Verfasser, den Richter Ben Lindsey vom Jugend- und Familiengericht in Denver, mit einem Schlag bekannt. Ich habe Anfang der dreißiger Jahre als Zwölf- oder Dreizehnjähriger zum erstenmal von diesem Buch gehört.

Die meisten von uns unterdrücken das natürliche Bedürfnis nach sexueller Abwechslung. Die Folge ist, daß viele körperlich und seelisch erkranken oder ihrem zurückgestauten Trieb in Kriegen freien Lauf lassen und sich dabei gegenseitig zerstören. Mag es auch einer kleinen Minderheit unter uns gelingen, diese sexuelle Kraft zu sublimieren, so wenden sich die allermeisten doch in die andere Richtung und versuchen, ihr durch Essen, Trinken, Rauchen und vielfältige destruktive oder selbstzerstörerische Verhaltensweisen ein Ventil zu schaffen.

Oft hört man, im Mittelalter sei es vor allem aus sexueller Rivalität und Eifersucht zu Duellen und Fehden gekommen. Auch der Hunger wird häufig als die Ursache von Gewalttaten und Kriegen genannt. Doch nicht die Nahrung an sich, sondern die Nahrungsknappheit wird zum Auslöser von Gewalt. Dasselbe gilt für die Liebe und Sexualität, die für sich genommen eine lebensspendende, natürliche Kraft ist. Die durch künstliche Barrieren verursachte Einschränkung der Sexualität war es vor allem, die sich im Mittelalter in Kämpfen Luft machte. Im *Taoteking* steht der Satz «Je mehr Verbote und Beschränkungen das Reich hat, desto mehr verarmt das Volk».[4] Verbote und Einschränkungen führen unvermeidlich zu Gewalt.

Es liegt eine gewisse Ironie darin, daß diese Situation – diese Vergeudung, dieser fast allgegenwärtige Liebesmangel, dieses unnötige Leiden – ganz und gar von uns selbst künstlich hervorgerufen wird. Liebes- und Sexualpartner, Männer und Frauen, gibt es auf dieser Welt praktisch immer in ausreichender Zahl, um so mehr, als die Liebe die wunderbare Eigenschaft besitzt, nicht abzunehmen, wenn wir viel davon geben und empfangen, sondern, im Gegenteil, ständig zu wachsen. Wenn wir uns von den alten unglückseligen Vorurteilen und Tabus befreien und vor allem die Neigung, Menschen als Besitz zu behandeln, aufgeben könnten, dann brauchte keiner von uns mehr unter diesem entsetzlichen Liebesmangel zu leiden. Zumindest in den Ländern des Westens dürfte es nicht allzu schwer sein, die gegenwärtige leidvolle Situation zu verbessern. Wir alle sind frei, zumindest soweit das Gesetz es verbrieft; wir sind niemandes Sklaven und niemandes Eigentum. Es ist an uns, endlich die letzten Reste der traditionellen Tabus aus unseren Köpfen zu tilgen und den Mut zu haben, unsere Freiheit auch zu gebrauchen.

Und dies sind keine leeren Worte! Viele Menschen, berühmte und weniger berühmte, haben uns bereits vorgelebt, daß es möglich ist, sich aus den alten Traditionen zu lösen. Simone de Beauvoir zum Beispiel hat erklärt, sie halte ihr unkonventionelles Zusammenleben mit Jean-Paul Sartre für die bedeutsamste Leistung, die sie in ihrem Leben vollbracht habe. Simone de Beauvoir und Sartre blieben nicht nur unverheiratet, sondern vereinbarten auch von Anfang an, daß sie einander lediglich als den wichtigsten Partner ansehen wollten. Beide könnten weitere intime Beziehungen aufnehmen, wann immer sie dies brauchten, wünschten und begehrten. Beide befolgten diese Vereinbarung zu einer Zeit, in der die Moralgrundsätze im Bereich der Sexualität sehr viel rigider waren als heute. Dennoch haben Simone de Beauvoir und Sartre keine besonders negativen oder schmerzlichen Erfahrungen gemacht. Sie waren zusammen, wenn sie es wollten, und lebten ansonsten jeder für sich.

Wenn Sartre und Simone de Beauvoir schon vor Jahrzehnten und obendrein in einem katholischen Land einen so unkonventionellen Lebensstil pflegen konnten, dann müßte es hier und heute eigentlich wesentlich einfacher sein. Übrigens war Sartre zuerst sehr ängstlich und schlug vor, daß sie sich doch lieber auf einen Kompromiß einlassen und heiraten sollten. (Sie hatten gerade beide eine Anstellung als Lehrer in der Provinz erhalten.) Simone de Beauvoir jedoch hatte mehr Courage und bestand darauf, daß sie sich an ihre ursprüngliche Abmachung hielten. Wie sich herausstellte, wurden ihr und Sartre wegen ihrer vom Normalen abweichenden Lebensweise nie irgendwelche Steine in den Weg gelegt. Ihr Beispiel macht deutlich, daß es in erster Linie auf persönlichen Mut ankommt, wenn sich auf dem Gebiet der Moral etwas ändern soll.

Vielleicht mögen einige einwenden, eine solche Lebensführung sei gerade in ihrer Umgebung nicht für jeden realisierbar. Doch in den vergangenen Jahren hat sich die Moral in dieser Hinsicht in der westlichen Welt gerade auch durch die Beispiele einzelner Menschen erheblich gewandelt – und es hat offene Ehen ohne die sexuelle Doppelmoral schon immer gegeben, auch wenn die Menschen, die in ihnen lebten, nicht groß von sich reden machten. Und das geglückte Experiment von Mr. und Mrs. Blank, das Richter Ben Lindsey in seinem Buch darstellt, beweist, wie leicht die offene Ehe zu verwirklichen ist. Man braucht dazu nichts weiter als den Mut, die unwürdige Prämisse der männlichen Doppelmoral fallenzulassen, allein die Frau müsse «rein» (was immer das heißen mag) bleiben.

Wir Männer dürfen nicht glauben, Mr. Blank sei ein Schwächling und jämmerlicher Pantoffelheld. Wir sollten ihm eher Achtung zollen für seinen Mut. Wenn Sie es wagen, Ihre Frau oder Freundin als absolut gleichgestellten Partner zu behandeln, werden Sie dafür reich belohnt. Ihre Frau wird Sie um so inniger lieben und Sie stets den Männern vorziehen, die Frauen nur als Besitz oder als Gefangene betrachten. In dem 1888 uraufgeführten Schauspiel *Die Frau vom Meer* erzählt Henrik Ibsen die Geschichte einer jungen Frau, die mit einem älteren Mann verheiratet ist. Mehrere Jahre nach der Heirat kommt der frühere, junge Geliebte der Frau von einer langen Seefahrt zurück und will sie zu sich holen. Zwei Dinge erleichtern der jungen Frau, die innerlich schwankt, ob sie bei ihrem Mann bleiben oder mit dem Geliebten davongehen soll, die Entscheidung. Der kluge ältere Ehemann versichert ihr seine Liebe und gewährt ihr völlige Entscheidungsfreiheit, während der junge Seemann die Frau drängt, ihm zu folgen. Sie entscheidet sich für ihren Ehemann.

Vielleicht kennen Sie auch den Roman *Der Sammler* von John Fowles. Ein Schmetterlingssammler lernt eine schöne junge Frau kennen und will sie besitzen, so wie er bei einem seltenen Schmetterling versuchen würde, ihn in seinen Besitz zu bringen. Er entführt die Frau und hält sie im Keller eines alten Hauses gefangen. Er selbst hält seine Besitzgier für Liebe. Die junge Frau stirbt nach kurzer Zeit in ihrem Gefängnis, und damit endet die seltsame Geschichte. Ibsens Drama und Fowles' Roman zeigen, daß wir Menschen nie als unser Eigentum betrachten können. Liebe wächst und gedeiht nur in einer Atmosphäre der Harmonie, Gleichwertigkeit und Freiheit.

Vielleicht sagen Sie, in diesen beiden Geschichten gehe es bloß um die Träume und Phantasiegespinste von Schriftstellern. Deshalb möchte ich als nächstes einige Tatsachen aus dem wirklichen Leben erwähnen. Greta Garbo, die große schwedische Schauspielerin, war nie verheiratet. Der Grund dafür ist offensichtlich, daß sie ihre Freiheit nicht aufgeben mochte. Statt der Ehe wollte sie lieber freie Beziehungen zu Männern aufnehmen können, wann und wie es ihr beliebte. Tatsächlich konnte sie ziemlich draufgängerisch sein, wenn sie jemanden kennenlernen wollte. Ihre Liebschaft mit Gayelord Hauser, dem bekannten Ernährungsspezialisten und Verfasser des Buches *Bleibe jung, lebe länger*, leitete sie zum Beispiel einfach durch einen Telefonanruf ein. Sie war damals dreiunddreißig Jahre alt und galt allgemein als die schönste Frau der Welt. Hauser war zehn Jahre älter. Die Romanze der beiden dauerte jedoch nur wenige Monate. Sie zerbrach vor allem an Hausers Wunsch, die Garbo als Ehefrau an sich zu binden. Doch auch nach Beendigung ihrer Liebesbeziehung blieben die beiden noch viele Jahre miteinander befreundet. Da die Schauspielerin sich weigerte, Ehefrau (Besitz) eines Mannes zu werden, waren ihre Liebesbeziehungen offenbar nie von Dauer. Die einzige Ausnahme bildet ihr Verhältnis mit George Schlee, das zwanzig Jahre bestand und durch Schlees Tod endete. Er war bereits Anfang Sechzig, als die zwanzig Jahre jüngere Garbo ihn kennenlernte. Sie wurde auch damals noch als die schönste Frau der Welt bewundert. Schlee war ein lebenskluger, erfahrener Mann, der wußte, wie er die Beziehung zu ihr erhalten konnte. Ihm glückte, was all die anderen Liebhaber der Garbo vergeblich versucht hatten: lebenslang mit ihr in Verbindung zu bleiben. Die Gründe dafür sind leicht zu erkennen: Erstens war George Schlee verheiratet und wollte sich nicht von seiner Frau trennen; zweitens hatte er Verständnis dafür, daß die Garbo nicht Ehefrau sein wollte. Es gelang ihm jedoch, die zweitbeste Lösung zu finden: Er überredete die Schauspielerin, in dem Gebäude in der New Yorker Zweiundvierzigsten Straße, in dem er mit seiner Frau wohnte, ein Apartment zu erwerben. Betrachtete er die Garbo eifersüchtig als sein Eigentum? Manche seiner Freunde sehen es so. Es gibt jedoch ein Ereignis, das beweist, daß Schlee der Geliebten gegenüber keine Besitzansprüche geltend machte.

1951 begleitete Schlee die Garbo nach England, wo sie einige Monate mit ihrem jüngeren und hübscheren Geliebten, dem Fotografen Cecil Beaton, verbringen wollte. Beaton war offenbar sehr eifersüchtig auf Schlee, den er in seinem Tagebuch als Greta Garbos «Galan» titulierte, und er versuchte mit allen Mitteln, sie zur Heirat zu bewegen. Ist es ein Wunder, daß die Schauspielerin schleunigst abreiste und nach New York zu Schlee zurückkehrte? Ihre Position zwischen den beiden Männern erinnert ein wenig an Ibsens Theaterstück. Wie wir sehen, gewinnt am Ende immer der, der das Freiheitsstreben des geliebten Partners akzeptieren und achten kann.

Schwedische Experimente

Versuche, freiere Beziehungen zwischen Männern und Frauen zu entwickeln, werden hier in Schweden in großer Zahl unternommen. Zum Teil werden auch Kinder in diese Experimente einbezogen. Statistische Untersuchungen gibt es auf diesem Gebiet noch nicht, doch in meinem Bekanntenkreis ist der Prozentsatz von Menschen, die neue Beziehungsformen ausprobieren, sehr hoch. Zwei junge Akademiker begannen ihre Beziehung etwa so wie Simone de Beauvoir und Jean-Paul Sartre. Später heirateten sie doch, vereinbarten aber am Tage der Eheschließung, daß jeder der Partner das Recht haben sollte, zusätzliche Intimbeziehungen einzugehen. Dieses Paar ist inzwischen fünf Jahre verheiratet, und die beiden sind sehr glücklich miteinander. Tatsächlich ist es vor allem die Frau, die neben der Ehe noch Affären hat. Auf Wunsch ihres Mannes bringt sie ab und zu einen ihrer Liebhaber mit nach Hause, und nicht selten schließen die Männer dauerhafte Freundschaften. Einige der früheren Liebhaber der Frau gehören inzwischen zu den engsten Freunden des Ehemannes.

Eine attraktive sechsunddreißigjährige Beamtin war noch Jungfrau, als sie mit einunddreißig Jahren einen ansprechenden Mann kennenlernte. Es war wie ein plötzliches Erwachen aus einem bösen Traum. Die junge Frau erkannte, daß sie ihre besten Jahre zum größten Teil vertan hatte. Sie gelobte, das Versäumte so gut es ging wettzumachen, indem sie ihre Zeit von nun an ganz der sexuellen Aufklärungsarbeit in der Öffentlichkeit und interessanten Männern widmete. Verschwendete freie Abende sollte es für sie in Zukunft nicht mehr geben. Sie gehört mittlerweile zu den ausgelastetsten Frauen, die ich kenne!

Es folgen nun zwei sehr ungewöhnliche Versuche, an denen auch eine Reihe von Kindern beteiligt sind.

Ein Mann mit zwei Familien: Ein stellvertretender Schulleiter, der verheiratet ist und zwei Kinder im jugendlichen Alter hat, bekam ein Kind mit einer zwanzig Jahre jüngeren Kollegin. Auch sie hatte vorher bereits zwei Kinder. Der Mann verbringt nun die Wochenenden mit seiner ersten Familie und die Abende während der Woche mit der zweiten Familie. Seine Kollegin und Geliebte ist am Wochenende mit ihren Kindern und einer Freundin zusammen, die schon seit mehreren Jahren die Wohnung mit ihr teilt. Und zwischen den beiden Frauen des Schulleiters hat sich eine sehr herzliche, offene Beziehung entwickelt.

Tauschfamilien: Ein junges Ehepaar lernte im Urlaub ein etwa zehn Jahre älteres Paar kennen. Die vier wurden mit der Zeit enge Freunde. Nach einer Weile fühlten sich die beiden Frauen fast gleichzeitig sehr von dem Ehemann der jeweils anderen angezogen. Im Einverständnis mit ihren Ehemännern faßten die beiden Frauen den Plan, etwa alle vierzehn Tage (je nach Wunsch) ihre Männer zu tauschen, wobei sie Wege fanden, die insgesamt vier Kinder (zwei in jeder Familie) nicht unnötig zu verunsichern. Die Schwiegereltern reagierten zunächst sehr befremdet auf diese schockierende Idee. Doch die beiden Paare ließen sich nicht beirren und testeten in aller Ruhe, wie sich der turnusmäßige Austausch der Ehemänner auf das Leben der beiden Familien auswirken würde. Den Kindern scheint der zusätzliche Vater sehr gut zu bekommen!

Nieder mit der Heuchelei!

Ich liebe Rinderbraten, aber ich möchte ihn nicht jeden Tag vorgesetzt kriegen.

Maggi Tate

Maggi Tate war eine gefeierte englische Opernsängerin, die um die Jahrhundertwende in Frankreich so beliebt war, daß Claude Debussy die Hauptrolle seiner Oper *Pelléas und Mélisande* eigens für sie schrieb. Kurz nach ihrer Scheidung wollten Reporter von ihr wissen, ob sie wieder zu heiraten gedenke. Die oben zitierte Bemerkung war ihre Antwort.

Die alten Taoisten hatten eine ähnliche Auffassung von der Ehe. Sie hielten sie für eine Einrichtung, die vorzüglich funktioniert, solange die beiden Partner so klug sind, ihr Zusammenleben flexibel und offen zu gestalten. Wo dies unterbleibt, werden Überdruß und Langeweile das Ehebündnis früher oder später untergraben. Man darf seinen Ehegefährten nicht wie ein Gefängnisaufseher belauern. Als Individuen unterscheiden wir alle uns auch in unseren Ansichten und Bedürfnissen hinsichtlich des Zusammenlebens mit anderen: Manche von uns fühlen sich in einer monogamen Ehegemeinschaft wohl, während andere nur in freieren Beziehungen Glück finden können. Eine wahrhaft freie Gesellschaft müßte imstande sein, die unterschiedlichsten Lebensformen in sich zu vereinen. Solange die Rechte und Neigungen anderer respektiert werden und niemand unter Druck gesetzt wird, sollte jeder das Recht haben, sein Privatleben seinen Neigungen und Wünschen gemäß zu gestalten. Glücklicherweise ist diese Freiheit in den meisten Ländern der westlichen Welt bereits weitgehend verwirklicht. Ich möchte hier zwei freiere Beziehungsmuster vorstellen, die heute schon von vielen in die Tat umgesetzt werden.

1. Die Partner leben in einer eheähnlichen Gemeinschaft, die ohne besondere Formalitäten geschlossen und nicht durch sexuelle Beschränkungen eingeengt wird. Beide haben die Freiheit, sich voneinander zu trennen, wenn sie das wünschen, ohne daß ein Anwalt oder ein Gericht eingeschaltet werden müßte. Diese Form des Zusammenlebens ist in Schweden sehr populär und wird von vielen Paaren praktiziert, gleich ob sie Kinder haben oder nicht.

2. Diese Beziehungsform ist sogar noch offener als die erste. Mehrere Männer und Frauen wohnen räumlich getrennt, bilden aber alle zusammen eine Mehrfach-Liebesgemeinschaft. Auch hier finden wir Gemeinschaften mit oder ohne Kinder. In beiden Formen des Zusammenlebens genießen die Kinder vollen rechtlichen Schutz. Ausdrücke wie «Bastard» oder «uneheliches Kind» kennt man in Skandinavien nicht. Vor dem Gesetz und in den Augen der Menschen sind alle Kinder gleich. Dies ist ein wichtiger Grund, warum ich in den letzten zwölf Jahren außerhalb der Ehe zwei Kinder gezeugt habe. Unter Bedingungen, wie sie in China und Kanada herrschten, wo ich vorher gelebt habe, wollte ich nicht Vater werden. In Kanada hat sich im Laufe der letzten ein oder zwei Jahrzehnte sicherlich einiges geändert. Doch gegen Ende der fünfziger Jahre konnten die Beamten der ‹Morality Squad› noch ohne weiteres im Privatleben der Bürger herumschnüffeln, erotische Darstellungen und Bücher beschlagnahmen und Unverheiratete, die miteinander schliefen, wegen Unzucht belangen. Der heutige kanadische Premierminister Pierre Elliott Trudeau löste in jenen Jahren, als er noch als Justizminister amtierte, einen juristischen Skandal aus, als er die bemerkenswerte Parole verkündete: «In den Schlafzimmern der Nation hat der Staat nichts verloren!» Damit brachte er den Geist des veralteten, dringend reformbedürftigen kanadischen Strafgesetzbuches treffend auf einen Nenner.

Heute kümmert sich die Polizei in den westlichen Ländern kaum noch um das Privatleben der Bürger (solange sie nicht – zu Recht oder Unrecht – «auffällig» werden). Überlebte Rechtsbestimmungen wurden entweder abgeschafft, oder sie werden in der Rechtsprechung nicht mehr angewendet, so daß wir alle freier atmen und lieben können.

Als Philosophie des natürlichen Lebens vertritt das Tao den Standpunkt «Je mehr Verbote und Beschränkungen das Reich hat, desto mehr verarmt das Volk», wie es im *Taoteking* heißt. Je weniger Vorschriften uns einengen, desto besser für uns alle. Wenn wir zu viele Verbote beachten müssen, nimmt mit der Zeit die Heimlichtuerei immer mehr überhand. Das Tao plädiert für ein Höchstmaß an Liebesgenuß, verbunden mit möglichst maßvoller Ernährung und Enthaltsamkeit hinsichtlich aller Formen materiellen Konsums. Wer diesem Weg folgt, wird immer größere Harmonie, Gesundheit und Lebensfreude erlangen, ohne auf medizinische Hilfe, Gehstöcke oder Psychiater angewiesen zu sein. Das Tao rät zu freieren Beziehungen zwischen Männern und Frauen, denn nur wenn wir lernen, unbeschwerter und freier miteinander umzugehen, besteht Hoffnung, daß wir eines Tages nicht mehr nach Liebe zu hungern brauchen. Heute haben erst sehr wenige das Glück, genügend Liebe zu bekommen. Dafür gibt es mehrere Gründe.

Ein Grund liegt in der verhängnisvollen Gewohnheit, andere Menschen als persönliches Eigentum zu betrachten. Sobald man verheiratet ist, mit einem Partner zusammenlebt oder auch nur einem anderen Menschen seine Zuneigung gesteht, fangen beide Beteiligten an, voneinander Besitz zu ergreifen. Stockholm zum Beispiel ist eine der freiesten westlichen Hauptstädte, doch auch hier gilt jeder, der heiratet, als «aus dem Verkehr gezogen». Und wie sieht das Liebesleben der Verheirateten aus? Es existiert praktisch nicht. Sobald das Paar ein oder zwei Kinder bekommen hat, ist von der Zweisamkeit meist nicht mehr viel übrig. Oft schlafen die Eheleute jahrelang nicht mehr miteinander, lauern aber dennoch eifersüchtig auf eventuelle Eskapaden des Partners. Vielleicht langweilen sie sich nur noch miteinander – aber sie fühlen sich trotzdem gezwungen, so zu tun, als seien sie eine glückliche Familie.

In den USA stand vor dreißig Jahren ein Buch mit dem Titel *Mr. Smith* an der Spitze der Bestsellerlisten. Es ist nicht das beste Buch des Autors Louis Bromfield, der in den Nachkriegsjahren mehrere beliebte Romane schrieb. (Er wurde daneben auch für seine landwirtschaftlichen Neuerungen bekannt.) Doch die Fabel dieses Romans ist so lebensnah, daß sie mir bis heute klar in Erinnerung geblieben ist: Ein erfolgreicher Geschäftsmann hat es satt, immer den wohlanständigen, ordentlichen Ehemann spielen zu müssen. Er meldet sich freiwillig als Soldat und fällt im Südpazifik im Kampf gegen die Japaner. Er riskiert also lieber den Tod, als sein stumpfes, lebloses Dasein weiterzuführen.

Ein weiterer Grund für den Mangel an Liebe liegt in dem Zwang, eine lebensfremde «Reinheit» bewahren zu müssen. Ich habe diesen Zwang weiter oben schon kurz erwähnt. Auch hier erinnere ich mich an eine Geschichte, diesmal aus einem Roman von Mario Puzo: Ein Mann hat als Zivilangestellter in Deutschland gedient und kehrt nach New York zurück. Seine Schwester versichert ihm, seine Freundin habe sich während seiner Abwesenheit ihm zuliebe «rein» gehalten. Der Mann fragt zurück, was er denn davon habe? Ob sie glaube, daß die Freundin durch ihre Zurückhaltung wertvoller oder reizvoller für ihn werde? Glücklicherweise stirbt die puritanische Denkweise langsam aus, auch wenn sie sich als reichlich zäh erweist. Wie gesagt sind die meisten von uns zumindest in der Phantasie keineswegs monogam. Als zum Beispiel der französische Schriftsteller François Mauriac, der 1952 den Literatur-Nobelpreis erhielt, um eine Selbstcharakterisierung gebeten wurde, antwortete er, seine Persönlichkeit setze sich aus all den Frauen zusammen, die es in seinem Leben gegeben habe. Eine solche Antwort ist jedem Taoisten aus dem Herzen gesprochen. Für jeden von uns ist die Mutter der erste und am stärksten prägende Einfluß, und danach tragen alle Frauen, die in unserem Leben eine Rolle spielen, zur Weiterentwicklung unserer Persönlichkeit bei. Unsere Persönlichkeit ähnelt einem Mosaik, das sich aus all unseren Liebeserfahrungen zusammensetzt. Selbstverständlich gilt dasselbe für die Frauen; auch sie werden innerlich geprägt durch ihre Erfahrungen mit den Männern, die sie lieben. Die französische Schauspielerin Jeanne Moreau wurde einmal gefragt, was für Wunschträume sie hege. Sie hätte gern ein schönes, großes Haus mit vielen Wohnungen, erwiderte sie, und in den Wohnungen sollten all die Männer wohnen, die zu irgendeiner Zeit ihres Lebens ihre Weggefährten gewesen seien, damit sie sie immer besuchen könnte, wenn sie dazu Lust habe.

Auch heute sind noch viel zu viele Menschen in den alten puritanischen Anschauungen gefangen. Sie erwarten unbedingte Treue von ihrem Lebens- oder Ehegefährten, gleichgültig, wie lange sie auch immer von ihm getrennt sein mögen. Solche Menschen wollen nicht einsehen, daß Einsamkeit für keinen von uns angenehm und zuträglich ist und daß sie keinem der Beteiligten nützt. Wiegen Wohlbefinden und Glück unseres Gefährten nicht schwerer als das Versprechen, geflissentlich um alle anziehenden Männer oder Frauen einen Bogen zu machen? Sollten wir nicht eher wie Mario Puzos Romanheld fragen: Wem nützt es, wenn sich mein

Freund oder meine Freundin «rein» hält, während ich vielleicht jahrelang abwesend bin? Ist ein solches Opfer nicht pure Vergeudung und ein Verlust für uns alle? Dies sind die Fragen, um derentwillen ich dieses Kapitel geschrieben habe. Wir handeln im Geiste des Taos, wenn wir alle Heuchelei und alle überhöhten Moralvorstellungen über Bord werfen.

C. G. Jungs Empfehlung an Ehepartner

> Die Voraussetzung für eine gute Ehe ist die Freiheit, dem Partner untreu werden zu dürfen.
>
> *Carl Gustav Jung*

Es gibt auf der Welt wohl nur wenige Gelehrte, die schon zu Lebzeiten und über die Grenzen ihres Landes hinaus so viel Achtung genossen haben und bis heute genießen wie Carl Gustav Jung (1875–1961), der schweizerische Nervenarzt und Psychoanalytiker. Er war in der steifleinenen Finanzkapitale der Schweiz als «der Weise von Zürich» bekannt. Seine zweiundfünfzig Jahre dauernde Ehe mit Emma Rauschenbach war in jeder Hinsicht befriedigend. Sie endete mit Emmas Tod, bei dem Jung weinend ausrief: «Sie war eine Königin! Sie war eine Königin!» Die beiden lebten jedoch nicht in einer monogamen Ehe, sondern in einer Mehrfach-Gemeinschaft. Die zweite bedeutende Frau in Jungs Leben war die dreizehn Jahre jüngere, elegante Toni Wolff, die mit zweiundzwanzig Jahren als Patientin zu ihm kam und bald darauf seine Schülerin, Muse und intime Freundin wurde. Sie praktizierte später selbst als Analytikerin und wohnte in einer riesigen, prächtig ausgestatteten Wohnung mit Säulen aus Marmor. Ihre Beziehung zu Jung blieb bestehen, bis Toni Wolff dreiundvierzig Jahre später starb. Jungs Frau Emma übte ebenfalls den Analytikerberuf aus. Ob die beiden Frauen ihrerseits viele zusätzliche Liebesbeziehungen hatten, wissen wir nicht – in einer Stadt wie Zürich, in der die sexuelle Doppelmoral ungebrochen regierte, ist es ihnen mit Sicherheit nicht ratsam erschienen, von ihrem Liebesleben allzuviel nach außen dringen zu lassen. Aus Carl Gustav und Emma

Jungs langjähriger Ehe gingen fünf Kinder hervor, vier Mädchen und ein Junge. Vielleicht waren sie wirklich alle «Ausrutscher», denn in einem Brief an Freud schrieb Jung, er habe «jede erdenkliche List [versucht], um den Strom dieser kleinen Gottesgeschenke aufzuhalten». Möglicherweise war es auch der Wunsch Emmas, so viele Kinder zu haben. Es ist nicht bekannt, ob Jung in seinen zahlreichen weiteren Intimbeziehungen noch mehr Kinder zeugte. Eine weitere sehr wichtige Beziehung in Jungs Leben war die zu der Engländerin Ruth Bailey. Jung hatte sie in Afrika kennengelernt. Sie zog als seine letzte Gefährtin in sein Haus und lebte mit ihm zusammen, bis er mit fünfundachtzig Jahren starb. Diese Liebesbeziehung dauerte mehr als fünfunddreißig Jahre.

5

Hindernisse beim Erlernen des Liebens

Kaiser Huang-ti: *Was wird aus jenen fehlgeleiteten Jünglingen, die sich drei- bis fünfmal am Tag ergießen, um ihre Manneskraft unter Beweis zu stellen?*
Su-nü: *Wenn sie ihre Kraft ohne Rücksicht auf ihre Möglichkeiten verschwenden, wird ihre Energie bald erlahmen. Ihre Prahlerei wird unweigerlich zur Impotenz führen. Sie werden kein hohes Alter erreichen, wenn sie nicht lernen, sich zu bezähmen!*[1]

Warum stecken in unserer sexuell aufgeklärten Zeit immer noch so viele falsche Informationen über das Thema Liebe und Sexualität in den Köpfen der Menschen, und warum leiden so viele von ihnen unter sexuellen Problemen? Könnte es sein, daß in neuerer Zeit sogar einige Sexualforscher dazu beigetragen haben, diese Probleme noch zu vergrößern?

Falsche Behauptungen

> Je mehr Verbote und Beschränkungen das Reich hat, desto mehr verarmt das Volk...
>
> *Laotse*

Nirgendwo sonst sind so viele falsche und ungenaue Informationen verbreitet worden wie im Bereich von Liebe und Sexualität. Die Jahrhunderte währende Tabuisierung dieses Themas hat sicherlich in hohem Maße zu dieser mißlichen Lage beigetragen. Nicht von ungefähr wurden in China die brauchbarsten Erkenntnisse über Liebe und Sexualität zu einer Zeit formuliert, als die Anhänger des Konfuzius noch nicht die Macht im Staat übernommen und sich als puritanische Sittenwächter etabliert hatten.

Im Westen verlief die Entwicklung genau umgekehrt. Heuchlerische Sittenrichter und Moralapostel haben erst jetzt ihren Einfluß auf das geistige Klima eingebüßt. Wirklich fundierte Bücher zum Thema sexuelle Beziehungen konnten erst seit Beginn dieses Jahrhunderts erscheinen.

Der römische Arzt Galen aus dem zweiten Jahrhundert, der sich eingehend mit diesem Thema befaßte, hat gewiß Anerkennung verdient. Er machte die richtige Beobachtung, daß bei fehlender sexueller Betätigung hysterische Symptome auftreten können. Dieses Verdienst hob er jedoch selbst wieder auf, indem er behauptete, das Zurückhalten des Spermas führe zu Angstgefühlen und Störungen des seelischen Gleichgewichts. Er beobachtete, daß auf sexuelle Aktivität bisweilen Müdigkeit und Erschöpfung folgen[2], machte sich jedoch nicht bewußt, daß seine eigene These von der Schädlichkeit zu seltenen Ejakulierens dieses Resultat mit verursacht haben könnte. In der Tat mag Galens Auffassung im Laufe der Jahrhunderte unzählige Männer dazu gebracht haben, ihrer Ejakulation übertriebene Aufmerksamkeit zu widmen.

Manch ein Leser meint vielleicht, ich ginge hier zu hart mit Galen ins Gericht. Doch wer mein Buch *Das Tao der Liebe* kennt, weiß auch, daß ich ihn nicht ohne Grund angreife.

Beschäftigen wir uns nun ein wenig eingehender mit Galens Auffassungen und denen einiger neuerer Autoren, die unsere Vorstellungen von der Beziehung zwischen den Geschlechtern entscheidend geformt haben.

Der Kaiserarzt Galen

> Nach dem Koitus sind alle Lebewesen traurig, außer den Frauen und den Hähnen.

Galen steht in dem Ruf, die obenstehende witzige Beobachtung gemacht zu haben. Nach meinen eigenen Erfahrungen glaube ich jedoch, daß diese Bemerkung zwar amüsant, aber nicht zutreffend ist. Bei keinem der Tiere, die ich je bei der Begattung beobachtet habe – und das waren unter anderem Löwen, Pferde, Hunde, Gänse, Enten, Spatzen –, war hinterher das geringste Anzeichen von Niedergeschlagenheit zu entdecken. Vielleicht sind wir Menschen die einzigen Lebewesen, die sich nach dem Koitus traurig fühlen. Dabei fällt mir eine Bemerkung H. G. Wells' über seinen Onkel ein: «Eine seiner tiefsinnigsten Äußerungen lautete, wir Menschen seien die unvernünftigsten unter allen Geschöpfen.»

Dem ähnelt das humoristische Porträt, das Desmond Morris in

seinem vielgelesenen Buch *Der nackte Affe* vom «Menschen» entwirft: «Dieser ebenso ungewöhnliche wie äußerst erfolgreiche Affe verbringt einen Großteil seiner Zeit damit, sich über seine hohen Zielsetzungen den Kopf zu zerbrechen, und eine gleiche Menge Zeit damit, daß er geflissentlich über seine elementaren Antriebe hinwegsieht. Dieser *Homo sapiens* ist stolz darauf, das größte Hirn unter allen Primaten zu besitzen..., sucht aber die Tatsache zu verheimlichen, daß er auch den größten Penis hat.»[3]

Vielleicht liegt es an dieser Selbsttäuschung, daß sich die meisten von uns bis heute über die Art und den Umfang unseres Liebespotentials nicht im klaren sind. Wir Menschen können wahrscheinlich öfter und auf sinnlich erregendere Weise lieben als alle anderen Lebewesen – doch anstatt diese Möglichkeiten zu nutzen, fühlen wir uns häufig nach dem Liebesakt enttäuscht und niedergeschlagen. Woran liegt das? Die meisten von uns wissen gar nicht, daß ihr Körper einer erlesenen Stradivari gleicht, und haben deshalb auch nie gelernt, ihr wunderbares Instrument angemessen zu spielen. Wir Menschen haben einen Körper, wie ihn kein anderes Lebewesen besitzt. Mit seiner glatten, empfindlichen und beinahe unbehaarten Haut ist er wie geschaffen dafür, sinnliche Lust zu geben und zu empfangen.

Meinen Freunden habe ich schon oft gestanden, daß mich manchmal Neid überkommt, wenn ich die Vögel frei und mühelos fliegen und in ferne Länder ziehen sehe und wenn ich daran denke, wie gut die Tiere in ihrem Feder- oder Fellkleid für alle Klimazonen und Jahreszeiten ausgerüstet sind. Doch wenn ich beobachte, wie unbeholfen und einfallslos sie sich paaren, dann freue ich mich, meine glatte, empfindsame Haut zu haben und nicht in einem warmen Pelz oder in einem Gefieder zu stecken. Es ist wahrhaft tragisch, daß viele von uns nie erfahren oder höchstens dunkel ahnen, welcher Liebesfreuden wir eigentlich fähig sind. Am Anfang seines Buches *Die Tatsachen des Lebens* schreibt der bekannte schottische Psychiater Ronald D. Laing: «Mein Vater war der einzige in seiner Familie, der heiratete, und – mit einer möglichen Ausnahme – auch der einzige, der je Geschlechtsverkehr hatte.»[4]

Vielleicht sagen Sie, dies sei ein Ausnahmefall, wie er nur in Schottland und um die Jahrhundertwende möglich gewesen sei.

Dann wird es Sie überraschen zu erfahren, daß es heute sogar in Schweden zahlreiche gesunde junge Männer gibt, die nie Geschlechtsverkehr haben. Vor ein paar Tagen erst führte ich ein vertrauliches Gespräch mit einem gutaussehenden jungen Wissenschaftler, der gerade dreißig Jahre alt und in normaler körperlicher Verfassung ist. Er hat bisher keiner Frau auch nur einen Kuß gegeben. Er empfindet Frauen gegenüber ein natürliches Begehren und sehnt sich nach Kontakt mit ihnen, doch der bloße Gedanke, sich einer Frau geschlechtlich zu nähern, lähmt ihn. Der junge Mann onaniert ungefähr einmal wöchentlich; wenn er es unterläßt, hat er in der Regel einen «feuchten Traum» im Monat. Während er auf Reisen war, erlebte er mehrere homosexuelle Annäherungsversuche, die er als ausgesprochen ekelhaft empfand. Und vor noch nicht allzu langer Zeit veröffentlichte die ‹New York Times› unter der Überschrift «Sex? No thanks!» einen Artikel, der die Krise analysiert, die gegenwärtig in den USA das Verhältnis zwischen Männern und Frauen erschüttert.

Doch all diese Liebesprobleme haben ihre Ursache nur in uns selbst! Niemand brauchte nach dem Koitus traurig zu sein – im Gegenteil: Wir alle sollten uns nach dem Liebesakt eigentlich froh und angeregt fühlen.

Galens Feststellung, das Zurückhalten des Samenergusses sei schädlich, hat einen nachhaltigen verhängnisvollen Einfluß auf die Liebesbegegnung von Männern und Frauen ausgeübt – nicht, weil diese Beobachtung falsch wäre, sondern weil sie unvollständig ist. Nach Ansicht der taoistischen Ärzte sollte das Sperma nicht unbegrenzt zurückgehalten, aber andererseits auch nicht sorglos verschwendet werden. Die Ejakulationshäufigkeit sollte auf das Alter und den Gesundheitszustand des Mannes abgestimmt und bewußt gesteuert werden. Auf weitere Einzelheiten will ich hier nicht eingehen, Sie finden sie im dritten Kapitel des Buches *Das Tao der Liebe*.

Wenn der Mann sich an Galens Rat hält und bei jedem Liebesakt ejakuliert, anstatt nach der Methode des Taos die Ejakulation zu kontrollieren und sich je nach seinen individuellen Bedürfnissen nur in vernünftigen und regelmäßigen Abständen zu ergießen, dann werden mehrere unangenehme Folgen auftreten:

1. Mit einer Ejakulation wird der Koitus für den Mann in der

Regel schon beendet sein. Ein solch hastiger Akt wird ihm eine gewisse Erleichterung verschaffen, aber wirkliche Befriedigung wird er auf diese Weise nicht finden. Es bleibt ihm einfach nicht genug Zeit, das Liebesspiel zu genießen und mit allen Sinnen auszukosten, denn mit einer einzigen kurzen, unter nervöser Anspannung vollzogenen Vereinigung wird bereits alles vorüber sein. Das ist der Grund, warum der Liebesakt manchmal als Kampf bezeichnet wird. Und nur als Nachwirkung einer solchen sexuellen Begegnung kann sich die Traurigkeit einstellen, die der Arzt Galen beobachtete.

2. Wenn die Frau nicht fähig ist, sehr rasch zum Orgasmus zu kommen, dann hängt sie bei dieser Art des Liebens nachher oftmals völlig unbefriedigt in der Luft. Ist der Mann sensibel, dann kann er sich zumeist in die unerquickliche Lage seiner Partnerin einfühlen, was seine eigene Unlust allerdings noch steigert. Also versucht er, mit den Fingern nachzuhelfen. Doch nicht alle Frauen mögen die Stimulierung mit der Hand. Auf jeden Fall ist sie nicht so intensiv wie das Verschmelzen der Körper. Wenn der Mann kräftig ist, wird er deshalb nach einer Atempause noch einmal versuchen, sich mit seiner Frau zu vereinigen. Wenn er die Methode des Taos nicht kennt, wird er jedoch erneut vor allem auf seine Ejakulation achten, die vielleicht wieder sehr rasch, meistens aber ein wenig langsamer eintritt. Viele Männer empfinden von sich aus keinerlei Drang, ein zweites Mal zu ejakulieren, so daß sie den erneuten Erguß meist erzwingen müssen. Da jedoch Galens Auffassung im Laufe der Jahrhunderte tief in unser aller Denken eingedrungen ist, wagt auch heute noch kaum ein Mann, einen Liebesakt ohne Ejakulation zu beenden. Bei einem erzwungenen Samenerguß sind die Folgen sogar noch schlimmer. Der Mann fühlt sich matt und noch trauriger als zuvor, und auch seiner Partnerin bringt ein solcher Verkehr keinen Genuß.

Befolgt der Mann jedoch die Weisungen des Taos, dann werden sich verschiedene erfreuliche Resultate einstellen:

1. Der Mann wird seine Gedanken nicht nur auf den Samenerguß richten.

2. Er konzentriert sich statt dessen auf die ekstatischste Empfindung, die es überhaupt gibt, nämlich auf die intime Berührung seines Körpers mit dem der Geliebten.

3. Während der Mann stößt und die Frau berührt, durchlaufen diese wonnigen Empfindungen mehrere oder sogar viele Plateaus, Gipfel und Täler. Nach Ansicht der Taoisten sind solche Gipfel- und Plateau-Erlebnisse genußreicher, als es die Ejakulation, die zu Unrecht von vielen als Orgasmus bezeichnet wird, je sein kann.

4. Wenn ein Paar sich nach den Regeln des Taos liebt, erreicht es schließlich eine echte Verschmelzung, indem die beiden einander lustvoll umarmen und liebkosen, während der Penis in der Vulva bleibt, bis er von allein herausrutscht.

Die Frauen schätzen diese Art des Liebens zumeist weit mehr als die von Galen verordnete. In ihrem Buch *Das andere Geschlecht* schildert Simone de Beauvoir das stetige Fließen der sexuellen Erregung der Frau, das kaum je abrupt abbricht, sondern in vielen aneinandergereihten Wellenbergen und Wellentälern dahinströmt. Wenn der Mann das Tao beherrscht, gleicht der Verlauf seiner sexuellen Reaktion weitgehend dem seiner Frau. Unter diesen günstigen Bedingungen ist deshalb auch ein wirkliches Verschmelzen möglich. Und falls *eine* solche Vereinigung den Liebespartnern noch nicht genügt, können sie sie fast unbegrenzt wiederholen. Denn wenn ein Mann das Tao sicher beherrscht, wird die Liebe ihn kaum mehr ermüden oder auslaugen, wie es leider nur zu häufig geschieht, wenn er sich an Galens Rezept hält. Um diesem Problem zu begegnen, ersann Galen nutzlose Gegenmaßnahmen und riet zum Beispiel, nach dem Liebesakt ein Bad zu nehmen. Ich dagegen empfehle, *vor* dem Lieben zu baden und sich hinterher bloß die Genitalien zu waschen – und dies nur um der Sauberkeit willen, denn wer nach dem Tao liebt, braucht keine Müdigkeit zu bekämpfen.

Der Ehedoktor van de Velde

> Wenn ein Mann Gesundheit und ein langes Leben genießen will, muß er sich in der Liebe unterweisen und lernen, seinen Samen zu hüten. Auch in der Kunst des Atmens, des Ruhens und des richtigen Essens muß er sich üben.
>
> *P'eng-tsu*

Die Anschauungen des römischen Arztes Galen beeinflussen uns heute noch immer tiefgreifend, wenn auch nicht unmittelbar, denn seine Schriften werden nur noch von einigen wenigen Gelehrten gelesen, die sich für die Geschichte der Medizin interessieren. Ganz anders steht es mit dem Einfluß des holländischen Arztes T. H. van de Velde. Sein 1928 erschienenes Buch *Die vollkommene Ehe* wurde in viele Sprachen übersetzt und millionenfach verkauft. Es hat zweifellos zahlreichen Menschen geholfen, sich von der heuchlerischen Moral des neunzehnten Jahrhunderts zu lösen und ein freieres Liebes- und Sexualleben zu führen.

Dieses Verdienst wird jedoch durch die dogmatische Vorschrift, daß der Mann ausnahmslos bei jedem Liebesakt ejakulieren müsse, fast vollständig zunichte gemacht. Van de Velde warnt eindringlich davor, nie zu lieben, ohne einen Samenerguß herbeizuführen. Er teilt in diesem Punkt also die Ansicht Galens und steht damit in direktem Gegensatz zu der Lehre des Taos, wie sie in P'eng-tsus Rat, «den Samen zu hüten», zum Ausdruck kommt. Doch auch Erkenntnisse der modernen Wissenschaft zeigen, daß van de Veldes Vorschrift unbegründet ist. Vor allem durch die Forschungsergebnisse von William Masters und Virginia Johnson wurde sie gründlich widerlegt.[5] Doch die unerquicklichen Konsequenzen der strikten Warnung van de Veldes sind damit natürlich keineswegs aufgehoben. Viele Männer und Frauen halten einen Liebesakt, der nicht in der Ejakulation des Mannes gipfelt, für abnorm oder zumindest unabgeschlossen.

Wieviel Schaden hat van de Veldes Warnung wohl angerichtet? Ich habe am Ende meines ersten Buches berichtet, daß ich als Dreißigjähriger etwa ein Jahr lang impotent war, weil ich mir diese Warnung zu sehr zu Herzen genommen hatte. Es wäre mir damals überhaupt nicht in den Sinn gekommen, nicht bei jeder Liebesvereinigung zu ejakulieren, gleichgültig wie oft am Tag ich mit meiner Freundin zusammen war. Und das, obwohl mir in Wirklichkeit meist gar nicht nach einem Samenerguß zumute war!

David Reuben und Alex Comfort

> Wer jedem Buch Glauben schenkt, täte besser daran, gar kein Buch zu lesen!
>
> *Altes chinesisches Sprichwort*

Obwohl die Bücher von Masters und Johnson in den späten sechziger und in den siebziger Jahren hohe Verkaufszahlen erreichten, wurden sie doch fast nur von Fachleuten gelesen. Dies ist vor allem darauf zurückzuführen, daß sie in einer medizinischen Fachsprache geschrieben sind, die für die Mehrzahl der Leser nicht leicht zu verstehen ist.

Wer in jenen Jahren mehr über Liebe und Sexualität wissen wollte, griff zu den Büchern von David Reuben und Alex Comfort.

Ich habe die vier oder fünf Bücher Reubens zu diesem Thema gelesen. Sie sind alle amüsant und enthalten manch wertvolle Information. Dennoch erinnere ich mich angesichts dieser Bücher an das alte chinesische Sprichwort, demzufolge man lieber gar nicht lesen sollte, anstatt jedem Buch bedingungslos zu glauben. Bei Reubens populärstem Sex-Ratgeber, *Alles, was Sie schon immer über Sex wissen wollten*, ist besondere Vorsicht geboten, weil er viele fragwürdige Behauptungen enthält. Einige der haarsträubendsten Punkte habe ich bereits in meinem ersten Buch entkräftet, und auf einige weitere werde ich in dem noch folgenden Kapitel über Empfängnisverhütung eingehen.

Werfen wir nun einen Blick auf Reubens obengenanntes Buch. Seine größte Schwäche besteht darin, daß es sich so oft widerspricht. So schreibt Reuben beispielsweise in dem Kapitel ‹Impotenz›: «Der Durchschnittsmann ist – ohne sich zu überanstrengen – pro ‹Sitzung› zu einer Ejakulation fähig. Im gleichen Zeitraum kann eine Frau ‹ein ganzes Regiment bedienen› (wie von manchen Freudenmädchen behauptet wurde).»[6]

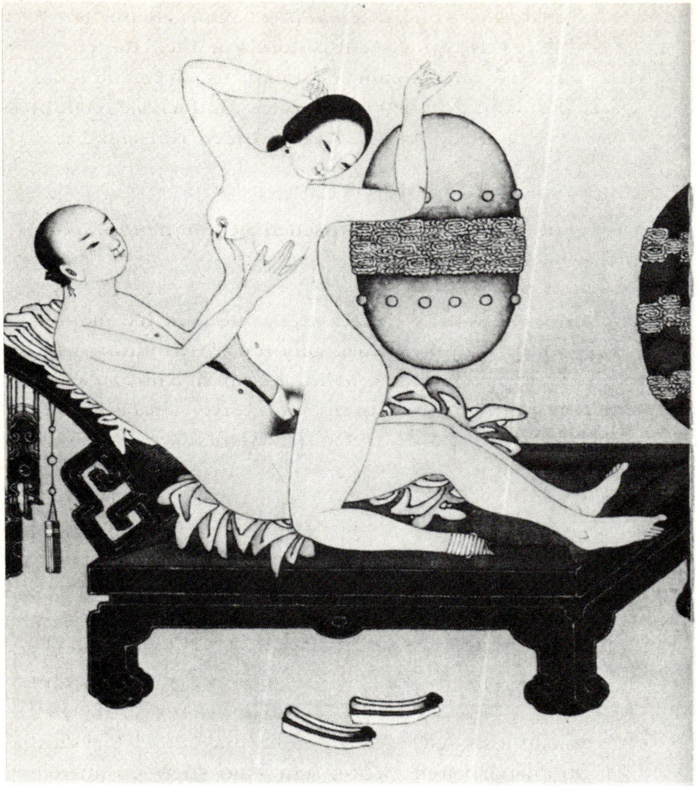

Noch im selben Absatz, also praktisch im gleichen Atemzug, meint Reuben jedoch: «Das Essen und die Liebe haben viel gemeinsam. Der erste Bissen einer Mahlzeit schmeckt oft am besten. Das dritte Stück Erdbeertorte verdrückt man nicht mehr mit dem gleichen Appetit wie das erste. Und so ist auch der dritte Geschlechtsakt des Abends oft mehr fürs Tagebuch (oder für den Stammtisch) gedacht als zum Vergnügen der Beteiligten.»[7]

Reuben scheint völlig vergessen zu haben, daß er nur wenige Zeilen zuvor betonte, daß sich die sexuellen Fähigkeiten der Frau drastisch von denen des Durchschnittsmannes unterscheiden.

Die beiden Bücher von Alex Comfort zum Thema Sex sind heute in den USA immer noch sehr beliebt, vor allem das erste, *Joy of Sex*. Ich sah diese Bücher zum erstenmal, als ich einen Freund in Cambridge besuchte. Auf den ersten Blick fand ich sie recht positiv. Ich war beeindruckt von so vernünftigen Ratschlägen wie: «Geben Sie Ihrer Tochter keinen Vibrator – manche Erwachsene finden ihn wirksam, aber er könnte bei längerem Gebrauch die Sensibilität dämpfen...»[8] und «Mischen Sie ihn *[den Analkoitus]* auch nicht mit vaginalem Koitus – das führt bei manchen Menschen zu unangenehmen Infektionen mit Hefepilzen oder anderen Organismen, welche nicht in die Vagina oder in die männliche Harnröhre, sondern in den Darm gehören.»[9] Ich kaufte mir die beiden Bücher, um sie zu Hause in Stockholm in Ruhe zu lesen.

Im Vorwort zu *Joy of Sex* schreibt Comfort: «Dies ist wohl der erste Sex-Ratgeber, der angemessen recherchiert wurde...»[10] Um die Berechtigung dieser Behauptung zu überprüfen, sah ich nach, was das Buch über den chinesischen Stil[11] zu sagen hat, denn das ist ein Thema, von dem ich wirklich etwas verstehe. Wenn ich nun erkläre, daß mich das, was ich da gelesen habe, in Erstaunen versetzt hat, dann ist das noch sehr zurückhaltend und milde ausgedrückt. Comfort tut das ganze Thema mit ein paar Spötteleien ab und wirft es dann in einen Topf mit Karezza, nicht viel anders, als van de Velde es fünfzig Jahre zuvor getan hatte.[12] Diese Entdekkung dämpfte natürlich mein Zutrauen in die dem Buch zugrunde liegende Forschungsarbeit, und ich nahm mir vor, es erst einmal gründlich durchzuarbeiten. Schon sehr bald stieß ich auf einen Rat, der meinen Kenntnissen und Erfahrungen nach den Männern, die ihn wörtlich nehmen, schaden kann.

In dem Abschnitt ‹Wieder kommen› heißt es: «Bei Männern ist es noch komplizierter. Es gibt welche, die in einigen Stunden sechs oder mehr volle Orgasmen erreichen können, wenn sie nicht in Zeitnot sind und es nicht täglich probieren. Manche können täglich einen Orgasmus haben, andere bekommen für eine bestimmte Zeit keine zweite Erektion. Es lohnt sich festzustellen, wie lang das dauert – es kann kürzer sein, als man annimmt. Niemand weiß, ob sich das ändern läßt – auch nicht, ob individuelle Unterschiede von körperlichen oder geistigen Faktoren abhängen. Ganz gewiß aber wurden viele Männer durch die Behauptung, Sex sei erschöpfend, zu einer geringeren Leistung veranlaßt, als im Bereich ihrer Möglichkeit liegt.

Da Übung und Training fast alle Leistungen heben, wäre es merkwürdig, wenn sie das gerade auf diesem einen Gebiet nicht zustande brächten ...»[13]

Männer, die über reiche Lebens- und Liebeserfahrung verfügen, wissen zumeist, daß nicht die körperliche Liebe den Mann erschöpft, sondern allein die Ejakulation, die Alex Comfort «voller Orgasmus» nennt. Eine Freundin von mir hatte ungefähr zwei Jahre lang einen Partner, der an einem Abend sechsmal oder sogar noch öfter ejakulieren konnte. Doch wem war damit gedient? Die mehrmaligen Ejakulationen erfreuten weder sie noch ihn selbst. «Hinterher glich er einer ausgequetschten Zitrone», erzählte sie mir. «Er war halbtot!»

Der in Comforts Buch gegebene Hinweis auf die Nützlichkeit von «Übung und Training», den ich oben zitiert habe, kann alles andere als harmlos sein, wenn ein Mann ihn befolgt, ohne genau zu wissen, was auf diesem Gebiet richtig und was schädlich ist. Ich glaube kaum, daß Comfort diesen Rat an sich selbst ausprobiert hat. Wenn er selbst erlebt hätte, was «Übung und Training» anrichten können, dann würde er wohl kaum mehr dazu geraten haben. Er hätte dann nämlich erfahren, daß «Übung und Training» nicht zu erhöhter Ejakulationsfähigkeit führen, sondern zu zeitweiliger oder dauernder Impotenz. Der Taoismus verfügt auf diesem Gebiet über vieltausendjährige Erfahrungen. Im zwölften Kapitel ihres Buches *Die sexuelle Reaktion* befassen sich Masters und Johnson ebenfalls mit diesem Problem. Sie nennen es beim Namen, nämlich «erzwungene Ejakulation». Noch ausführlicher setzt sich Donald S. Marshall in seiner Studie *Sexual Behavior on Mangaia* mit diesem Thema auseinander. In dieser Untersuchung geht es um die Bewohner der Südseeinsel Mangaia, die zur Verbesserung ihrer sexuellen Leistungsfähigkeit nicht nur «üben und trainieren», sondern sogar Wettkämpfe veranstalten, um herauszufinden, wer an einem Tag mit den meisten Mädchen schlafen kann. Hier die Warnung des Forschers Donald S. Marshall: «Doch ohne Zweifel wird vielen der männlichen Bewohner Mangaias für diese soziokulturelle Tatsache eine biologische Strafe auferlegt: Für den Mann auf Mangaia besteht nämlich eine sehr viel höhere Wahrscheinlichkeit, daß er in späteren Jahren impotent und unfruchtbar wird, als für den amerikanischen Mann. Der Mangaia-Mann wird anfällig für ‹Tira›, einen Zustand, in dem die Fähigkeit des Penis, sich aufzurichten, starken Schwankungen unterliegt...»[14]

Im selben Abschnitt ‹Wieder kommen›, aus dem die weiter oben zitierte Äußerung stammt, vermittelt Alex Comforts Buch dann wieder eine sehr brauchbare Information: «Die meisten Überempfindlichen haben zu selten Geschlechtsverkehr.»[15] Aber auch dieses Mal verdirbt er sofort wieder alles, indem er kurz danach schreibt: «Kräftiges Masturbieren wird mit der Zeit stets einen zweiten Samenerguß verursachen, auch wenn es keine brauchbare Erektion hervorbringt.»[16] Auch hier also wieder die «erzwungene Ejakulation» oder sogar noch Schlimmeres. Nach der Auffassung des Taos ist dies ein außerordentlich unkluger Rat. Ist es wirklich notwendig, daß die Partner lernen, so viele Ejakulationen zu genießen? Ist das «erzwungene Ejakulieren» denn überhaupt noch ein Genuß? Bei den wenigen Männern, die von Natur aus so veranlagt sind, ist gegen mehrmaliges Ejakulieren nichts einzuwenden. Aber ist es wirklich klug, junge Männer unter der irreführenden Bezeichnung «Übung und Training» anzuleiten, die Ejakulation zu erzwingen? Ein Mann kann so oft lieben, wie er will, er kann sogar versuchen, seine sexuellen Fähigkeiten zu «üben und zu trainieren», sofern er gelernt hat, seine Ejakulation zu kontrollieren. Vor der «erzwungenen Ejakulation» muß er sich jedoch in acht nehmen. Wenn er die Ejakulation erzwingt *und fälschlicherweise glaubt, er betreibe ja nur «Übung und Training»,* dann kann das böse Folgen für ihn haben. Viele Frauen wundern sich heute darüber, daß ein großer Teil der jungen Männer für die körperliche Liebe kein Interesse mehr aufzubringen scheint. So entdeckte die Journalistin und Autorin Gail Sheehy bei einer Fragebogenaktion, daß bei der Feststellung «Ich habe das Interesse am Sex verloren» sehr häufig das Ja angekreuzt wurde, und sie schreibt dazu: «Verblüfft schaute ich auf die Altersangaben – 23, 21 Jahre. Es waren alle etwa in diesem Alter.»[17]

Ich kann diese jungen Männer gut verstehen, denn ich habe diesen Zustand der Apathie selbst erlebt, diese Angst, die Frauen könnten einen verschlingen. Das sind die unglückseligen Folgen jahrelangen falschen «Übens und Trainierens». Doch wie der diesem Kapitel vorangestellte Auszug aus einem Zwiegespräch zwischen dem Kaiser Huang-ti und seiner obersten Beraterin Su-nü zeigt, sind die ernsten Probleme, mit denen sich die jungen Männer heute herumschlagen, schon vor langer Zeit vorhergesehen und erörtert worden.

Gehen wir nun zu einem weiteren Lieblingsthema Alex Comforts über, zur Masturbation.

Wir haben das Glück, nicht mehr im verklemmten neunzehnten Jahrhundert zu leben, als man die kleinen Jungen und Mädchen noch unnachsichtig bestrafte, wenn sie es wagten, sich mit den verpönten Körperpartien zu beschäftigen. Wir alle haben davon gehört, daß man den kleinen Jungen nachts die Hände fesselte oder sie sogar mit Weckapparaturen verband. Doch inzwischen hat das Pendel voll zum anderen Extrem hin ausgeschlagen, denn in Comforts Buch lesen wir: «Falls Ihre Tochter nicht masturbiert, wäre es eine Gelegenheit, es ihr beizubringen ...»[18] Ein solcher Rat bedeutet, nun ins andere Extrem zu verfallen. Ich teile in diesem Punkt die Ansicht Wardell Pomeroys, des früheren Mitarbeiters von Alfred Kinsey, daß Masturbation die Liebesbegegnung mit einem Partner nicht voll ersetzen kann. Was die meisten jungen Leute bitter nötig haben, ist eine umfassende Anleitung in der Kunst, auf genußreiche und doch sichere Weise zu lieben, und nicht die Anregung zu masturbieren. Verstehen Sie mich nicht falsch. Ich bin nicht gegen das Masturbieren an sich; ich betrachte es nicht als sündig und böse. Ich finde es furchtbar, wenn jemand sich schuldig fühlt, nur weil er sich selbst befriedigt hat. Dennoch kann die Masturbation in meinen Augen nie mehr als ein Ersatz für die wirkliche sexuelle Liebe zwischen zwei Menschen sein. Desmond Morris schreibt dazu in der Einleitung seines Buches *Der Menschenzoo*: «Die Tiere der Wildnis... soweit sie unter normalen Bedingungen und an ihren natürlichen Wohnstätten leben, verstümmeln sich nicht selbst, sie masturbieren nicht, und sie vergreifen sich auch nicht an ihrer Nachkommenschaft... sie vereinigen sich nicht in homosexueller Paarbindung, und sie begehen keinen Mord – sie tun nichts von dem, was bei den Menschen der Städte geschieht.»[19] Unter den ungesunden und anomalen Bedingungen, unter denen die meisten von uns heute leben, müssen wir solche Dinge wie Masturbation, Homosexualität und Magengeschwüre als Teil unserer Realität hinnehmen. Doch es wäre unvorstellbar, daß wir unsere Kinder bewußt dazu anhielten, homosexuelle Beziehungen aufzunehmen, ihrem Magen zu schaden oder gar Morde zu begehen – warum also sollten wir unsere Töchter zum Masturbieren auffordern? Nachdem ich mich dreiundvierzig Jahre lang mit den Problemen befaßt habe, die zwischen Männern und Frauen bestehen, kann ich mit einiger Sicherheit sagen, daß ein Mann, der sich einmal an das Masturbieren gewöhnt hat, oft die Mühe scheut, noch nach einer Frau zu suchen. Manchmal ist er bei einem normalen Geschlechtsverkehr nicht mehr in der Lage, sich selbst oder seiner Partnerin Befriedigung zu verschaffen, weil er sich zu sehr auf die Stimulierung durch seine eigene Hand eingestellt hat. Wenn sich eine Frau an übermäßiges Masturbieren gewöhnt, verliert ihre Klitoris oft ihre hohe Empfindlichkeit, so daß die Frau ohne die Reizung durch die Finger nicht mehr zu einem Orgasmus kommen kann und ihr eines Tages wahrscheinlich nicht mehr viel daran gelegen sein wird, mit einem Mann zu schlafen.

Es ist unsere Aufgabe, unsere Söhne und Töchter zu lehren, wie man richtig liebt, doch wir sollten ihnen weder eigens beibringen, wie man sich selbst befriedigt, noch sollten wir uns einmischen, wenn sie sich das Masturbieren bereits zur Gewohnheit gemacht haben. Denn wenn sie mit unserer Hilfe lernen, richtig zu lieben, werden sie früher oder später auf das Masturbieren verzichten. Im Laufe der Jahre habe ich von vielen Männern und Frauen gehört, daß sie das Masturbieren ganz aufgegeben haben oder es nur noch im Notfall praktizieren, weil sie die Freude und Harmonie des wahren Liebens kennengelernt haben.

Die Masturbation ist ein ärmlicher Ersatz, nach dem man nur greifen sollte, wenn kein Liebespartner erreichbar ist. Alle in der Liebe Erfahrenen können bestätigen, daß die Masturbation ein sehr einsames Unterfangen ist, dem menschliche Wärme, Nähe und Kommunikation fehlen. Der Taoist würde sagen, dabei mangele es an der Harmonie von Yin und Yang. Jahrelanges Masturbieren ohne Kontakt zum anderen Geschlecht macht viele Männer und Frauen zu Einzelgängern.

Ich möchte an dieser Stelle nur noch einen weiteren Punkt erwähnen, nämlich die «Pille». Nun, da wir schon in den achtziger

Jahren leben, wünschte ich aufrichtig, Comfort würde noch einmal überprüfen, was er zu diesem Thema in *Joy of Sex* geschrieben hat: «Die Pille ist noch immer die sicherste und beste Methode und ein ungefährlicheres Mittel als Aspirin.»[20] In vielen Ländern verschreiben die Ärzte die Pille heute sehr viel vorsichtiger als noch vor ein paar Jahren, und es gibt kaum Ärztinnen, die sie selbst einnehmen.

Insgesamt bieten die beiden Bücher von Alex Comfort eine sehr interessante Lektüre, die durchaus von Nutzen sein kann, wenn der Leser die von mir erörterten kritischen Punkte im Auge behält. Doch wer Comforts Ratschlägen vorbehaltlos folgt, muß sich unter Umständen auf schlimme Folgen gefaßt machen.

Wie können wir diese Schranken überwinden?

Schon im *Taoteking* steht: Je ängstlicher wir sind, desto mehr Tabus errichten wir, und je mehr Tabus wir beachten müssen, desto unglücklicher werden wir sein. Denn in einer von Verboten bestimmten Atmosphäre ist es sehr schwer, sich richtig zu informieren. Der erste Schritt muß deshalb darin bestehen, daß wir uns von den alten Sexualtabus befreien, indem wir das Thema Liebe und Sexualität unvoreingenommen untersuchen und freimütig diskutieren, so daß wir klarer erkennen können, was wahr und unwahr, richtig und falsch ist. Und mit dieser Prüfung sollten wir nicht morgen oder nächstes Jahr, sondern schon heute beginnen!

6
Empfängnisverhütung und das Tao

Ungewollte Schwangerschaft erzeugt Haßgefühle

«Morris, du verdammter Schuft!»
Marilyn French[1]

Die freimütige Bemerkung – sie stammt aus Marilyn Frenchs Roman *Frauen* – fällt während einer Szene im Kreißsaal. Dieser Roman, der die Erfahrungen einer jungen Frau beschreibt, zeigt eindringlich, daß ungewollte Schwangerschaften und Unbeholfenheit beim Liebesakt mit am häufigsten dazu führen, daß Mann und Frau anfangen, einander zu hassen. Die Folgen reichen jedoch über das Paar hinaus. Oft werden die aus Versehen gezeugten Kinder nicht geliebt, und wie wir alle wissen, haben ungeliebte Kinder gewöhnlich – oft ihr ganzes Leben lang – mit großen Problemen zu kämpfen.

In Marilyn Frenchs Buch las ich eine weitere bezeichnende Äußerung: «Du lieber Gott, wie wir alle Kinder kriegen! Unglücksfälle, meine drei kleinen Unglücksfälle... Was für ein Leben.»[2] Doch augenscheinlich passiert das nicht nur in den USA. Erst vor zwei Tagen sprach ich mit einem Mädchen aus Stockholm, das mir sagte, ihres Wissens seien die fünf Kinder ihrer Eltern – sie selbst eingeschlossen – sämtlich «aus Versehen» gezeugt worden. Daß es in zwei der höchstentwickelten Länder so viele ungeplante Geburten gibt, während zugleich ihre Statistiken den höchsten Verbrauch künstlicher Verhütungsmittel verzeichnen, läßt einen an der Wirksamkeit dieser Mittel zweifeln, von ihren schädlichen Folgen ganz zu schweigen!

Zwei zweifelhafte und zwei zuverlässige Verhütungsmethoden

«Ich neige zu der Ansicht, daß die verbreitete Einnahme der Anti-Baby-Pille wegen möglicher Störungen der Stoffwechselprozesse eine ernste Gefahr für die Gesundheit darstellt. Ein Mittel, das so tief in das hormonelle Gleichgewicht der Frau eingreift, kann nicht völlig sicher sein.»[3] – Dies ist die Meinung des bekannten, aus Frankreich stammenden amerikanischen Mikrobiologen René Dubos. Jahrelang lag der Prozentsatz der Pillenverbraucherinnen in Schweden etwa genauso hoch wie in den USA. Viele vierzehn- und fünfzehnjährigen Mädchen schluckten bereits die Pille. Doch es ist auffallend, daß selbst damals alle Ärztinnen, die ich kenne, Bedenken hatten, die Pille selbst zu nehmen. Eine Wissenschaftlerin, die das Forschungslabor eines der größten Krankenhäuser Stockholms leitet, sagte mir: «In unserem Labor verwenden wir Östrogen, um bei Mäusen Krebstumoren hervorzurufen. Meinen Sie nicht auch, daß es sträflicher Leichtsinn wäre, die Pille einzunehmen, die ja vor allem aus Östrogen besteht?»

Schon 1969 veröffentlichte die britische Medizinzeitschrift ‹Lancet› einen Leitartikel, in dem Bedenken gegen die Pille geäußert wurden: «Es ist anzunehmen, daß die mit dieser Behandlung verbundenen Veränderungen des Stoffwechsels die biochemischen Vorgänge in allen Körpergeweben in Mitleidenschaft ziehen. Mehr als fünfzig verschiedene Stoffwechselveränderungen wurden registriert... Diese Veränderungen sind zur Empfängnisverhütung nicht notwendig, und es ist unbekannt, wie sie sich langfristig auf die Gesundheit der Frauen auswirken... Es ist ernstlich zu fragen, ob es ratsam sein kann, jahrelang solche Präparate zu verabreichen.»[4]

In den USA vertrat das ‹New England Journal of Medicine› 1976 eine ähnliche Ansicht: «Die Pille setzt den normalen Zyklus außer Kraft, beeinträchtigt den Stoffwechsel und ruft in manchen Fällen schwere Störungen hervor... Es muß grundsätzlich gefragt werden, ob es sinnvoll ist, mit Hilfe von Medikamenten in den normalen Stoffwechsel einzugreifen.»[5]

Auf Grund dieser Warnungen haben viele Frauen inzwischen die Pille abgesetzt, und auch die Ärzte verschreiben sie heute nicht mehr so bereitwillig wie früher.

chend beleuchtet ist, können beide Partner deutlich sehen, wann der Samenerguß beginnt, auch wenn der Mann ein Kondom benutzt. Nach einigen geglückten Versuchen und einer gewissen Trainingszeit kann das Paar dazu übergehen, in der relativ sicheren Zeit unmittelbar vor und nach der Periode das Zurückziehen ohne Kondom einzuüben.

Wie man die Methode des Zurückziehens richtig anwendet

In den oben zitierten Bemerkungen C. Tietzes zum Coitus interruptus heißt es, «richtig angewendet» könne diese Methode als hoch wirksam eingestuft werden. Sie korrekt anzuwenden bedeutet, daß der Penis schon vor der Ejakulation ganz aus der Vagina zurückgezogen sein muß. Um dies gewährleisten zu können, muß der Mann folgende Punkte beachten:

1. Er muß lernen, die Anzeichen, die den Samenerguß ankündigen, deutlich wahrzunehmen.
2. Er muß lernen, sein Glied rasch und eher ein wenig zu früh als zu spät zurückzuziehen.
3. Er muß die Steuerung der Ejakulation erlernen, wie sie in meinem ersten Buch, *Das Tao der Liebe*, beschrieben ist. Auf diese Weise kann er die Unsicherheit, die beiden Partnern zu schaffen macht, wirksam beseitigen. Wer die Ejakulationssteuerung mit dem Zurückziehen des Penis verbindet, macht nicht nur Ängste und Unbehagen überflüssig, sondern wird auch ein viel leistungsfähigerer, zuverlässigerer und glücklicherer Liebhaber. Denn erst dann sind beide Partner in der Lage, einander als wirklich freie Liebende gegenüberzutreten.

Ich habe bei meinen sexuellen Begegnungen stets die nachstehende Reihenfolge eingehalten:

1. Bevor ich mit einer Frau zusammenkomme, entleere ich stets meine Blase und wasche mein Glied gründlich mit warmen Wasser ohne Seife, denn die übliche Seife ist zu alkalisch und kann leicht Hautreizungen verursachen. Wenn Sie glauben, daß Ihr Penis eine besondere Reinigung nötig hat, können Sie ein wenig flüssiges

Haarshampoo verwenden, denn Shampoos sind in der Regel neutral und nicht alkalisch. Wenn Sie ein wenig Geld übrig haben, kaufen Sie sich für diesen Zweck in der Apotheke eine Flasche flüssige Seife mit einem pH-Wert von 3,5. Da unsere Hautoberfläche durch ungesättigte Fettsäuren geschützt wird, die das Wachstum verschiedener bakterieller und pilzartiger Erreger von Hautkrankheiten [13] hemmen, bildet sie normalerweise ein saures Milieu. Wir sollten diesen «Säuremantel» der Haut nicht durch alkalische Seifen neutralisieren, die die Haut reizen oder sogar zu Infektionen führen können.

Durch das vorherige Wasserlassen und gründliche Waschen werden nicht nur weniger Krankheitskeime in die Vagina eingeschleppt, sondern möglicherweise auch die Liebesvereinigung zeitlich verlängert. Eine hohe Urinmenge in der Blase beschleunigt den Ejakulationsdrang des Mannes. Wenn er häufiger uriniert, wird es ihm leichter fallen, seinen Samenerguß unter Kontrolle zu halten. Auch wenn der Mann nicht ejakuliert, sollte er etwa einmal pro Stunde zur Toilette gehen. Dadurch vermindert man nicht nur den Ejakulationsdrang, sondern erreicht zugleich, daß die von David Reuben und vielen anderen so gefürchteten Spermatropfen, die womöglich durch die Harnröhre hindurchsickern könnten, herausgespült werden.

2. Man sollte sich vorher überlegen, wohin man den Samen nach dem Herausziehen des Penis aus der Vagina ergießt, so daß man nicht die Leintücher oder sogar die Matratze bespritzt. Wenn man diese Regel einhält, erspart man sich nicht nur viel unnötiges Waschen, sondern verhindert auch, daß der Samen versehentlich doch noch in die Vagina der Partnerin gelangt. In früheren Jahren fing ich mein Sperma immer in einem kleinen Handtuch auf. Doch seit ich im Laufe der Jahre gelernt habe, diese Methode sicher zu beherrschen, spritze ich meinen Samen meist in den Nabel meiner Partnerin. Das hat zwei Vorteile. Die Partnerin kann selbst sehen und fühlen, daß das Glied rechtzeitig herausgezogen worden ist. Dies erhöht ihr Vertrauen in die Fähigkeiten ihres Liebhabers. Später kann der Mann das Sperma mit einem Tuch sicher aus dem Nabel der Frau entfernen, bevor beide ins Badezimmer gehen, um sich zu waschen. Doch beide müssen vor dem Waschen die Blase entleeren. Dies verringert beim Mann die Gefahr einer Harnröhren-

infektion und macht ihn für die Frau zu einem sichereren Partner. Auch für die Frau ist das Waschen eine wichtige vorbeugende Maßnahme gegen Infektionen.

3. Wenn das Liebesspiel nach einer Unterbrechung (die Pause kann zwanzig Minuten oder eine halbe Stunde oder noch länger dauern) wiederaufgenommen wird und der Mann erneut in die Scheide seiner Partnerin eindringen will, sollte er vorher einmal zur Toilette gehen, um zu urinieren und sein Glied (nur mit Wasser und ohne Seife) zu waschen.

4. Wenn man an einem Abend ein zweites Mal ejakuliert, muß man danach die Blase entleeren und den Penis waschen, genau wie nach dem ersten Erguß.

Wenn der Mann die in meinem ersten Buch beschriebene Steuerung der Ejakulation erlernt hat, wird er mit der Zeit immer seltener einen Samenerguß haben. Ich ejakuliere heute nur noch alle ein bis zwei Monate, so daß ich mein Glied also nur ein paarmal im Jahr zurückziehen muß. Ich bin der aufrichtigen Überzeugung, daß es für einen Mann, der sich im Tao übt, keine bessere Verhütungsmethode gibt. Ich meine sogar, daß diese Methode auch für den Mann, der das Tao noch nicht erlernt hat, aber körperlich und geistig imstande ist, sie anzuwenden, die beste Verhütungsart darstellt. Das Zurückziehen des Penis ist eine Fertigkeit, die mit jedem Mal besser gelingt. Es schenkt Freude und Befriedigung zu beobachten, wie man sich in dieser Fertigkeit, die auf nichts anderem als den eigenen körperlichen und moralischen Fähigkeiten beruht, immer mehr vervollkommnet.

Ist Vasektomie zu empfehlen?

Das erste Mal las ich in der ‹New York Times Book Review›, das zweite Mal in der ‹International Herald Tribune› über Carl Djerassi. Er ist Chemieprofessor und bekannt als einer der Schöpfer der oralen Kontrazeptiva. Es ist interessant zu erfahren, daß er außerdem «achtzehn Jahre lang als leitender Angestellter bei Syntax, einem der führenden Hersteller der Anti-Baby-Pille»[14], tätig gewesen ist. Was mich jedoch noch mehr interessiert, ist die

Schlußbemerkung des kurzen Artikels über ihn, den die ‹Tribune› veröffentlichte. Sie lautet: «Und Djerassi selbst? Er hat sich vasektomieren lassen.»[15]

Es ist leicht einzusehen, daß Professor Djerassi «für die Pille eintritt», wie es der Rezensent seines Buches *The Politics of Contraception* treffend bemerkt.[16] Doch warum hat Djerassi sich sterilisieren lassen? Hatte er nicht genug Zutrauen zu der Pille, obwohl er sie selbst mit entwickelt hatte, oder glaubte er, es sei an der Zeit, daß die Männer die Verantwortung für die Empfängnisverhütung übernähmen?

Der Rezensent Andrew Hacker schreibt, daß Djerassi in seinem Buch auch die Methode des Zurückziehens (die er allerdings «Coitus interruptus» nennt) erwähnt. Offensichtlich traut er ihr nicht, denn sonst hätte er sich nicht die Samenleiter durchtrennen zu lassen brauchen, es sei denn, es wäre aus medizinischen Gründen geschehen.

Obwohl es noch keinen sicheren Beweis dafür gibt, daß die Vasektomie gefährlich ist, muß sie nach der Lehre des Taos auf jeden Fall als widernatürlicher und unnötiger Eingriff betrachtet werden. Wenn der Mann das Tao erlernt hat, ist er als Geschlechtspartner für die Frau genauso sicher wie ein Mann, der sich hat sterilisieren lassen, und er hat obendrein alle langfristigen Risiken eines chirurgischen Eingriffs vermieden.

Was daraus folgt

Der Mann, der die Methode des Zurückziehens anwendet, muß die volle Verantwortung für die Verhütung übernehmen und sich zugleich stets einer Versuchung bewußt sein, der er nie nachgeben darf.

Die Gefahr besteht nicht darin, daß einzelne Spermatropfen in die Scheide eindringen, sondern daß sein Verantwortungsgefühl einmal nachlassen könnte. Im Augenblick leidenschaftlicher Erregung wird seine Liebespartnerin ihn vielleicht anflehen, das Glied nicht aus der Scheide herauszuziehen. Später wird sie es jedoch in den allermeisten Fällen bereuen. Wenn es dem Mann schwerfällt, in einer solchen Situation die Kontrolle zu behalten, dann sollte er es lieber mit einer anderen Verhütungsmethode versuchen.

Wenn der Mann die Vorsichtsmaßnahmen und Regeln, die ich bisher erwähnt habe, beachtet, wenn er dem Tao folgt und manchmal zusätzlich die Methode des Zurückziehens anwendet, dann kann er sicher sein, daß es für ihn keinerlei Verhütungsprobleme mehr geben wird.

7

Das Lieben lehren

Ich bin nicht fähig zu lieben, weil ich meine Mutter nicht geliebt habe.

Rainer Maria Rilke

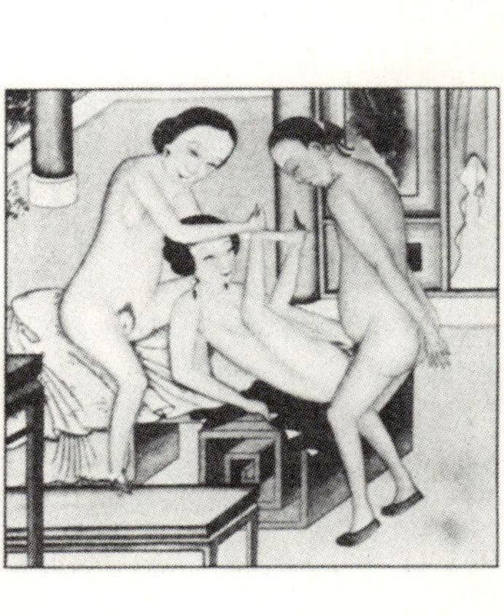

Was Rilke sich eines Tages wehmütig eingestand, ist heute Allgemeingut: Wenn wir als Kinder nicht unsere Mutter zu lieben gelernt haben, sind wir später als Erwachsene nicht liebesfähig. Dennoch nehmen nur wenige unter uns diese Einsicht wirklich ernst. Dabei wäre es von fundamentaler Bedeutung, daß wir uns eingehend damit beschäftigen, denn erst dann, wenn wir wirklich von etwas überzeugt sind, raffen wir uns dazu auf, unsere Erkenntnis auch in die Tat umzusetzen. Erst wenn eine werdende Mutter im Innersten weiß, wie überragend wichtig die Beziehung zwischen ihr und ihrem Kind für dessen weiteres Leben ist, wird sie sich bemühen, eine möglichst gute Beziehung zu ihrem Kind herzustellen.

Was ist zu tun?

Ich nenne hier nur sieben praktische Verhaltensregeln, die die werdende Mutter jedoch nie aus dem Auge verlieren sollte:

1. Widerstehen Sie der Versuchung, sich bereits vor der Geburt fest auf einen Sohn oder auf eine Tochter einzustellen.

2. Falls es Ihnen nicht gelungen ist, sich von einem solchen Wunsch freizumachen, dann behalten Sie ihn wenigstens ganz für sich. Kaum etwas kann die Beziehung zu Ihrem Kind so belasten wie das Eingeständnis, daß Sie ein andersgeschlechtliches Kind vorgezogen hätten. Sie können dem Selbstvertrauen Ihres Kindes damit einen schweren Schlag versetzen.

3. Aus demselben Grund dürfen Sie Ihren Jungen nie wie ein Mädchen und Ihr Mädchen nie wie einen Jungen kleiden.

4. Sorgen Sie dafür, daß Sie nicht schwanger werden, es sei

denn, Sie spürten den aufrichtigen Wunsch, ein Kind zu bekommen.

5. Achten Sie, wenn Sie mehr als ein Kind haben, auf unbedingte Gerechtigkeit und Unparteilichkeit. Mit anderen Worten: Sorgen Sie dafür, daß es in Ihrer Familie keinerlei Bevorzugung gibt.

6. Hüten Sie sich davor, Ihr Kind körperlich zu bestrafen, egal in welcher Form; halten Sie sich jedoch mit unbestechlicher Festigkeit an alle einmal gegebenen Warnungen und Versprechen.

7. Berühren und umarmen Sie Ihr Kind so oft, wie es Ihnen beiden angenehm ist. Tun Sie zugleich Ihr Äußerstes, um Eifersucht gar nicht erst aufkommen zu lassen. Eifersüchteleien zwischen Mutter und Tochter oder zwischen Vater und Sohn können die Eintracht in Ihrer Familie leicht zerstören.

Wir lernen schon im Mutterleib

> Die Schwangere sollte die folgenden Regeln beherzigen:
> Sie muß gute Taten vollbringen,
> sie darf sich nicht mit häßlichen Farben umgeben,
> sie darf keine mißtönenden Geräusche und Stimmen an ihr Ohr dringen lassen,
> sie darf keine niedere Sprache im Munde führen,
> sie darf sich nicht fürchten noch grämen,
> sie darf sich bei der Arbeit nicht übernehmen,
> sie muß sich sorgsam und überlegt ernähren,
> sie darf nicht reiten und nicht auf Berge steigen,
> sie darf nicht zu schnell gehen,
> sie sollte gute Bücher lesen und schöne Musik hören,
> All das sind nur einige wichtige Punkte dessen, was wir die Unterweisung der Kinder im Mutterleib nennen.[1]

Mit der Fürsorge für das in ihrem Leib wachsende Kind beginnen die meisten Mütter ihre Laufbahn als natürliche Lehrmeisterinnen. Wenn wir uns in der Geschichte umsehen, erkennen wir, daß praktisch alle Männer und Frauen, die Großes geleistet haben, in ihrer Mutter eine gute Lehrerin hatten. Doch leider wußten unter den vielen vortrefflichen Müttern jener großen Persönlichkeiten, die der Welt ihren Stempel aufgedrückt haben, nur sehr wenige um die überragende Bedeutung der körperlichen Liebe, und noch weniger von ihnen verfügten über Kenntnisse in der Kunst des Liebens – sonst wäre unsere Welt heute in einem gedeihlicheren Zustand. Jetzt werden sich vermutlich viele Leser fragen, wie ich zu dieser Behauptung komme. Einige unter ihnen werden vielleicht mein erstes Buch gelesen und sich der Meinung der Taoisten zu diesen Zusammenhängen angeschlossen haben. Sie mögen mir erlauben, sie für diejenigen, die *Das Tao der Liebe* nicht kennen, hier noch einmal kurz darzulegen.

1. Bei zahlreichen Betätigungen in allen Lebensbereichen ist die Beherrschung der jeweiligen Technik von kaum zu überschätzender Bedeutung. Zwar macht zum Beispiel die technische Meisterschaft allein noch keinen großen Pianisten, doch ist ein solcher ohne angemessenes technisches Können ebensowenig denkbar, da er in seinem Spiel die Möglichkeit des Instrumentes nicht voll ausschöpfen könnte. Von Balzac stammt die humoristische Bemerkung, der Mann stelle sich in der Liebe oft so unbeholfen an «wie ein Orang-Utan, der versucht, Violine zu spielen». Wer ein gewandter Liebhaber oder ein guter Liebeslehrmeister werden möchte, muß sich zuerst selbst die nötigen Kenntnisse und Fertigkeiten auf dem Gebiet der Liebestechnik aneignen, sonst werden seine Bemühungen nicht zum Erfolg führen.

2. Zum Leben gehört auch unvermeidbar die Erfahrung, immer wieder auf Hindernisse zu stoßen und Schmerz zu erleiden. Die köstlichen Freuden der körperlichen Liebe * bilden ein natürliches Gegengewicht zu den unerfreulichen Seiten unseres Lebens. Je befriedigender und häufiger wir lieben, desto erfüllter und beglückter wird unser Leben sein. Wenn wir nicht oder auf unbefriedigende Weise oder zu selten lieben, dann wachsen unsere Unzufriedenheit und unser Verlangen so an, daß wir anderwärts Befriedigung suchen. Häufig sollen übermäßiges Essen und Alko-

* Vor allem aus Mangel an Gelegenheit, sich die nötigen technischen Kenntnisse in der körperlichen Liebe anzueignen, kam die überwältigende Mehrzahl der Menschen bisher kaum je in den Genuß dieses höchsten Vergnügens.

hol den entgangenen Liebesgenuß ersetzen. Menschen, die noch verzweifelter nach Liebe hungern, flüchten sich in noch gefährlichere Zerstreuungen wie Drogensucht, Selbstmord und Krieg. Wahrscheinlich begann dieses vergebliche Hungern nach Liebe schon vor Tausenden von Jahren, als nämlich die Männer auf die törichte Idee kamen, die Frauen zu unterwerfen (mehr darüber im nächsten Kapitel). Ich glaube, die meisten Leute werden nun verstehen, warum die körperliche Liebe für so gut wie jeden von uns von lebenswichtiger Bedeutung ist.

Drei wichtige Themen des Taos

Mit jedem weiteren Jahr, in dem ich mich an die Lebensregeln des Taos halte, wächst in mir die Überzeugung, daß wir unsere Welt binnen einer Generation so sehr zum Besseren ändern könnten, daß wir sie kaum noch wiedererkennen würden – wenn es uns gelänge, die Menschen bereits von Kindheit an die Kunst des Liebens zu lehren.

Da ein solches Vorhaben im Augenblick nur ein frommer Wunsch sein kann, sollten wir uns bemühen, die Gedanken des Taos zu verbreiten und alle dafür aufgeschlossenen Männer – gleich, wie alt sie sind – in einer vereinfachten Form der taoistischen Liebeskunst zu unterweisen. Sie umfaßt drei Teile.

1. *Weiches Eindringen:* Während eines sehr langen Zeitraums, der sich über mehrere Jahrhunderte hinzog, galt das Tao der Liebe bei den chinesischen Gelehrten fälschlicherweise als äußerst schwieriger Lehrstoff. Doch mir selbst ist kein einziges Mal zu Ohren gekommen, daß einer meiner Leser die taoistischen Methoden als kompliziert empfunden hätte. Dadurch ist mir nach und nach klargeworden, daß der Ausdruck «weiches Eindringen» jahrhundertelang als Hemmschuh gewirkt haben muß. Diese alte Bezeichnung war offensichtlich lange Zeit nicht mehr richtig entschlüsselt und verstanden worden, bis ich vor etwas mehr als dreißig Jahren mit Hilfe einer liebevollen und geduldigen Partnerin erneut auf diese Methode stieß. Ich bin nicht so überheblich zu

behaupten, daß dies eine große Leistung gewesen sei. Sicher sind viele Menschen schon lange vor mir durch Zufall auf die Möglichkeit des weichen Eindringens aufmerksam geworden. Der einzige Unterschied besteht darin, daß ich über die eigene Erfahrung hinaus in der Lage bin, die alten taoistischen Schriften zu entziffern. Ich glaube fest daran, daß zahlreiche chinesische Gelehrte jene chinesischen Schriftzeichen, die ich im ersten Kapitel erwähnte, ebenfalls enträtselt haben. Doch war das geistige Klima in China in den letzten Jahrhunderten so puritanisch und von engen konfuzianischen Moralvorstellungen beherrscht, daß wahrscheinlich keiner dieser Gelehrten die nötige aufgeschlossene, reizvolle und geduldige Liebespartnerin finden konnte, um gemeinsam mit ihr zu experimentieren und aufzudecken, was mit diesen unverständlichen Ausdrücken eigentlich gemeint war.

Unabhängig davon, ob der Mann eine Erektion hat oder nicht, befähigt ihn die Methode des «weichen Eindringens», sich mit seiner Frau zu vereinigen, wann immer beide Partner das wünschen, solange nur die Vulva feucht genug ist (wenn nicht, kann das Paar mit etwas Pflanzenöl nachhelfen). Auf diese Weise kann die Liebesvereinigung beinahe unbegrenzt wiederholt werden. Die Methode des «weichen Eindringens» eröffnet einem Paar fast unbeschränkte Möglichkeiten, die Freuden der Liebe zu genießen.

Ich habe das Thema «weiches Eindringen» auch deswegen gleich im ersten Kapitel dargestellt, weil es von so ausschlaggebender Bedeutung ist. Praktisch jeder Mann gerät irgendwann in seinem Leben in eine Phase der Impotenz. Wenn er das Auftreten von Impotenz nicht ohne großen Aufwand ausgleichen kann, bleiben ihm alle übrigen Bereiche des Taos verschlossen. Ohne die Hilfe des «weichen Eindringens» gibt es für viele Menschen keine Möglichkeit, einen vollständigen Liebesakt zu erleben.

Havelock Ellis, um die Jahrhundertwende der bedeutendste Gelehrte, der sich mit der Erforschung der Geheimnisse von Sexualität und Liebe befaßte, litt sein Leben lang unter Impotenz. Ich hatte mich oft gefragt, was einen zurückhaltenden, in der Prüderie der viktorianischen Zeit verwurzelten Mann wie Ellis wohl dazu gebracht haben konnte, sich mit solcher Gründlichkeit des tabuisierten Themas Liebe und Sexualität anzunehmen. Erst als ich Arthur Calder-Marshalls Biographie des Sexualforschers las, begann ich, Ellis' Beweggründe zu verstehen. Seine Impotenz muß der wesentliche Antrieb gewesen sein, sein Leben der Erforschung der menschlichen Sexualität zu widmen. Nur wenige Wissenschaftler haben dieses Gebiet eingehender untersucht als er. Doch als sein imposantes, dreitausend Seiten starkes Werk *Sexualpsychologische Studien* erschien, war Ellis immer noch außerstande, einen vollständigen Geschlechtsakt auszuführen. Er befand sich in einer Depression, die ihm sein Leben sinnlos erscheinen ließ, und alterte rasch. Zum Glück lernte er in jener Zeit die sehr viel jüngere, geduldige und liebevolle Françoise Cyon kennen. Eine genaue Schilderung der Umstände, unter denen die beiden einander kennenlernten, würde zu weit führen. Deshalb sei hier nur bemerkt, daß Ellis dank der Unterstützung seiner zärtlichen und geduldigen Gefährtin lernte, den Koitus vollständig auszuführen. Von da an lebte Ellis ein sinnerfülltes Leben, bis er mit achtzig Jahren starb. Es ist fast sicher, daß er die Überwindung der Impotenz der Methode des «weichen Eindringens» verdankte. Da er jedoch ein sehr diskreter Mensch war, wird niemand je die volle Wahrheit in Erfahrung bringen können. Aus zahlreichen Gesprächen mit Lesern meines ersten Buches weiß ich, daß sie das Kapitel über Impotenz und das «weiche Eindringen» äußerst hilfreich fanden.

2. *Empfängnisverhütung nach der Lehre des Taos:* Es ist eine äußerst bedeutungsvolle Aufgabe, die Männer von der Notwendigkeit zu überzeugen, vollkommen sichere Liebhaber zu werden und sie die Methode zu lehren, mit der sie dieses Ziel erreichen. Wenn Sie dieses Kapitel zu Ende gelesen haben, werden Sie verstehen, warum.

Im Idealfall wird die Empfängnisverhütung nach den Regel des Taos mit der Ejakulationskontrolle verbunden. Doch wegen der Dringlichkeit des Problems – es geht darum, ungewollte Schwangerschaften zu verhindern – sollte jeder Mann, der dazu willens und geeignet ist, zuerst die Methode der Empfängnisverhütung nach den Regeln des Taos erlernen. Dies gilt für alle Männer, unabhängig von ihrem Alter. Sie sollten sich jedoch nicht nur die taoistische Verhütungstechnik aneignen, sondern darüber hinaus begreifen, daß jeder Mann die Pflicht hat, alles zu tun, um eine ungewollte Empfängnis zu verhindern. Ich werde deshalb am

Ende dieses Kapitels einige Beispiele dafür anführen, welche Folgen Abtreibungen nach sich ziehen können. Ein Mann kann, auch wenn er in der Liebe noch nicht so geschickt ist, ohne große Mühe dadurch viel sicherer als Liebhaber werden, daß er – wie im sechsten Kapitel ausführlich geschildert – die Ejakulationskontrolle beherrscht.

3. *Die Grundprinzipien der Ejakulationskontrolle:* Das Erlernen der Ejakulationskontrolle ist nach meiner Erfahrung der einzige Weg, um ein guter und gewandter Liebhaber zu werden. Die Beherrschung dieser Technik kommt nicht nur der Partnerin zugute, sondern entscheidet auch über den Liebesgenuß des Mannes. Ohne die Fähigkeit, seinen Samenerguß zu steuern, bleibt dem Mann niemals genug Zeit und Gelegenheit zu entdecken, zu erlernen und zu erproben, worin der eigentliche Reiz der Liebesvereinigung besteht. Fast alle Männer zeigen in der Liebe ungebührliche Hast. Bevor ich gelernt hatte, meine Ejakulation zu steuern, kam mir das Liebesvergnügen schal und enttäuschend vor. Doch heute, rund vierzig Jahre später, stoße ich fast jeden Tag auf neue Genüsse und spüre immer wieder, daß die Liebe uns die himmlischste und unvergleichlichste Wonne schenkt, die das Leben zu bieten hat.

Für alle, die *Das Tao der Liebe* nicht kennen, möchte ich an dieser Stelle das Kapitel «Steuerung der Ejakulation» aus meinem ersten Buch kurz zusammenfassen.

In einem alten taoistischen Buch mit dem Titel *Yü-fang-pi-chüeh* (etwa mit «Die Geheimnisse der Jadekammer» zu übersetzen) steht ein Zwiegespräch zwischen Huang-ti (dem Gelben Fürsten) und Su-nü, seiner obersten Ratgeberin:

Huang-ti: «Das Tao rät dem Manne, so oft wie möglich der Liebe zu pflegen. Aber es sagt auch, er solle seinen Samen hüten und lernen, sich nicht zu oft zu ergießen. Wie oft darf sich ein Mann ergießen?»

Su-nü: «Der Mann muß sich in dieser Frage nach seinem Alter und nach seinem Gesundheitszustand richten. Er darf seinen Samen nicht unbedenklich verschwenden. Vor allem darf er nie einen Erguß erzwingen. Er schadet seiner Gesundheit, wenn er versucht, den Samenerguß zu erzwingen.

Ein kräftiger Fünfzehnjähriger kann zweimal am Tag einen Erguß haben, ein nicht so kräftiger nur einmal. Auch ein kräftiger Zwanzigjähriger kann zweimal am Tag einen Erguß haben, ein nicht so kräftiger einmal. Ein kräftiger dreißigjähriger Mann kann sich einmal am Tag ergießen, ein weniger kräftiger nicht öfter als jeden zweiten Tag. Ein kräftiger vierzigjähriger Mann kann sich einmal in drei Tagen ergießen, ein weniger kräftiger einmal in vier Tagen. Ein kräftiger Fünfzigjähriger kann sich einmal in fünf Tagen ergießen, ein weniger kräftiger einmal alle zehn Tage. Ein sechzig Jahre alter, kräftiger Mann kann sich einmal in zehn Tagen ergießen, ein nicht so kräftiger einmal in zwanzig Tagen. Ein kräftiger Siebzigjähriger kann sich einmal in dreißig Tagen ergießen, ein nicht so kräftiger sollte keinen Erguß mehr haben.»

Eine Grundregel der Ejakulationssteuerung, die der Leser im Gedächtnis behalten sollte, lautet: Gleichgültig wie gesund und kräftig ein Mann ist – er sollte nur bei jedem dritten Liebesakt ejakulieren. Die Angaben Su-nüs bezeichnen die äußerste Grenze, die ein Mann nicht überschreiten kann, ohne seine Gesundheit aufs Spiel zu setzen. Der Mann sollte so selten wie möglich ejakulieren, aber so ausgiebig und oft wie möglich lieben.

Die Aufklärung von Kindern und Jugendlichen

Ich würde Kindern auf keinen Fall zeigen, wie man masturbiert. Sie haben in dieser Hinsicht keinerlei Anleitung nötig. Kinder fangen im allgemeinen weit früher an zu masturbieren, als wir Erwachsenen es uns je träumen lassen. Beispielsweise begann mein eigener Junge schon mit seinem kleinen Glied zu spielen, als er erst ein Jahr alt war. Erstaunlicherweise konnte er schon damals richtige Erektionen zustande bringen. Wir sollten unsere Kinder in Sachen Masturbation ganz in Frieden lassen und sie weder dazu auffordern noch davon abhalten. Sie werden von allein damit aufhören, sobald sie die Freuden der wirklichen Liebe kennengelernt haben.

Was Jungen und Mädchen unbedingt erlernen müssen, ist die natürliche Geburtenkontrolle. Vor allem die Jungen müssen begreifen, wieviel davon abhängt, daß sie sich die Methode der Ejakulationssteuerung und darauf aufbauend die Technik der natürlichen Empfängnisverhütung aneignen, der ich ein ganzes Kapitel dieses Buches gewidmet habe.

Ein Stockholmer Fabrikant, der mein erstes Buch gelesen hatte, rief mich an, um mir zu sagen, er habe schon vor vielen Jahren eine Liebestechnik entwickelt, die der des Taos ähnele. Schon als Fünfzehnjähriger habe er begonnen, diese Technik zu praktizieren und sie zugleich als natürliche Verhütungsmethode einzusetzen, fast genau so, wie ich es im sechsten Kapitel dieses Buches beschrieben habe. Auf diese Weise sei es ihm gelungen, nie eine Frau unabsichtlich zu schwängern. Außerdem erzählte mir der Fabrikant, er und seine Frau hätten ihren einzigen Sohn schon als Zehnjährigen zu unterweisen begonnen, lange bevor er alt genug war, um mit einer Frau zu schlafen. Sie glaubten, jeder Junge müsse frühzeitig und eindringlich darauf hingewiesen werden, wie unverantwortlich es sei, eine Frau aus Nachlässigkeit zu schwängern. Schon die Schuljungen müßten auf diese Weise mit der Gewissensfrage der Verhütung vertraut gemacht werden.

Die Schädlichkeit der Doppelmoral erkennen

Behutsam und dennoch mit Festigkeit sollten die Frauen ihre Männer darüber aufklären, welchen Schaden die männliche Doppelmoral anrichten kann. Sie müssen ihren Männern helfen, sich von diesen die Frauen benachteiligenden Vorstellungen zu lösen, und die Mütter sollten auf ihre Söhne einwirken, damit sie sich diese Denkweise gar nicht erst zu eigen machen.

Die schwerwiegendste Folge der Doppelmoral

Zu den schlimmsten Seiten der doppelten Moral gehört die unumwundene Weigerung der Männer, die Verantwortung für die Geburtenkontrolle gemeinsam mit den Frauen zu tragen. Ich möchte nun einige verhängnisvolle Realitäten und Umstände anführen, auf die Sie sich im Gespräch mit Ihren Männern stützen können, um ihnen klarzumachen, wie sehr es darauf ankommt, daß sie sichere Liebhaber werden.

1. Erklären Sie ihnen geduldig die Gefahren, die der Gebrauch der chemischen und anderen Verhütungsmittel für die Frau mit sich bringt.

2. Sprechen Sie mit ihnen über die Risiken, die Frauen eingehen, wenn sie eine Abtreibung vornehmen lassen. Unter meinen Schülerinnen sind zum Beispiel zwei Frauen, die Abtreibungen hinter sich haben; die eine hat sehr, die andere nur wenig darunter gelitten. Die erste hat nur eine Abtreibung durchgemacht, und doch hat sie bitter dafür bezahlen müssen. Etwa eine Stunde nach dem Eingriff, als sie sich noch in einem Krankenhausbett von der Wirkung der Betäubungsmittel erholte, erlitt sie – zum erstenmal in ihrem Leben – einen epileptischen Anfall. Obwohl seither zwölf Jahre vergangen sind, muß sie immer noch darauf bedacht sein, alle vorhersehbaren Aufregungen zu meiden, weil sie erneute Anfälle auslösen können. Am meisten stört sie, daß sie unmittelbar nach jedem Orgasmus einen leichten Anfall hat, was ihren Liebespartner oft in Schrecken versetzt. Dabei wurde die Abtreibung bei ihr keineswegs spät vorgenommen. Sie war in der achten Schwangerschaftswoche, neunzehn Jahre alt und bei ausgezeichneter Gesundheit.

Die andere Schülerin hat im Laufe von zehn Jahren zwei Abtreibungen durchlitten. Die erste wurde durch Injektion einer Kochsalzlösung herbeigeführt und war so schmerzhaft, daß die Frau es erst nach einem halben Jahr wieder wagte, Beziehungen zum anderen Geschlecht anzuknüpfen. Mit neunundzwanzig Jahren wurde sie erneut schwanger. Obwohl die zweite Abtreibung frühzeitig durchgeführt wurde, fiel es der Frau danach noch schwerer als beim erstenmal, sich wieder Männern zuzuwenden. Unter allen Frauen, die ich kenne, gehört sie jedoch zu denen, die nach einer Abtreibung nur geringfügige schädliche Folgen davongetragen haben. Ich habe in meinem Leben viele Frauen kennengelernt, die nach einer Abtreibung lange unter schwerwiegenden Folgen zu leiden hatten. Hier möchte ich nur noch einen besonders tragischen Fall schildern:

Vor einigen Jahren lernte ich in der Eisenbahn nicht weit von Stockholm eine sehr dünne, jedoch außergewöhnlich anziehende

junge Frau von ungefähr fünfundzwanzig Jahren kennen. Während ich mich mit ihr unterhielt, fiel mir die tiefe Narbe an ihrem Handgelenk auf. Ich hatte solche Narben schon öfter gesehen und war deshalb ziemlich sicher, daß sie versucht hatte, sich umzubringen. Als ich sie danach fragte, gab sie es sofort zu. Sie sagte mir jedoch nicht, daß sie abgetrieben hatte, sondern erwähnte nur, sie habe ein Kind gehabt, das gestorben sei, und daraufhin habe sie versucht, sich das Leben zu nehmen.

Am nächsten Tag rief ich unter der Telefonnummer an, die die junge Frau mir gegeben hatte. Ihre Mutter meldete sich und sagte mir, ihre Tochter schlafe noch. Daraufhin unterhielt ich mich mit der Mutter, die mir einiges über ihre Tochter mitteilte, was ich noch nicht gewußt hatte. Die Tochter hatte kein Kind zur Welt gebracht, sondern hatte dem Drängen ihrer Eltern nachgegeben und eine Abtreibung vornehmen lassen. Die Eltern hatten auf einer Abtreibung bestanden, weil das Mädchen sehr begabt war und weil sie wünschten, daß ihre Tochter Ärztin oder sogar Chirurgin werden sollte.

Doch unglücklicherweise gelang es der jungen Frau nie, ihr ungeborenes Kind zu vergessen. Sie quälte sich mit dem Gedanken, Komplizin eines Mordes geworden zu sein. In ihrer Verzweiflung begann sie zu trinken. Sie unternahm zwei Selbstmordversuche, wurde aber jedesmal – wenn auch nur äußerlich – gerettet. Sie hatte die Abtreibung durchführen lassen, als sie siebzehn Jahre alt war. Inzwischen sind mehr als zehn Jahre vergangen, und die junge Frau lebt heute in einer Nervenklinik.

Sie versuchte zweimal, mich anzurufen, sprach aber nicht mit mir, sondern stammelte bloß: «Es tut mir leid, ich habe eine falsche Nummer gewählt!» Ich erkannte sie nicht nur an der Stimme, sondern auch an der ihr eigenen zögernden Art. Nachdem sie sich entschuldigt hatte, legte sie den Hörer nicht auf, sondern blieb noch eine ganze Weile am Apparat. So sehr ich sie auch anflehte und bat, mit mir zu sprechen, sagte sie doch kein einziges Wort mehr. Schließlich legte sie ganz leise auf. Sie muß sehr verängstigt gewesen sein.

Die Doppelmoral verbietet Frauen, die Initiative zu ergreifen

Gegenwärtig wird den Frauen in allen Medien zugeredet, auch sie sollten in der Liebe die Initiative ergreifen. Ich befürworte diesen Meinungswandel sehr, bereitet es mir doch jedesmal großes Vergnügen, wenn eine Frau es wagt, von sich aus auf mich zuzugehen. Dennoch möchte ich ein Wort der Warnung aussprechen: Die Annäherung muß in jedem Fall taktvoll geschehen. Handelt die Frau im Einklang mit den Regeln des Taos, dann wird sie meistens ihr Ziel erreichen. Wenn sie das Tao jedoch nicht kennt, muß sie sehr behutsam zu Werke gehen, um den Mann nicht zu verunsichern. Manchmal kommt es sogar zu sehr unangenehmen Vorfällen.

Die sechsundzwanzigjährige Maija ist mit ihrer blendenden Figur eine überaus verführerische Frau. Doch wenn es darauf ankommt, einem Mann ihre Zuneigung zu zeigen, wahrt sie äußerste Zurückhaltung, denn sie hat vor zwei Jahren eine sehr bittere Lektion erteilt bekommen. Sie lebte damals mit ihrem Ehemann Tom zusammen, einem außergewöhnlich gut aussehenden Mann, der jedoch nur ein sehr zaghafter Liebhaber war. Seit seiner frühen Kindheit hatte er sich daran gewöhnt, regelmäßig, oft zweimal am Tag, zu onanieren. Diese Gewohnheit allein hätte jedoch kaum dazu geführt, daß Tom immer sehr rasch ejakulierte und manchmal sogar ganz unfähig war, den Geschlechtsakt zu vollziehen, wenn seine starke Neigung zur Selbstbefriedigung nicht Angst und Scham in ihm ausgelöst hätte. Aus Angst, entdeckt zu werden, versuchte er bei seinem heimlichen Onanieren, möglichst rasch zum Samenerguß zu kommen. Ich habe, wie gesagt, nichts gegen die Selbstbefriedigung als solche, aber ich halte es dennoch für unangebracht, Jungen und Mädchen in ihrer Neigung zu masturbieren ausdrücklich zu bestärken. Statt dessen sollten wir sie lieber dazu anhalten, die Regeln des Taos zu befolgen, so daß wir die Probleme, die sich in der Liebe und der Sexualität ergeben, überwinden können. Dazu gehören nicht nur ungewollte Schwangerschaften, sondern auch alle lebensverneinenden Verhaltensweisen wie Drogensucht oder Alkoholmißbrauch.

Als Tom und Maija schon zwei Jahre lang verheiratet waren, onanierte Tom immer noch fast täglich im verborgenen. Natürlich kam Maija ihm eines Tages auf die Spur. Obwohl sie über diese Entdeckung nicht gerade erfreut war, hätte sie sich mit Toms Gewohnheit abgefunden, wenn er sie trotzdem oft genug geliebt hätte. Aber dazu war er einfach nicht mehr imstande. Und eine Frau wie Maija konnte es auf die Dauer nicht ertragen, mit einem Mann zusammenzuleben, der nur so selten zur Liebe bereit war. Sie beschloß, selbst aktiv zu werden, um die Situation zu verbessern.

Eines Abends nach dem Essen wagte Maija zum erstenmal selbst den Schritt und forderte ihren Mann liebevoll dazu auf, mit ihr zu schlafen. Ein heftiger Ausbruch war die Antwort. Tom geriet außer sich vor Wut und schrie sie an, sie solle das nur ja nicht noch einmal versuchen, sondern immer ruhig abwarten, bis er von sich aus auf sie zukäme. Maija hatte nicht gewußt, daß ein sexuell unsicherer Mann ständig fürchtet, sich eine Blöße zu geben, und deshalb alles daransetzt, um seine sexuelle Schwäche geheimzuhalten. Toms wütendes Aufbrausen versetzte Maija einen solchen Schock, daß sie sich seither ganz in sich selbst zurückgezogen hat. Vor diesem Erlebnis sei sie viel unbefangener gewesen, sagte sie mir.

Die Doppelmoral diskriminiert alleinstehende Mütter

> Da ich meine Kinder allein großziehe, werde ich automatisch als leichtfertige Person eingestuft!
>
> *Rut*

Eine wichtige Ursache für die mangelnde Harmonie zwischen den Geschlechtern ist zweifellos die Nichtachtung, mit der die Männer den Frauen auch heute noch vielfach begegnen.

Rut zum Beispiel lebt seit sechs Jahren allein mit ihren beiden Kindern. Sie ist ihrem fünfjährigen Sohn und ihrer siebenjährigen Tochter sehr zugetan, doch als gesunde Frau hat sie selbstverständlich auch die Bedürfnisse nach männlicher Gesellschaft. Da Rut sehr hübsch ist, lernt sie ständig Männer kennen. Warum beklagt sie sich trotzdem?

Rut stört sich daran, daß fast alle Männer, mit denen sie zusammenkommt, in der Liebe mit zweierlei Maß messen. Sie ist eine Frau, deren Anblick das Begehren vieler Männer weckt, und wenn ein Mann ihr gefällt, geizt sie nicht mit ihrer Gunst. Doch es empört sie, daß viele Männer sie sehr geringschätzig behandeln. Bevor sie sich sexuell mit einem Mann einläßt, ist er unweigerlich die Liebenswürdigkeit in Person, doch danach bleibt von seinem früheren Charme nicht mehr viel übrig. Statt liebevolle Zuneigung zeigt er ihr nur kühle Gleichgültigkeit. Die meisten ihrer Liebhaber gehen ihrer Wege, ohne Rut auch nur ihre Telefonnummer zu hinterlassen. Das äußerste, wozu sie sich aufschwingen, ist das Versprechen, irgendwann einmal anzurufen. Da die Skandinavier in der Regel maßvolle Charaktere sind, kommt es bei ihnen jedoch kaum zu solch drastischen Haßgefühlen, wie Germaine Greer sie in ihrem Buch *Der weibliche Eunuch* schildert: «In den Augenblicken direkt nach der Ejakulation empfinden sie [die Jungen englischer Industriestädte, die auf dem Tanzboden ‹einen Zahn aufgerissen› haben] einen mörderischen Ekel. ‹Wenn ich fertig bin, bin ich fertig. Ich hatte Lust, sie einfach im Bett zu erwürgen und dann einzuschlafen.›»[2]

Der Grund, warum Männer nach dem Liebesakt oft kaum mehr wiederzuerkennen sind, ist jedoch bei Ruts Liebhabern kein anderer als bei den Männern, die Germaine Greer erwähnt: Hier wie da ergießen sie ihren Samen regellos und unkontrolliert, während die Frau nach einem kümmerlichen Liebesakt noch lange nicht ans Aufhören denkt. Sie, deren Appetit durch die überhastete erste Runde überhaupt erst richtig geweckt worden ist, sehnt sich nach Liebkosungen und neuerlichen Liebesvereinigungen. Der Mann seinerseits ist müde und will schlafen. Die Frau mit ihren unersättlichen Wünschen wird für ihn zu einem lästigen Quälgeist, manchmal sogar so sehr, daß er sich «mörderisch» vor ihr ekelt.

Da sogar die zärtlichsten Männer nach der Ejakulation leicht gleichgültig werden, drängt sich der Weg, die Liebestechniken des Taos zu erlernen und sich mit ihrer Hilfe aus diesem Dilemma zu befreien, geradezu auf. Zumindest sollten die Männer sich bemühen, den Frauen mehr Achtung entgegenzubringen und sich von der unglückseligen doppelten Moral zu lösen. Nur dadurch können sie verhindern, daß die Frauen immer mißtrauischer werden und die Annäherungsversuche der Männer mehr und mehr abwehren.

Hannas Rebellion

> Hier mag mich doch sowieso keiner. Warum soll ich also nicht dorthin gehen, wo es Männer gibt, die mich lieben?
>
> *Hanna*

Hannas Geschichte ist ein weiteres Beispiel für das Unglück, das die heuchlerische, von den Männern geschaffene Doppelmoral oft anrichtet. Hanna arbeitet in Stockholm in einem Büro. Sooft sie genug Geld zusammengespart hat, macht sie sich auf in den Süden. Hanna ist blond, gilt aber nach dem in Schweden geltenden Maßstab nicht als schön. Aber sie hat eine gesunde Sinnlichkeit und braucht einen männlichen Partner. Wie seine Geschlechtsgenossen überall gebärdet sich auch der Durchschnittsmann in Schweden oft als großer Snob, wenn es um die Wahl einer Partnerin geht. Er sucht sich seine Gefährtin eher danach aus, ob er sie vorzeigen und mit ihr angeben kann, anstatt sich zu fragen, ob er mit ihr eine harmonische Übereinstimmung erreichen kann.

Hanna ist von Natur aus ein offener und argloser Mensch. Sie bringt es nicht fertig, ihre südländischen Abenteuer ganz für sich zu behalten. Sie, die in Schweden ein Mauerblümchendasein führt, wird im Süden allein schon ihrer blonden Haare wegen von den Männern umschwärmt und begehrt. Natürlich genießt sie es sehr, von ihren Eroberungen zu erzählen. Ihre Berichte wandern durch das ganze Amt, in dem sie arbeitet. Fast alle ihre Kollegen, und insbesondere die Männer unter ihnen, nennen sie deshalb hinter ihrem Rücken «das Luder». Manche tun es auch ganz offen.

Wenn Hanna diesen Schimpfnamen hört, fährt sie empört auf und redet den Männern, die sie so titulieren, heftig ins Gewissen: «Was seid ihr bloß für Heuchler! Viele von euch benehmen sich im Urlaub ganz genauso wie ich. Ihr wertet mich nur ab, weil ich eine Frau bin. Aber was soll ich denn machen? Ich mag Männer, und ich brauche sie, aber hier liebt mich keiner. Warum sollte ich nicht in eine Gegend fahren, wo es Männer gibt, die mich mögen?»

Natürlich würden sich die Männer, wenn sie die taoistische Denkweise kennen würden, nicht so scheinheilig verhalten, und Hanna brauchte nicht so weit zu reisen, um Liebespartner zu finden. Wären die Männer mit den Methoden des Taos vertraut, dann hätten sie viel mehr Energie übrig, und sie wüßten, daß es bei der liebenden Verschmelzung von Yin und Yang nicht in erster Linie auf ein schönes Gesicht ankommt. Außerdem würden sie einsehen, daß jeder Frau, ganz egal wie alt sie ist und wie sie aussieht, Liebe und sexuelle Erfahrung als ein Menschenrecht zusteht.

Die Doppelmoral diskriminiert sexuell aktive Frauen

Es gibt für die sexuellen Neigungen der Frau zwei einander entgegengesetzte Bezeichnungen, die beide in höchstem Maße ungerecht und willkürlich sind. Eine sehr sexbetonte Frau wird rasch zur «Nymphomanin» abgestempelt, vor allem wenn sie Gefallen daran findet, ihre Erfahrungen mit ganz verschiedenen Typen von Männern zu sammeln. Gewöhnlich gilt sie als psychisch gestört. Einen ähnlich veranlagten Mann nennt man dagegen anerkennend einen «tollen Hengst». Es würde niemandem einfallen, ihn als seelisch krank anzusehen. Vielmehr wird diese Bezeichnung eher als eine Art Ehrentitel verwandt, auf den ein Mann stolz sein kann.

Wenn die Frau passiv bleibt und der körperlichen Liebe nicht besonders viel abgewinnen kann, dann wird sie unversehens als «frigid» gebrandmarkt. Dieser Stempel bedeutet im Grunde genommen, sie sei nicht normal und gehöre in psychiatrische Behandlung. Wäre Frigidität tatsächlich eine Anomalie, dann würden die Frauen massenhaft therapeutische Hilfe brauchen. Wir hätten es mit einem äußerst schwierigen Problem zu tun, denn woher sollten wir die Millionen Seelenärzte nehmen, die dann nötig wären? Dies gilt um so mehr, wenn wir auch die Frauen als frigid einstufen, die das Liebesspiel zwar aufs höchste genießen, aber nicht spontan zum Orgasmus kommen. David Reuben gehört zu denen, die solche Frauen als frigid klassifizieren und behaupten, sie alle müßten therapiert werden.[3] (Siehe hierzu auch das Kapitel über den Orgasmus.) Wegen der großen Bedeutung der Frigidität soll das ganze nächste Kapitel diesem Thema gewidmet sein.

Zunächst möchte ich jedoch zur Verdeutlichung des Problems die Geschichte eines halbwüchsigen Mädchens erzählen, von dem es hieß, es leide unter der relativ seltenen sogenannten Nymphomanie.

Auf der Rückreise von Paris lernte ich im Zug eine Malerin kennen, die mir von der Tochter ihrer Nachbarn erzählte. Das junge Mädchen sei von ihren Eltern allein deswegen in eine Nervenklinik gebracht worden, weil sie es genossen habe, mit vielen verschiedenen Jungen zu schlafen. Die Malerin schilderte mir das Mädchen als gesund, begabt und warmherzig. Es ist ein Verbrechen gegen die menschliche Natur und gegen die Menschenrechte, einen solchen jungen Menschen in eine psychiatrische Anstalt zu sperren. Ich war entsetzt, als ich vom Schicksal dieses Mädchens hörte. Ich sagte der Malerin, daß ich gern mit dem jungen Mädchen sprechen würde. Immer wenn sie Ausgang hatte, hielt sie sich bei der Malerin auf, denn von ihrer eigenen Familie hatte sie keinerlei Mitgefühl zu erwarten. Es lag auf der Hand, daß ihr unersättliches Verlangen, Liebesbeziehungen zu Jungen anzuknüpfen, von dem Liebesmangel in ihrer Kindheit herrührte. Da wir weit voneinander entfernt wohnten, gelang es mir nicht, sie zu einem Gespräch zu treffen. Doch ich bin sicher: Hätte sie als Junge solche Neigungen, dann wären ihre Eltern bestimmt verständnisvoller gewesen.

Die Auswirkungen der Doppelmoral – ein Beispiel aus der Geschichte

Um den Frauen zu helfen, ihre Männer von vorgefaßten Meinungen und doppelten Maßstäben abzubringen, möchte ich hier ein paar historische Tatsachen erwähnen.

Die alten Taoisten traten schon vor vielen tausend Jahren für einen einheitlichen, für beide Geschlechter gleichermaßen geltenden Moralkodex ein. Fast alle alten Originalhandbücher des Taos der Liebe erwähnen den Gelben Fürsten Huang-ti und seine oberste Ratgeberin in den Fragen des Taos, Su-nü. Die Zwiegespräche des Gelben Fürsten und seiner Beraterin drehen sich vor allem um die lebenswichtige Bedeutung der vollständigen Verschmelzung von Yin (weiblich) und Yang (männlich). Demnach können wir die (historische oder legendäre) Gestalt der Su-nü als erste Vorkämpferin für ein einheitliches Moralsystem ansehen.

Hier im Westen ist eine Frau des siebzehnten Jahrhunderts zu erwähnen, die dem Kampf für die Befreiung der Frau viele Jahre ihres langen Lebens gewidmet und dabei manchen Sieg errungen hat. Ihr Name ist Ninon de Lenclos (1620–1706). Ich beziehe mich bei dem, was ich über sie erzählen will, hauptsächlich auf die beiden Bücher *Correspondence authentique de Ninon de Lenclos* von Émile Colombey, das aus dem neunzehnten Jahrhundert stammt, und *Ninon de Lenclos* von Émile Magne, das 1948 erschienen ist.[4] In den letzten dreißig Jahren ihres Lebens stritt Ninon de Lenclos für die Emanzipation der Frau und wurde dadurch in vieler Hinsicht zu einem Vorbild für die spätere Frauenbewegung in Frankreich. Sie kämpfte für ihre Auffassung, daß jeder von uns, egal ob Mann oder Frau, seine oder ihre individuellen Eigenschaften entfalten sollte, ohne dem Beispiel eines anderen Menschen zu folgen und ihm gleich werden zu wollen. Sie forderte die Menschen auf, sich nicht sklavisch irgendeiner Mode unterzuordnen. Um auch in der Liebe frei sein zu können, verließ Ninon de Lenclos ihren Ehemann.

Wahrscheinlich hat Ninons Vater, ein Freidenker, ihren Charakter grundlegend beeinflußt. Abgesehen von einem kurzen Aufenthalt in einem Kloster und der Unterweisung in Philosophie, Musik und Sprachen, die sie schon früh von ihrem Vater erhielt, mußte sie ihre Erziehung selbst in die Hand nehmen.

Die *Columbia Viking Desk Encyclopedia* schildert Ninon de Lenclos als «Französin von Schönheit und Geist. In ihrem Pariser Salon versammelte sie viele berühmte Zeitgenossen um sich. Unter ihren zahlreichen Liebhabern waren der Fürst von Condé, La Rochefoucauld und Saint-Evremont.»

Ninon de Lenclos vertrat vehement die Auffassung, daß auch die Frau das Recht haben müsse, einen Mann zu umwerben und dabei aus eigener Initiative zu handeln. Andererseits zog sie es jedoch vor, immer nur zu einem einzigen Mann sexuelle Beziehungen zu unterhalten, mochten diese nun flüchtig oder von mehrjähriger Dauer sein. (Dies vielleicht wegen ihrer zahlreichen Schwangerschaften, von denen wir nicht wissen, ob sie gewollt oder ungewollte waren.) Es ist bekannt, daß sie zwei oder drei Söhne geboren hat, von denen jedoch nur einer ein hohes Alter erreichte.

Durch ihre Überzeugung, daß die Frauen ebenso frei sein sollten wie die Männer, und auf Grund ihres eigenen freizügigen Liebeslebens zog sich Ninon de Lenclos sehr bald das Mißfallen und sogar den Haß der Frommen zu. 1656 wurde die sechsunddreißigjährige Ninon als Gefangene in ein Kloster gesteckt. Doch sie hatte Glück, denn zu jener Zeit hielt sich die abgedankte Königin Christine von Schweden in Frankreich auf. Die junge Königin gehörte offensichtlich ebenfalls zu den frühen Vorläuferinnen der Frauenbewegung. Vor allem wegen ihrer Weigerung, in eine Heirat einzuwilligen, hatte sie schon im Alter von achtundzwanzig Jahren abdanken müssen. Als Christine, die sechs Jahre jünger war als Ninon, von deren Gefangenschaft hörte, besuchte sie sie im Gefängnis. Danach setzte sie sich bei Ludwig XIV. für Ninons Freilassung ein. Der Sonnenkönig erfüllte ihre Bitte.

Nachdem sie von einer Ex-Königin aufgesucht und auf Befehl von Ludwig XIV. freigelassen worden war, gelangte Ninon de Lenclos in Frankreich zu hohen Ehren. Selbst die Mitglieder des Hofstaats ließen ihre Söhne von ihr unterweisen. Ninon war bekannt dafür, daß sie die jungen Männer lehrte, Frauen als Gleichgestellte zu behandeln, sich in weiblicher Gesellschaft ritterlich zu betragen und die Liebe der Frauen zu gewinnen, die sie sich als Partnerinnen ausgesucht hatten. Wir wissen jedoch nicht genau, ob Ninon ihre Zöglinge selbst in der körperlichen Liebe unterwies.

Von seiten der Kirche wurde Ninon beschuldigt, sie verderbe die Jugend. Ihre Anhänger dagegen schätzten sie als vorzügliche Lehrmeisterin. Chavagnac schreibt: «Wenn ein Höfling einen heranwachsenden Sohn hatte, schickte er ihn zu Ninon. Ihre Lehrmethoden waren ausgezeichnet, und es fiel auf den ersten Blick ins Auge, wie sehr sich das Benehmen ihrer Schüler von dem der übrigen Männerwelt unterschied. Ninon lehrte die Jünglinge, Frauen auf anmutige Weise den Hof zu machen, sich kultiviert zu unterhalten und vieles mehr. Mit anderen Worten: Sie bildete sie zu Kavalieren heran.»

In den letzten drei Jahrzehnten ihres Lebens genoß Ninon de

Lenclos solche Achtung, daß selbst der König zu gesellschaftlichen Fragen ihren Rat einholte. Für eine Frau, die sich so unerschrokken für die Gleichberechtigung und die Überwindung der Doppelmoral in Sexualität und Ehe eingesetzt hatte, kam ihr Leben zu einem überraschend guten Ende.

Ohne einen einheitlichen Moralkodex für beide Geschlechter wird es keine wirkliche Frauenbefreiung geben. Ich hoffe, daß Ninon de Lenclos' erfolgreiches Beispiel den Frauen von heute Mut macht, unbeirrt weiter für dieses Ziel zu kämpfen.

8

Frigidität, seelische Gesundheit und das Tao

Ich kann mich nicht erinnern, mich je meines Körpers erfreut zu haben.

Virginia Woolf

Kurz bevor Virginia Woolf sich ertränkte, gestand sie ihrem Arzt: «Ich kann mich nicht erinnern, mich je meines Körpers erfreut zu haben.» [1] Sie hatte während ihres ganzen Lebens als erwachsene Frau unter der sogenannten Frigidität gelitten.

Schon im letzten Kapitel habe ich darauf hingewiesen, daß «Frigidität» eine ungerechte und willkürlich gebrauchte Bezeichnung ist, die die Männer erfunden haben, um Frauen abzuwerten. Dieser Vorgang ist allein schon deswegen besonders ungerecht, weil Männer durch ihr eigenes Verhalten wesentlich dazu beitragen, daß Frauen frigid werden. Ich spreche davon, daß die Männer die Frauen vor Tausenden von Jahren mit brutaler Gewalt unterworfen und sie von da an als Menschen zweiter Klasse und teilweise sogar als halbe Sklavinnen behandelt haben, indem sie willkürlich Gesetze und moralische Gebote schufen, die die Frauen in untergeordneter Stellung hielten. Während dieser Zeit betrachteten die Männer es als völlig nebensächlich, ob die körperliche Liebe auch den Frauen Vergnügen bereitete oder nicht. Dies gilt insbesondere für die puritanische Epoche in Europa und Nordamerika und für das Viktorianische Zeitalter. In diesen Jahrhunderten sah man die Frauen in erster Linie als Gebärmaschinen. Eine gute und ehrbare Frau mußte den Geschlechtsverkehr ohne die leiseste Lustempfindung über sich ergehen lassen. Erst in den letzten fünfzig Jahren haben die Männer zu begreifen begonnen, daß es für sie selber befriedigender ist, eine sexuell ansprechbare und aktive Liebespartnerin zu haben, und die Frauen ihrerseits haben angefangen, sich ihres Orgasmus und ihrer sexuellen Reaktionen bewußt zu werden.

Nach so vielen Jahrhunderten sexueller Unterdrückung ist es nur natürlich, daß ein großer Teil der Frauen mit der bisherigen Befreiung noch Probleme hat. Tatsächlich spielen sich auch heute noch viele Männer den Frauen gegenüber als die großen Herren auf. Beispielsweise hält der größte Stamm Kenias bis heute an der grausamen Sitte fest, den kleinen Mädchen die Klitoris herauszuschneiden. Staatspräsident Kenyatta glaubte kurz vor seinem Tod immer noch, daß dies ein kluger Brauch sei, den es fortzuführen gälte. Und es ist erst einige Jahre her, daß afrikanische Immigranten hier in Schweden Klitorisoperationen vornehmen ließen. Daraufhin gab es einen Skandal, der die Öffentlichkeit alarmierte, und bald darauf wurde dieser Eingriff gesetzlich verboten.

Die Schriftstellerin Virginia Woolf war lediglich ein besonders bekanntes Opfer unserer nur halb befreiten Gesellschaft. Da sie eine berühmte Dichterin und Mitbegründerin eines angesehenen Verlags war und auf der Höhe ihres Ruhms Selbstmord beging, sind uns die Einzelheiten ihres Lebens ungewöhnlich lückenlos überliefert. Es ist allgemein bekannt, daß sie sich zu Frauen hingezogen fühlte, daß sie mehrere Nervenzusammenbrüche hatte – und daß sie frigid war.

Aus der taoistischen Sicht kann man jedoch sagen, daß ihre vom Normalen abweichenden Wesenszüge wahrscheinlich durch wenig einfühlsames Verhalten von Männern verursacht worden ist. Vielleicht wäre ihre lesbische Neigung unentwickelt geblieben und ihre nervliche Zerrüttung vermieden worden, wenn sie nicht als sechsjähriges Kind von ihrem Halbbruder Gerald Duckworth, einem ausgewachsenen zwanzigjährigen Mann, sexuell bedrängt und beeinflußt worden wäre. Duckworth stellte das kleine Mädchen auf ein Sims und untersuchte eingehend ihr Genitale. Und als sie ein junges Mädchen war, schlich sich ihr zweiter Halbbruder George Duckworth oft nachts heimlich in ihr Zimmer, legte sich neben sie aufs Bett und strich mit den Händen über ihren Körper.

Der starke Einfluß ihrer liebeshungrigen Halbbrüder muß bei Virginia sicherlich eine Abwehrhaltung gegenüber den Männern hervorgerufen haben. Was Wunder, daß sie später frigid wurde! In Leonard Woolf fand sie schließlich einen Mann nach ihrem Herzen, einen Mann, der intelligent genug war, um es intellektuell mit ihr aufzunehmen; doch war er nicht imstande, sie physisch zu erregen. Vieles spricht dafür, daß auch er der körperlichen Liebe eher ablehnend gegenüberstand, denn «wie er Strachey schrieb, hielt er Reiten im Dschungel für ‹amüsanter als Beischlaf›».[2]

Die beiden heirateten, als Virginia dreißig Jahre alt war. Alle ihre Bemühungen um körperliche Liebe schlugen fehl. Bald gaben sie ihre Versuche, miteinander zu schlafen, ganz auf und lebten achtundzwanzig Jahre lang ohne sexuellen Kontakt zusammen. Virginia litt sehr unter dem Scheitern ihres gemeinsamen Liebeslebens. In unserer immer noch stark von sexuellen Hemmungen geprägten Gesellschaft sind viele Menschen für körperliche Freuden weitgehend unempfänglich. Viele merken kaum, was ihnen dadurch entgeht, oder wenn sie es wissen, erheben sie aus Mangel an Einflußmöglichkeiten keinen Protest. Virginia Woolf faßte ihr Problem mit den Worten «Ich kann mich nicht erinnern, mich je meines Körpers erfreut zu haben» zusammen. In einem Brief an Roger Fry, der vom 18. Mai 1923 datiert ist, bekannte sie: «Doch in meinem Alter beginne ich, Hemmungen beim Geschlechtsverkehr als störend zu empfinden.»[3] Mit dieser Bemerkung wies sie nicht nur auf das Unglück und die Frigidität der Frauen hin, sondern auf das Leid und die Kälte, die unsere *ganze* Gesellschaft prägen.

Frigidität und die Harmonie von Yin und Yang

> Wenn Yin und Yang im Einklang sind, kennt die Frau keine Krankheiten mehr. Ihr Gesicht leuchtet, und sie bleibt so frisch wie ein Kind. Wenn sie sich bemüht, das Tao zu erlernen und eifrig nach seinen Regeln zu lieben, wird sie das Leben so genießen, daß sie leicht fünf Tage ohne Nahrung auskommen kann.[4]

Erich Fromm sagte einmal, die sexuelle Leistungsfähigkeit des Mannes hänge wesentlich von seinem Zutrauen zu seinem eigenen Können ab, die der Frau dagegen von ihrer Fähigkeit, dem Mann zu vertrauen.[5]

Alle Verbote und Einschränkungen sind das Werk von Männern, denen es an Selbstvertrauen mangelt. Selbstsichere Männer sind in der Regel gute Liebhaber, und sie wünschen sich freie sexuell ansprechbare Frauen als Gefährtinnen. Nur leider sind solche Männer äußerst dünn gesät. In diesem Kapitel soll davon die

Rede sein, warum sich so viele Männer als Tyrannen aufspielen und Frauen mit solcher Geringschätzung behandeln, daß oft sogar deren elementare Menschenrechte verletzt werden. Und dabei haben Männer häufig sogar noch die Stirn, die Frauen frigid zu nennen. Was erwarten sie eigentlich? Haben sie sich überhaupt schon einmal gefragt, wie liebenswert sie selbst sind? Reiche Männer wissen, daß man Liebe nicht kaufen und ganz gewiß nicht erzwingen kann. Bevor eine Frau einen Mann aus ganzem Herzen liebt, muß sie ihn erst als vertrauenswürdig und liebenswert empfinden. Doch auch heute noch verhalten sich viele Männer auf eine Art und Weise, die die Frauen einschüchtert. Wo Einschüchterung herrscht, können aufrichtiges Vertrauen und Liebe nicht entstehen. Virginia Woolfs Halbbrüder ängstigten sie als Kind und erschwerten es ihr dadurch für ihr ganzes Leben, sich Männern vorbehaltlos zuzuwenden. Sie hatte den aufrichtigen Wunsch, ihren Mann zu lieben, und war dennoch nicht dazu fähig. Auf diese Weise machte sie es sich selbst und ihrem Mann unmöglich, den lebenswichtigen Gleichklang von Yin und Yang zu erfahren. Die beiden waren nicht mehr imstande, das vollkommene Einswerden von Körpern und Seelen zu erleben.

Warum geben sich die meisten Männer den Frauen gegenüber so herrschsüchtig und repressiv, daß sie Frauen nicht mehr liebenswert erscheinen und ihnen sogar Angst einjagen? Einer der wichtigsten Beweggründe für das aggressive Verhalten der Männer liegt auf der Hand: Sie sind im allgemeinen sexuell so sehr unterlegen, daß sie ihrerseits vor den Frauen Angst haben, namentlich beim Liebesakt. Denken wir zum Beispiel an den norwegischen Maler Edvard Munch.

Ich habe schon in meinem ersten Buch erwähnt, daß Munch zahlreiche Gemälde mit dem Titel *Vampir* schuf. Sie alle zeigen eine Frau, die einen Mann in den Nacken küßt, als ob sie ihm wie ein Vampir das Blut aussaugen wollte. In seinem eigenen Leben wagte der Maler es nie, sich Frauen zu nähern. Da er ein großer Bewunderer weiblicher Schönheit war, ließ er Frauen für sich Modell stehen, wahrte jedoch stets Distanz zu ihnen, da er fürchtete, die Intimität mit einer Frau könnte ihn töten. So glaubte er allen Ernstes, die junge, schöne und energische Witwe seines Bruders Andreas habe ihren Mann, der schon ein halbes Jahr nach der

Hochzeit gestorben war, umgebracht, weil sie zu oft sexuell mit ihm verkehrt hatte.

Können zu viele Liebesakte die Kräfte des Mannes aufzehren? Auch die alten Chinesen waren der Ansicht, es entkräfte den Mann, wenn er zu oft auf die herkömmliche Weise liebe. Aus diesem Grund ersannen die taoistischen Weisen der alten Zeit eine andere Liebesmethode, die sie das Tao der Liebe nannten. Wenn die Lehren des Taos befolgt werden, ist der Liebesakt für Mann und Frau so zuträglich, daß sich ihr Wohlbefinden um so mehr hebt, je öfter sie lieben.

Das verwundbare «starke Geschlecht»

Der Mann hingegen ist nur kurze Zeit fähig, und auch dann nur in dem bescheidenen Maße, wo das Wort ‹geschlechtlich› anwendbar ist. Er ist fähig vom Alter von sechzehn, siebzehn Jahren an für etwa fünfunddreißig Jahre. Nach fünfzig ist seine Leistung von geringerer Kraft, die Pausen dazwischen sind lang und die daraus resultierende Befriedigung für beide Teile von keinem großen Wert, während seine Großmutter noch so gut wie neu ist. Mit ihrer Anlage ist alles in Ordnung. Ihr Kerzenhalter ist so fest wie je, während die dazugehörige Kerze im Lauf der Jahre immer weicher und schwächer geworden ist, bis sie nicht mehr standhalten kann und traurig zur Ruhe gelegt wird, in der Hoffnung auf eine gesegnete Wiedererweckung, die aber nie eintrifft...
Seine geschlechtliche Zeugungskraft ist auf einen Durchschnitt von hundert Malen im Jahr, fünfzig Jahre hindurch begrenzt, die ihre auf dreitausend Male im Jahr für denselben Zeitraum ausgedehnt – und viele weitere Jahre hindurch, solange sie lebt. Sein Interesse an der Sache beläuft sich auf fünftausend Vergnügungen, ihres auf hundertfünfzigtausend; aber statt die Gesetzgebung ehrlich und gerecht derjenigen zu überlassen, die die überwältigende Rolle dabei zu spielen hat, bestimmt er, dieser unsagbare Lümmel, der nichts, was der Rede wert ist, dabei einzusetzen hat, die Gesetze selber!

Mark Twain[6]

Mehr als ein halbes Jahrhundert nach Mark Twain gelangte die Schriftstellerin Erica Jong in ihrem Roman *Angst vorm Fliegen* zu einer ähnlichen Schlußfolgerung, die ich am Anfang meines ersten Buches zitiert habe: «Doch das große Problem dabei war, wie der Feminismus mit dem unstillbaren Hunger nach Männerkörpern zu vereinbaren ist. Das war nicht so einfach. Außerdem, je älter man wurde, desto deutlicher trat zutage, daß Männer eine tiefverwurzelte Angst vor Frauen haben. Die einen im geheimen, die anderen, ohne es zu verbergen. Was konnte bitterer sein als eine emanzipierte Frau Auge in Auge mit einem schlaffen Schwanz? Die schwerwiegendsten Probleme in der Geschichte der Menschheit verblaßten neben diesen zwei Kernpunkten: die ewige Frau und der ewig schlaffe Schwanz... *Das* ist die fundamentale Ungerechtigkeit, die nie aus der Welt geschafft werden kann: Nicht, daß das Männchen eine einmalige zusätzliche Attraktion, genannt Penis, besitzt, sondern daß das Weibchen eine einmalige Allwettermöse ihr eigen nennt. Weder Sturm noch Hagel noch das Dunkel der Nacht können ihr etwas anhaben. Sie ist immer da, immer bereit. Ziemlich beängstigend, wenn man darüber nachdenkt. Kein Wunder, daß Männer die Frauen hassen. Kein Wunder, daß sie das Märchen von der weiblichen Unzulänglichkeit erfunden haben.»[7]

Erica Jong sah das Problem viel klarer als manche ihrer radikaleren feministischen Kolleginnen, die so wirklichkeitsfremde Losungen ausgaben wie: «Vögelt nicht, masturbiert!» Ein derartiger Aufruf ist nicht nur höchst überflüssig, sondern obendrein unvernünftig. Wenn die Frauen ihn befolgten, würden sie nur noch stärkere Versagungen erleben, ohne die Männer zum Nachgeben zu bewegen, denn schließlich könnten sich diese ebenfalls in die Selbstbefriedigung flüchten (tatsächlich vergeuden viele heute schon ihre Zeit damit). Wie würde es auf der Welt zugehen, wenn Männer und Frauen sich nur noch selbst befriedigten? Wir würden auf die Dauer gesehen einfach vom Erdboden verschwinden, und das sogar ohne Atomkrieg! In ihrem zweiten Roman, *Rette sich wer kann*, zeigt Erica Jong, wie vergeblich es wäre, den Kampf der Geschlechter endlos fortzusetzen: «Sie hatte einmal, zweimal, dreimal masturbiert, brauchte ihn aber trotzdem noch. Nur sein Schwanz in ihr konnte ihr Ruhe verschaffen. Alles übrige waren Nervenzuckungen.»[8]

Schon der berühmte Arzt Sun Szu-mo, der im siebten Jahrhundert gelebt hat, sagte in seinen Schriften, daß Männer und Frauen nur miteinander leben können: «Die Männer können nicht ohne Frauen leben, die Frauen nicht ohne Männer. Wenn der Mensch einsam ist und sich vor Sehnsucht verzehrt, wird er bald an vielerlei Krankheiten leiden, und er kann kein hohes Alter erreichen.»

Da es auf der Hand liegt, daß wir aufeinander angewiesen sind, wenn wir diesen Planeten weiter bevölkern wollen, sollten wir lieber die Warnung des weisen alten Arztes beherzigen und Frieden schließen. In Wirklichkeit ist es gar nicht so schwer, einträchtig miteinander zu leben, wenn wir lernen, einander zu vertrauen und den Schwierigkeiten mit Mut und Zuversicht entgegenzutreten. Alles Morden und alle Kriege dieser Welt entstehen aus Angst. Angst erzeugt jedoch immer noch mehr Angst. Und woher kommt die Angst in den allermeisten Fällen? Aus dem Mißtrauen, mit dem wir einander begegnen.

Einer der häufigsten Gründe, warum Frauen vor dem Geschlechtsverkehr Angst haben, sind *ungewollte Schwangerschaften*, aber nicht die Männer an sich (die meisten Frauen mögen Männer, wie sie mir immer wieder versichern). Die Mehrzahl der Frauen gibt sich alle erdenkliche Mühe, begehrenswerte Männer zu finden und in ihrer Nähe zu haben, und zwar aus dem einfachen und unbestreitbaren Grund, weil die Vereinigung der Geschlechter uns Menschen Erfüllung schenkt und dem Leben Sinn verleiht. Durch die sexuelle Vereinigung wird nicht nur unser eigenes physisches Leben auf der Erde geschaffen, aufrechterhalten und verlängert, sondern auch das der nächsten Generation. Die Männer sind nicht Feinde, von denen den Frauen Gefahr droht. Was Schaden anrichtet und überwunden werden muß, ist die aus Angst und Mißtrauen gemischte Einstellung, mit der Männer und Frauen einander begegnen. Die Frauen sind zwar sexuell die Stärkeren; doch haben die Männer, solange wir denken können, ihre überlegene Körperkraft mit Erfolg dazu eingesetzt, die Frauen in einer untergeordneten Position zu halten. Wenn die Männer sich nicht eines Tages eines Besseren besinnen, könnte ihre Herrschaft unbegrenzt andauern. Zum Glück beginnen jedoch viele Männer einzusehen, daß eine Welt, in der Angst und Gewalt regieren, höchst instabil ist. Dank der Unterstützung durch die Lehren des Taos brauchen die Männer die Frauen nicht mehr zu fürchten. Ein Mann, der das Tao meistert, kann es an sexueller Ausdauer praktisch mit jeder Frau aufnehmen, so daß Mark Twains und Erica Jongs Ängste und Zweifel null und nichtig werden. Denn wenn es uns gelingt, die ungleichen sexuellen Fähigkeiten der beiden Geschlechter einander anzunähern, dann ist die Kluft endlich überbrückt, die die Männer ursprünglich dazu veranlaßte, die Frauen mit brutaler Gewalt zu unterjochen. Mit der Hilfe des Taos können Männer und Frauen heute wirkliche Partner füreinander werden, Partner, die sich auf der Basis der Gleichwertigkeit liebevoll begegnen und den jahrhundertealten Kampf der Geschlechter ein für allemal begraben.

Frigidität kann leicht behoben werden

Mit der Unterstützung der Liebespraktiken des Taos ist es ein leichtes, frigiden Frauen zu helfen. Zunächst möchte ich jedoch noch einmal darauf hinweisen, daß Frauen, die das Zusammensein mit ihrem Liebespartner genießen, dabei aber nicht zum Orgasmus kommen, nicht als frigid zu bezeichnen sind. Da ich das Thema Orgasmus schon im dritten Kapitel ausführlich behandelt habe, will ich hier nur die wesentlichen Punkte noch einmal kurz in Erinnerung rufen. Alle namhaften Therapeuten und Ärzte, die sich mit der menschlichen Sexualität befassen – etwa das Forscherpaar Masters und Johnson und Helen Singer Kaplan –, stimmen darin überein, daß der Orgasmus ein individuell unterschiedliches, schwer zu fassendes und in der Wissenschaft umstrittenes Phänomen ist.[9] Ich möchte den Leser deshalb noch einmal ermuntern, an die Frage des Orgasmus nicht mit allzu großem Ernst heranzugehen. Es ist höchst unnötig, deswegen einen Psychiater zu konsultieren. Es kommt ganz allein darauf an, sich die Genußfähigkeit zu bewahren und die Freuden der Liebe in vollen Zügen auszukosten, dann stellt sich der Orgasmus früher oder später von selbst ein. Möglicherweise werden Sie sogar enttäuscht sein, weil das Erlebnis gar nicht so ungeheuerlich ausfällt, wie Sie es sich vielleicht erträumt hatten.

Der Einfachheit halber wollen wir hier alle die Frauen «frigid» nennen, die an der Liebesvereinigung kein Vergnügen finden können. Dabei können wir, je nach Ursache, verschiedene Untergruppen unterscheiden.

Frigidität als Folge einer Abtreibung

Nach einer Abtreibung leiden beinahe alle Frauen zumindest zeitweilig unter einer gewissen Abkühlung ihres sexuellen Verlangens. Dieser Umstand ist viel verbreiteter als gemeinhin angenommen wird. So erlebte etwa eine achtundzwanzigjährige Frau – ich nenne sie Lisa – nach einer Abtreibung eine langanhaltende Periode sexuellen Desinteresses. Sie war vorher eine außerordentlich leidenschaftliche Frau gewesen. Zwei Jahre nach dem Eingriff spürte sie noch immer kein besonderes Verlangen nach körperlicher Liebe. Nur ein einziges Mal wurde ihr Begehren durch einen Mann geweckt. Sie schlief mit ihm. Bei dieser Gelegenheit schwand Lisas Frigidität vorübergehend, und sie begegnete ihrem Partner mit Wärme und Leidenschaft. Doch es scheint äußerst schwierig zu sein, einen Mann zu finden, der sensibel genug ist, über einen längeren Zeitraum auf solche Probleme verständnisvoll einzugehen.

Frigidität als Folge repressiven männlichen Verhaltens

Helena ist seit zwölf Jahren mit einem sehr dominanten Mann verheiratet. Neun Jahre lang empfand sie beim Liebesakt mit ihm nicht das geringste. Dann traf sie einen Mann, der viel behutsamer und liebevoller mit ihr umging – und auf einmal erlebte sie die Liebe ganz anders. Doch leider war ihr Freund verheiratet, so daß sich die Beziehung bald wieder auflöste. Helena hielt es noch drei Jahre in ihrer freudlosen Ehe aus, bis sie sich schließlich von ihrem Mann scheiden ließ. Zwei Jahre danach lernte sie einen Mann kennen, der mein erstes Buch gelesen und daraufhin begonnen hatte, das Tao der Liebe zu erlernen. Die beiden schliefen regelmäßig miteinander. Diesem Mann brachte Helena schon sehr bald leidenschaftliche Zuneigung entgegen. Der Liebesakt wurde für Helena immer lustvoller, und schließlich gelang es ihr, zum Orgasmus zu kommen. Meistens hinterläßt der Orgasmus bei ihr ein Gefühl höchsten Entzückens, als ob sie auf Wolken wandelte, und zugleich eine gewisse Müdigkeit, so daß sie sich drei oder vier Tage lang der Liebe enthalten muß, bevor sie wieder sexuell ansprechbar ist. Als Helena einmal besonders leidenschaftlich war, brachte ihr Liebespartner sie in die Frau-oben-Stellung. Sie blieb ungefähr eine halbe Stunde lang in dieser Position und erlebte dabei sechs Orgasmen, bis sie völlig erschöpft war. Danach erwachte ihr Verlangen erst nach mehr als zwei Wochen wieder.

Viele Frauen wissen, daß sie in der Frau-oben-Stellung am leichtesten zum Orgasmus kommen. Das hat mehrere Gründe.

1. Die Frau-oben-Stellung hilft den meisten Männern, Kräfte zu sparen, so daß sie ihre Erektion viel länger aufrechterhalten können.

2. Die Frau-oben-Stellung ermöglicht der Frau, Tempo, Winkel, Rhythmus und Art des Stoßens zu bestimmen. Die Frau kann wählen, was ihr am meisten zusagt. Bevor sie diese Stellung einnimmt, muß sie jedoch einen günstigen Moment abwarten. Wichtig ist vor allem, daß die Scheide der Frau bereits stark befeuchtet und das Glied des Mannes genügend erigiert ist. Außerdem muß die Frau darauf achten, daß der Penis nicht aus der Vagina herausrutscht, denn wenn es ihr nicht gelingt, ihn sehr rasch wieder einzuführen, kann er seine Erektion verlieren. Auch geht bei jedem Herausgleiten des Penis aus der Vagina eine Menge natürlicher Feuchtigkeit verloren.

3. Eine Variante der Frau-oben-Stellung besteht darin, daß sich die Frau aus dieser Stellung heraus um hundertachtzig Grad dreht, so daß sie mit ihrem Gesicht den Füßen des Mannes zugewandt ist. In dieser Stellung kann die Frau am bequemsten experimentieren und entdecken, wo ihr G-Punkt liegt. Dieser Punkt an der Innenseite der Vagina zwischen Schambein und Muttermund (etwas näher zum Schambein hin) wurde von dem Gynäkologen Ernst von Gräfenberg um 1950 herum entdeckt.[10] Jeder Druck auf die-

sen Punkt hat eine Lustempfindung zur Folge. Wardell Pomeroy, Direktor des ‹Institute for Advanced Study of Human Sexuality›, und etliche andere Sexualforscher sind heute der Überzeugung, daß durch Druck auf diese Stelle ein vaginaler Orgasmus ausgelöst werden könne. Wenn die Frau vollkommen befriedigt ist, soll sie dabei sogar das Gefühl haben, einen der Ejakulation des Mannes vergleichbaren Erguß zu erleben. Ich habe im Laufe der Jahre viele Frauen kennengelernt, bei denen dieses Gefühl, so etwas wie eine Ejakulation zu erleben, aufgetreten ist. Die alten Taoisten haben das Phänomen der «Ejakulation der Frau» schon vor über zweitausend Jahren entdeckt und «die Flut des Yin» genannt. In der oben beschriebenen Variante der Frau-oben-Stellung kann die Frau am ehesten einen vaginalen Orgasmus erreichen, und zwar aus dem einfachen Grund, weil diese Stellung den sichersten Kontakt zwischen Penis und G-Punkt ermöglicht.

Frigidität als Folge sexueller Entbehrung

Mit der sexuellen Reaktion geht es wie mit jeder anderen Körperfunktion: Wenn sie längere Zeit stillgelegt wird, ist viel Übung nötig, damit sie wieder in Gang kommt. Stellen Sie sich vor, Sie würden Ihren Arm einen ganzen Monat lang niemals anheben. Die Muskeln würden sich rasch zurückbilden und ihre volle Funktionsfähigkeit verlieren. Die wenigsten von uns betrachten ihre sexuelle Aktivität auch unter diesem Aspekt, bis sie eines Tages vor Schwierigkeiten stehen. Anna ist siebenunddreißig, an der Universität ausgebildet und in einem sicheren Beruf tätig, nur hatte sie bis vor kurzem praktisch kein Liebesleben. Anna ist keine Jungfrau mehr. Sie hat bislang fünf Liebespartner gehabt. Mit einem von ihnen lebte sie sogar zwei Jahre lang zusammen. Die Beziehung war jedoch nicht glücklich, da dieser Freund sie bloß finanziell ausnutzte. Danach hatte sie sporadisch sexuelle Beziehungen zu drei weiteren Männern, die ihr jedoch alle übereinstimmend erklärten, sie sei frigid (einer von ihnen war ihr Arzt). Da Anna nie besonderen Genuß empfand, wenn sie mit einem Mann schlief, glaubte sie schließlich selbst an ihren vermeintlichen «Defekt». Als mein erstes

Buch erschien, las sie es begierig. Durch einen glücklichen Zufall begegnete sie bald darauf einem Mann, der *Das Tao der Liebe* ebenfalls kannte und begonnen hatte, sich in der Anwendung des Taos zu üben. Wie durch ein Wunder verschwand Annas Empfindungslosigkeit bereits, nachdem sie und ihr Freund sich erst eine Woche lang nach der Methode des Taos geliebt hatten.

Nach meiner Erfahrung können die drei geschilderten Formen der Frigidität leicht geheilt werden, wenn die betroffenen Frauen dazu übergehen, sich in der Liebe an die Regeln des Taos zu halten. Die Lösung des Frigiditätsproblems kann deshalb nur darin bestehen, daß wir die Erkenntnisse der Taoisten weithin bekanntmachen, wie ich es im vorigen Kapitel erläutert habe. Die Frauen müssen aktiv daran mitwirken, das Wissen des Taos zu verbreiten und an die nächste Generation weiterzugeben.

Das Tao heilt die Frigidität und eint Körper und Seele

Gleiches im Sinn, gleiches Verlangen.
Zwei Leiber, die einander beschenken,
zwei Münder, die sich aneinander heften.
Sie atmen einer des anderen duftenden Atem
und trinken einer des anderen Nektar.
Sie liebkosen, berühren und küssen sich überall.
Tausend Zauber werden offenbar,
hundert Sorgen verschwinden.
Sie liebkost sein yü-chin
und er ihr yü-men.
So wird sein Yang bereichert durch ihr Yin,
und sein yü-chin richtet sich auf und ragt empor
wie eine einsame Felsnadel im Meer.
Ihr Yin wird ergänzt durch sein Yang,
und ihre Korallengrotte ist feucht und fließt über,
wie eine geheime Quelle, aus der Wasser in ein tiefes Tal rinnt.

Li Tung-Hsüan[11]

Wenn es einem Mann und einer Frau gelingt, ein solches Maß an harmonischer Übereinstimmung zu erreichen, dann verringert sich für sie deutlich die Gefahr seelischer Störungen. Und dies ist nicht allein der Standpunkt der Taoisten. Die Mehrzahl der führenden Psychiater unseres Jahrhunderts vertrat oder vertritt eine ähnliche Ansicht. Wir brauchen dabei noch nicht einmal Sigmund Freud oder Wilhelm Reich oder einen ihrer Schüler zu zitieren. Selbst Karl Menninger, der Nestor der amerikanischen Psychiatrie, behauptet, daß ein Mensch, der genügend Liebe bekommt, gegen Geisteskrankheiten gefeit sei. Er nennt die Wirkung des Geliebtwerdens «erotische Neutralisierung».[12]

Virginia Woolf galt in den Augen ihrer Mitmenschen als psychisch labil. Hätte man ihr Leiden nicht vielleicht doch heilen können? Nach taoistischem Verständnis hätte ein ausreichendes Maß an körperlichem Genuß dazu beitragen können, die seelische Labilität der Schriftstellerin aufzufangen und zu «neutralisieren». Doch vielleicht fragen Sie nun: Und was war mit ihrer Frigidität? Genau wie Virginia Woolfs mißtrauisches Widerstreben gegenüber den Männern hätte auch ihre Frigidität überwunden werden können, wenn sie eine Zeitlang von einem Mann zärtlich geliebt worden wäre.

Ich habe in zahlreichen Fällen miterlebt, daß das vergebliche Hungern nach Liebe die seelische Gesundheit eines Menschen stark in Mitleidenschaft zog. An dieser Stelle möchte ich nur ein Beispiel anführen.

Monas Mutter war eine sehr tüchtige Frau. Nachdem sie zwei Töchtern das Leben geschenkt hatte, wünschte sie sich inbrünstig einen Jungen. Als das dritte Kind jedoch ebenfalls ein Mädchen wurde, war die Mutter tief enttäuscht. Mona, die dritte Tochter, hatte unter der Enttäuschung der Mutter schwer zu leiden. Obwohl ihre Mutter nach zwei weiteren Jahren einen Sohn bekam, war sie auch danach nicht fähig, Mona Liebe und Zuneigung zu gewähren. Sie erzog Mona sehr streng und warnte sie immer wieder vor der Gefahr, die die Bekanntschaft mit einem Mann mit sich brächte. Obwohl Mona zu einer sehr anziehenden Frau heranwuchs, fand ihre Mutter nie ein anerkennendes Wort für sie, das ihr Selbstvertrauen hätte stärken können. Mona besuchte die Universität und war in ihrem Studium sehr erfolgreich. Sie hatte jedoch häufig Halluzinationen und erlitt mit einundzwanzig Jahren einen ersten Zusammenbruch, worauf sie einige Monate lang im Krankenhaus behandelt wurde, unter anderem auch mit einer Reihe von Elektroschocks. Mit dreiundzwanzig Jahren kam sie erneut ins Krankenhaus, weil sie versucht hatte, sich durch Schlaftabletten das Leben zu nehmen. Dieses Mal lehnte sie es ab, sich einer Schockbehandlung zu unterziehen. Ein halbes Jahr später wurde sie aus der Klinik entlassen. Doch sie erlitt nach wie vor von Zeit zu Zeit Anfälle, bei denen sie aus Leibeskräften schrie, die Möbel und Fenster ihrer Mietwohnung zertrümmerte und an ihren Nägeln kaute, bis ihre Hände bluteten. Zum Glück fand sie in jener Zeit eine Arbeitsstelle, die ihr zusagte. Die Anfälle traten jedoch immer wieder auf. Als Mona fünfundzwanzig war, lernte sie einen Mann kennen, den sie bald sehr mochte. Sie war damals noch Jungfrau und nicht fähig, beim Geschlechtsverkehr Lust zu empfinden. Einige Male traten die Anfälle von Gewalttätigkeit auch im Beisein ihres Freundes auf und jagten ihm einen leichten Schrecken ein. Er war ein zärtlicher und gewandter Liebhaber, der sich auf die Methode des Taos verstand. Schon nach ein oder zwei Monaten war von Monas Frigidität immer weniger zu bemerken, bis sie schließlich, wenn auch zunächst zaghaft, Leidenschaft empfand. Ihre Anfälle traten immer seltener und in immer schwächerer Form auf. Sie ist nun schon drei Jahre lang mit ihrem Freund zusammen, und Mona ist jetzt in jeder Beziehung eine normale junge Frau.

II

Ein Weg zur Lösung der Weltprobleme

9

Schluß mit der Verschwendung!

Keiner kann acht Stunden am Tag essen oder acht Stunden am Tag trinken oder acht Stunden am Tag lieben. – Alles, was man acht Stunden lang tun kann, ist arbeiten. Das ist der Grund, warum der Mann sich selbst und alle anderen so elend und unglücklich macht.

William Faulkner

Wir alle sehnen uns danach, zu lieben und geliebt zu werden; wir alle wünschen uns, glücklich zu sein. Doch leider fühlen die meisten von uns heute weder Liebe noch Glück noch den Mangel an Liebe und Glück, weil sie viel zu beschäftigt sind, um sich gehenzulassen und zu genießen. Wir haben alle Hände voll damit zu tun, hart zu arbeiten und immer noch mehr Geld zu verdienen. Da Liebe und Lebensfreude bei der Entfaltung einer so hektischen Betriebsamkeit zu kurz kommen müssen, zweifeln viele Menschen daran, ob es so etwas wie Liebe und Glück überhaupt gibt. «Wo kann ich Liebe finden?» fragen sie, oder: «Worin besteht eigentlich das Glück?»

Natürlich finden wir die Liebe überall. Wenn ein kleines Mädchen ihre Puppe an ihr Herz drückt oder ihre Hand vertrauensvoll in die ihres Vaters legt; wenn ein sorglos schlafender Junge den Arm um seinen Teddy geschlungen hat; wenn eine mächtige Panda-Bärin liebevoll ihr tapsiges Junges liebkost; wenn ein Baby völlig hingegeben an der Mutterbrust saugt, dann haben wir damit lauter Momente und Akte des Liebens und Geliebtwerdens vor uns. Schon diese wenigen Beispiele, die sich endlos erweitern ließen, zeigen uns, daß «Liebe» kein leeres Wort ist. Von Liebe sprechen wir immer dann, wenn wir spontan dem Impuls nachgeben, mit dem Objekt unserer Liebe (sei es ein Mensch, ein Tier, eine Pflanze oder was auch immer) unmittelbar in Berührung zu kommen, ihm nahe zu sein oder uns mit ihm zu vereinigen.

Worin besteht das Glück? Es ist in all diesen Momenten und Akten der Liebe und des Geliebtwerdens enthalten. Es ist da, wenn Sie die wechselnden Umrisse des Mondes bewundern oder die aufgehende Sonne beobachten, wenn Sie über eine Wiese gehen und die laue Frühlingsluft atmen oder mit den Fingerspitzen genießerisch über den weichen, glatten Flor Ihrer Samthose streichen.

Glück ist ein vertrautes und anregendes Gespräch mit einem Freund oder das Anhören einer Violinsonate von Beethoven. Unser Leben bietet uns eine Unzahl verschiedener Möglichkeiten, Glück zu empfinden. Doch vergessen Sie nie, daß wir nur dann glücklich sind, wenn wir uns nach außen, einem anderen Menschen oder anderen Lebewesen oder Dingen zuwenden und dabei wenigstens einen unserer Sinne gebrauchen.

Was William Faulkner in der oben zitierten Äußerung behauptet, klingt auf den ersten Blick einleuchtend. Es stimmt, daß das auf der Welt herrschende Unglück und Unrecht größtenteils Menschenwerk ist. Alle Bomben, Panzer, Giftgase und Atomsprengköpfe sind von Menschen gemacht. Alle diese Waffen sind jedoch das Werk *unglücklicher* Menschen, die unabsichtlich zu Sklaven der allgemeinen Arbeitswut und Geldgier geworden sind, weil sie es nie gelernt haben, Gefühle der Liebe und des Glücks zu empfinden, obwohl uns diese Gefühle jederzeit zugänglich sind.

Gewiß müssen wir einen großen Teil der Zeit in irgendeiner Weise mit Arbeit zubringen. Wenn wir so wollen, ist selbst das Aufsetzen des Wasserkessels schon Arbeit. Sogar die körperliche Liebe oder das Essen kann in Arbeit ausarten, wenn wir dabei rein mechanisch vorgehen. Andererseits können uns die Liebe und das Essen aber auch köstliche Genüsse bieten, falls wir gelernt haben, dabei auf feine Nuancen zu achten. Umgekehrt lassen sich fast jeder Art von Arbeit auch erfreuliche Seiten abgewinnen, wenn wir uns nicht gedankenlos von ihr beherrschen lassen, sondern die einzelnen Schritte vorausplanen und möglichst effektiv erledigen. Müssen wir jedoch unbedingt acht Stunden am Tag arbeiten? Ganz bestimmt nicht. Tatsächlich gibt es heute schon viele Leute, die täglich nur sieben, sechs oder vier Stunden ihrer Arbeit nachgehen. Wenn wir uns dazu erziehen könnten, die Verschwendung von Energie und Rohstoffen zu vermindern und unsere organisatorischen Fähigkeiten effektiver einzusetzen, brauchte niemand mehr volle acht Stunden zu arbeiten. Und wenn wir nicht mehr soviel Zeit mit mehr oder weniger mechanischer Arbeit zuzubringen brauchten, blieben uns Gelegenheit und Muße, um die Freuden des Lebens zu genießen und einander zu lieben.

Aus diesem Grund gilt die Forderung, *nichts zu verschwenden*, im Taoismus als das zweitwichtigste Prinzip nach dem Grundsatz, so viel wie möglich zu *lieben*. Im siebenundfünfzigsten Kapitel des *Taoteking* heißt es sehr schön:

> Je mehr Kunstfertigkeit das Volk hat, desto wunderlichere Dinge kommen auf, je mehr Gesetze und Verordnungen kundgemacht werden, desto mehr Diebe und Räuber gibt es...

Alle nutzlosen Dinge, alle überflüssigen Gebote und Vorschriften sind das Ergebnis menschlicher Arbeit. Diebe und Räuber sind eine Art Nebenergebnis solch unnötiger Arbeit. Sie arbeiten ihrerseits wiederum sehr angestrengt in ihrem jeweiligen «Beruf».

Wir haben kein Recht zur Verschwendung

Nicht nur um unserer selbst willen müssen wir lernen, weniger achtlos mit den Dingen umzugehen. Es dient dem Wohl der ganzen Menschheit und allen zukünftigen Generationen, wenn wir unser Bestes tun, um mit den Schätzen der Erde hauszuhalten.

Angesichts einer Weltbevölkerung, die jeden Monat um Millionen anwächst, ohne daß die Aussicht bestünde, daß wir diesen Zuwachs in absehbarer Zeit verlangsamen können, ist leicht einzusehen, daß niemand von uns das Recht hat, natürliche oder von Menschen hergestellte Güter zu vergeuden.

Mancher mag vielleicht einwenden, wir hätten doch die Möglichkeit, die technischen Produktionsverfahren zu verbessern, um auf diese Weise immer noch mehr Waren herzustellen. Doch ohne Energie und Rohstoffe ist jede noch so ausgereifte Technologie nutzlos. Beides nimmt jedoch mit besorgniserregender Geschwindigkeit ab. Wir alle haben – wenn auch noch recht milde – die nachteiligen Folgen der Energiekrise bereits zu spüren bekommen.

In einer verschwenderischen Umwelt wachsen unzufriedene Kinder heran

Die fünf Farben machen des Menschen Aug' blind,
Die fünf Töne machen des Menschen Ohr taub,
Die fünf Geschmäcke machen des Menschen Mund stumpf,
Pferderennen und Feldjagd machen des Menschen Herz dumpf,
Schätze, schwer erreichbar, machen des Menschen Wandel krumm...

Laotse[1]

Ich hatte nicht vorausgeplant, eines Tages nach Stockholm zu ziehen. Wie bei den meisten Entscheidungen im Leben führte ein Ereignis zum nächsten, und das Ergebnis ist, daß ich jetzt in der schwedischen Hauptstadt lebe.

Am Anfang fiel es mir schwer, mich mit dem hier vorherrschenden kalten, nassen und unbeständigen Wetter und den überaus hohen Lebenshaltungskosten anzufreunden. Nach und nach habe ich mich jedoch gut in Stockholm akklimatisiert und auch die reizvollen Seiten dieser Stadt entdeckt. Alles zusammengenommen meine ich, sie ist ein angenehmer Aufenthaltsort für Taoisten, wenn auch vielleicht nicht der geeignetste Platz, um Kinder großzuziehen. Der größte Vorzug Stockholms, der viel dazu beigetragen hat, daß ich mich hier wohl fühle, besteht darin, daß in dieser Stadt seit mehr als hundertfünfzig Jahren kein Krieg mehr geführt worden ist. Ich glaube, dies ist der friedlichste Ort, an dem ich je gelebt habe. In über zehn Jahren habe ich nicht öfter als zwei- oder dreimal handgreifliche Auseinandersetzungen beobachtet, und auch bei diesen handelte es sich eher um Foppereien zwischen Betrunkenen, bei denen niemand ernstlich verletzt wurde. Die Stockholmer Säufer sind nicht gefährlich, auch wenn sie ab und zu ziemlich lästig werden können.

Am Anfang beschäftigte mich immer wieder die Frage, warum die Schweden – trotz des hohen Aufwands an pädagogischen und finanziellen Mitteln für die Erziehung und Ausbildung ihrer Kinder – ihren hochgesteckten gesellschaftlichen Zielen nicht näher gekommen sind. Nachdem ich mich nun mehr als zehn Jahre hier im Lande umgesehen habe, glaube ich allmählich zu begreifen, warum das schwedische Experiment – wie ich finde, bedauerlicherweise – fehlgeschlagen ist. Zuwenig Liebe zwischen Eltern und Kindern ist sicher einer der wesentlichen Gründe. Doch der Durchschnittsschwede liebt seine Kinder gewiß nicht weniger als die übrigen Westeuropäer. Die Hauptursache für das Phänomen, daß die schwedischen Jugendlichen im allgemeinen unzufriedener und rebellischer sind als ihre Altersgenossen in vergleichbaren Ländern, ist meiner Ansicht nach der hier herrschende materielle Überfluß.

Schon gleich bei meiner Ankunft bemerkte ich bestürzt, wie sorglos die Schweden mit praktisch allen Dingen des täglichen Lebens umgehen. Natürlich verfügen sie, nachdem ihr Land mehr als hundertfünfzig Jahre lang keinen Krieg mehr erlebt hat, über einen soliden Wohlstand. Vielleicht meint man hier, man könne sich im Alltag mit Fug und Recht ein gewisses Maß an Verschwendung erlauben, da man ja an den Kosten, die am höchsten zu Buche schlagen, spart – an den Unsummen, die in anderen Ländern für die Rüstung ausgegeben werden. Doch nach der taoistischen Denkschule hat niemand das Recht, die Güter der Erde bedenkenlos zu verschwenden. Außerdem schadet es den Kindern, wenn sie in einer von Vergeudung bestimmten Atmosphäre aufwachsen.

Warum ist das so? Weil ein Kind zuerst vielleicht nur ein Stückchen Brot oder ein Blatt Papier achtlos wegwirft, bald jedoch auch mit seinen Schuhen und Kleidern nicht mehr sorgsam umgeht. Wird es nicht zu einem schonenderen Umgang mit den Dingen angehalten, wächst es zu einem Menschen heran, dem auch seine Gesundheit und schließlich sogar sein Leben nichts mehr gilt. Mehr als zehnjährige Beobachtung des Lebens in diesem Land hat mich zu dieser Ansicht gebracht. Ich glaube, daß Trinken, Rauchen und Rauschgiftsucht auf der einen und Vergeudung auf der anderen Seite eng miteinander zusammenhängen. Angesichts der hiesigen enorm hohen Preise würde es ein Mensch, der achtsam mit den Dingen umgeht, nicht mehr über sich bringen, einen Drink oder eine Schachtel Zigaretten zu kaufen, von einem «Schuß», der keinerlei Nutzen, sondern bloß Schaden bringt, ganz zu schweigen.

Möglicherweise gehen die Schweden sehr viel weniger gewalttätig miteinander um als die Bewohner anderer Länder. Andererseits gehört der Durchschnittsschwede sicher zu den selbstzerstörerischsten Menschen, denen ich je begegnet bin. Ich bin überzeugt, daß es einen psychologischen Zusammenhang gibt zwischen der Mißachtung des eigenen Lebens und der schon in der Kindheit erlernten Gewohnheit, unbekümmert zu verschwenden. Wie vergeblich bleiben zum Beispiel all die Jahre liebevoller Fürsorge und Erziehung, wenn ein junger Mensch von zwanzig Jahren eines Tages keine andere Möglichkeit mehr sieht, als sich aufzuhängen. Der Schmerz, den das Wegwerfen eines so jungen Lebens bei den Eltern auslöst, ist unermeßlich. Jugendliche, die in kargeren Verhältnissen aufwachsen, kämen nicht so leicht auf den Gedanken, ihrem Leben unbedacht ein Ende zu setzen. Vielleicht bildet hierin allein Japan eine Ausnahme, denn dort hat Selbstmord aus Gründen der persönlichen Ehre eine lange Tradition.

Einige Beispiele aus der schwedischen Wegwerfgesellschaft

Die in Schweden übliche Vergeudung von Papier – dies soll nur als Beispiel für viele stehen – erreicht erstaunliche Ausmaße. Ich brauchte während meiner zehn Jahre in Schweden kaum je Papier zu kaufen. Im Augenblick schreibe ich mein neues Buch auf Tausende von gebrauchten Blättern.

Zwar sehe ich ein, daß die Schweden eine ausgedehnte Papierindustrie zu erhalten haben; dennoch finde ich, daß die Planungsämter und die Verbraucher insgesamt auch an die weitere Zukunft denken sollten. Man benötigt Bäume und Energie, um Papier herzustellen, und Wasser, um es zu veredeln. Wir alle wissen, daß die Menge der auf der Erde vorhandenen Bäume und Energievorräte von Tag zu Tag abnimmt. Durch die Veredelung von Papiererzeugnissen und andere Formen industrieller Wasserverschmutzung haben wir in Schweden bald keine sauberen Flüsse und reinen Seen mehr! Die Gewässer sind nicht einfach verschmutzt, sondern in ihrer Mehrzahl schon so sehr vergiftet, daß sich keine Lebewesen mehr in ihnen halten können!

Die Gewohnheit, die Güter der Erde leichtfertig zu verschwenden, ist eine direkte Folge des materiellen Wohlstands. Der Durchschnittsschwede zählt zu den reichsten Bewohnern der Erde. Dem Wirtschaftswissenschaftler und Nobelpreisträger Gunnar Myrdal zufolge gehört Schweden vom Pro-Kopf-Einkommen der Bevölkerung her gesehen zu den zwei oder drei reichsten Ländern der Erde. Mit einem Mindeststundenlohn von sechs Dollar pro Stunde ist die durchschnittliche Arbeitskraft in Schweden eine der höchstbezahlten der Welt. Da das Lohnniveau so hoch liegt, neigen die Leute dazu, gebrauchte Gegenstände sehr rasch durch neue zu ersetzen. Ist beispielsweise ein Telefonapparat nicht mehr in Ordnung, liefert die Telefongesellschaft lieber einen funkelnagelneuen Apparat, anstatt den alten zu reparieren. Auf diese Weise wird angeblich Zeit und damit Geld gespart. Wenn man jedoch an den Verbrauch von Rohstoffen denkt, kann von Einsparung nicht die Rede sein. Was an Metall, Kunststoff, Arbeit und Energie ursprünglich zur Herstellung des Telefons nötig war, wird einfach weggeworfen und geht für immer verloren. Diese Art von Vergeudung ist in Schweden ein alltägliches Phänomen. Vor einigen Jahren fand im Museum für moderne Kunst in Stockholm eine Ausstellung zum Umweltschutz statt. Vor dem Museumsgebäude errichtete eine Gruppe von Architekten ein dreistöckiges Haus, zu dessen Bau außer Schrauben und Nägeln nur Altmaterial verwendet wurde. Zur Einrichtung der Räume holte man von einem Schuttabladeplatz wunderschöne alte Möbel. Ein großer Teil meiner eigenen alten Möbel stammt aus ähnlichen Quellen.

Sparen bei teuren Lebensmitteln

Der amerikanische Schriftsteller Upton Sinclair schreibt in einem seiner Bücher, mit den Lebensmitteln, die in den USA weggeworfen würden, könnte man ohne weiteres die Bürger eines ganzen Landes ernähren. Die Bevölkerungszahl Schwedens beträgt nur etwa ein Dreißigstel der amerikanischen, doch ich bin davon überzeugt, daß auch von dem Überfluß dieses Landes eine kleinere Nation mit versorgt werden könnte.

Diese Situation erscheint deswegen paradox, weil die Lebensmittelpreise in Stockholm und allgemein in Schweden zu den höchsten der Welt gehören. Viele meiner Bekannten zum Beispiel können sich trotz ihrer vergleichsweise guten Einkommen keine ausgewogene Kost leisten, weil es an Obst und Gemüse fehlt. Die Wachstumszeit für Obst und Gemüse ist in Schweden relativ kurz; außerhalb der Saison klettern die Preise in schwindelerregende Höhen.

Es gehört zu den wichtigsten Grundprinzipien des Taoisten, keine nützlichen Dinge zu vergeuden und sich selbst bei guter Gesundheit zu erhalten. In den letzten Jahren habe ich ein paar praktische Methoden erdacht, die mir helfen, mit der Ernährungslage hier in Schweden besser zurechtzukommen. Eine Reihe meiner Freunde hat angefangen, es mir gleichzutun.

In der Umgebung von Stockholm wachsen jeden Herbst massenhaft Pilze und Beeren. Pilze- und Beerenpflücken ist eine beliebte Freizeitbeschäftigung der Stockholmer und vielleicht auch der Bewohner anderer Städte, so daß ich nicht weiter dazu ermuntern will. Ich möchte jedoch auf den jährlichen Reichtum an Äpfeln hinweisen. Wenn man im Spätherbst mit dem Rad am Stadtrand spazierenfährt, sieht man tonnenweise Äpfel auf der Erde liegen. Die Besitzer dieser Früchte sind meist entweder zu beschäftigt oder zu begütert, um sich um ihre Schätze zu kümmern. Es sind wohlschmeckende Äpfel, und gewöhnlich lassen die Eigentümer jeden, der um Erlaubnis fragt, gern auf ihr Grundstück, um die Ernte rechtzeitig einzubringen.

Diese Äpfel sind allerdings nur denen zugänglich, die über genug Zeit und Energie verfügen, um durch die Stockholmer Außenbezirke zu radeln, und über genug Mut, um Fremde um einen Gefallen zu bitten. Doch es gibt noch andere Möglichkeiten, die jedem offenstehen, der einen Versuch wagt. Ich denke dabei an die grünen Teile der verschiedenen Gemüse, die von den Besitzern der Marktstände und den großen Kettenläden im Sommer einfach weggeworfen werden. Wer etwas von den Grundsätzen gesunder Ernährung versteht, weiß, daß bei fast allen Gemüsen die grünen Blätter am meisten Vitamine und Mineralstoffe enthalten, so daß es eine unverzeihliche Vergeudung wäre, sie nicht mit zu verwerten. Richtig zubereitet können auch sie sehr gut schmecken. Bei roter Bete zum Beispiel finde ich das Blattgrün schmackhafter als das eigentliche Gemüse. Daneben gibt es im Sommer Blumenkohlblätter, Möhren-, Sellerie-, Brokkoli- und Lauchblätter in rauhen Mengen praktisch umsonst. Wenn Sie in milderen Klimazonen leben, steht Ihnen dieser Reichtum sogar noch viel länger zur Verfügung. Wenn Sie bei einem Gemüsehändler etwas einkaufen, überläßt er Ihnen dieses Grünzeug gern als kostenlose Beigabe. Für den Fall, daß Sie nicht wissen, wie nährstoffreich die grünen Teile der Gemüse sind, nenne ich Ihnen hier ein Beispiel: Brokkoli-Blätter enthalten mehr Vitamin A als jedes andere Gemüse oder Nahrungsmittel überhaupt, abgesehen vielleicht von Lebertran und Palmöl. Hundert Gramm Brokkoli-Blätter enthalten 30000 Einheiten Vitamin A, 90 Milligramm Vitamin C, 262 Milligramm Kalzium und 2,3 Milligramm Eisen. Außerdem sind sie reich an Magnesium, einem Mineral, dessen hervorragende Bedeutung für unsere Gesundheit erst in jüngster Zeit allgemein anerkannt wurde. Sie fragen sich, wie dieses Brokkoli-Blattgemüse wohl schmecken mag? Dazu kann ich nur sagen, daß ich es zur Erntezeit dieser Pflanze praktisch zu jeder Mahlzeit hinzunehme, ohne seiner jemals im geringsten überdrüssig geworden zu sein.

Ich will dieses Buch beileibe nicht zu einem Kochbuch umfunktionieren, aber vielleicht sollte ich doch noch kurz erwähnen, wie man grüne Blätter von Gemüsen aller Art ohne viel Aufwand schmackhaft zubereiten kann. Ich möchte damit darauf aufmerksam machen, wie einfach es ist, diese wertvollen Nahrungsmittel zu nutzen, die allzuoft achtlos weggeworfen werden, obwohl heute ein großer Teil der Erdbevölkerung hungert.

Zur würzigen Zubereitung von Brokkoli-Blättern braucht man in erster Linie zwei Zutaten: Sojasauce und Ingwer. Beides sollte jedoch nur sparsam verwendet werden. Sojasauce enthält viel Salz, und der Genuß von zuviel Salz ist unserer Gesundheit abträglich. Nehmen Sie deshalb nur ein paar Tropfen zum Würzen. Ingwer ist außer in den Anbaugebieten fast überall sehr teuer. Nehmen Sie deshalb jedesmal nur ein ganz klein wenig und schneiden Sie ihn in winzige Stückchen.

Mit Hilfe dieser beiden Zutaten kann man all die grünen Blätter, die man bekommen kann, ohne große Kosten schmackhaft zubereiten. Achten Sie jedoch darauf, daß die Blätter frisch sind, und dünsten Sie sie im zugedeckten Topf mit wenig Wasser. Schütten Sie die nährstoffreiche und aromatische Brühe jedoch niemals weg, ganz gleich um welche Gemüseblätter es sich handelt. Nehmen Sie von Anfang an nur so wenig Wasser, daß es nichts mehr wegzugießen gibt. Falls Sie befürchten, Ihr Gemüse könnte anbrennen, geben Sie während des Kochens ein wenig Wasser zu. Es ist der Dampf und nicht das Wasser, der das Gemüse gar werden läßt. Lassen Sie es nicht zu lange kochen. Es soll, je nach Geschmack, zart sein, aber nicht zu weich. Manche grünen Teile, etwa die äußeren Blätter des Blumenkohls und das Kraut der Möhren, benötigen eine viel längere Garzeit. Schneiden Sie sie in kleine Stückchen, um Zeit zu sparen.

Geben Sie, wenn Ihr Blattgemüse gar ist, ein wenig Pflanzenöl hinzu (praktisch jede Art von Pflanzenöl ist geeignet), das macht es noch schmackhafter. Ich füge das Öl gewöhnlich erst nach dem Kochen hinzu, und zwar aus zwei Gründen: Erstens bleiben Sie und Ihre Küche auf diese Weise von Fettdunst verschont, und zweitens ist rohes Pflanzenöl nahrhafter. Vergessen Sie jedoch nie, die Ingwerstückchen gleich zu Anfang zusammen mit den Blättern, dem Wasser und der Sojasauce in den Topf zu geben.

Wie in allen anderen hochindustriellen Ländern werden auch in Schweden aus Gründen der Zeitersparnis immer mehr Konserven verwendet. Aber was ist damit wirklich gewonnen? Im ganzen gesehen sind die Schweden gesünder als die Bewohner vieler anderer Industrieländer, weil sie im Durchschnitt mehr Sport treiben. Wenn man jedoch an das stark überlastete medizinische Personal denkt, kommt einem die Situation in Schweden nicht mehr so rosig vor. Nach meiner Ansicht trägt Konservennahrung wesentlich zur Entstehung der immer mehr überhandnehmenden Zivilisationskrankheiten bei.

Weitere Möglichkeiten, Lebensmittelkosten zu beschränken

Gemüse und Obst sind die beiden wertvollsten Nahrungsmittel, die wir kennen. Sie sind jedoch nicht unbegrenzt haltbar. Man kann sie natürlich trocknen; aber nach meinen Erfahrungen ist es am günstigsten, sie einzukochen und dazu die vielen Gläser zu benutzen, die sich im Haushalt immer wieder ansammeln. Außerdem können Sie bei diesem Verfahren jederzeit von außen sehen, ob der Inhalt des Einmachglases noch genießbar ist oder nicht. Wenn Sie irgendwelche Veränderungen beobachten, können Sie das Glas öffnen und das Eingemachte noch einmal erhitzen, um es dann entweder gleich aufzuessen oder erneut in ein Glas zu füllen. Durch das Einkochen können Sie praktisch alle Lebensmittel mit Ausnahme von Fisch und Fleisch für mehr als ein Jahr haltbar machen, und sie behalten, wenn man sie ohne Zucker oder chemische Zusätze einmacht, einen großen Teil ihrer ursprünglichen Nährstoffe.

Einkochen ohne Zucker und Salz

Schmecken die Früchte oder das Gemüse denn noch, wenn man sie ohne Zucker beziehungsweise Salz einkocht? Ich kann diese Frage mit einem klaren Ja beantworten. Alle meine Freunde mögen mein Obst und Gemüse aus Gläsern, und einige haben inzwischen selbst einzukochen begonnen. Hier ein paar nützliche Hinweise, falls Sie es auch ausprobieren möchten:

1. Manche Früchte muß man mit anderen mischen. Beispielsweise schmecken Bananen für sich allein ziemlich fad, genauso wie Äpfel oder Orangen. Wenn Sie diese drei Früchte jedoch miteinander mischen, erhalten Sie ein leckeres Kompott. Nehmen Sie etwa zehn große, vollreife Bananen, geben Sie zwei Äpfel und ein oder zwei Orangen dazu (sie können alle schon überreif sein, so daß Sie sie zu einem Bruchteil des regulären Preises bekommen), und schon haben Sie eine köstliche Mischung.

2. Schneiden Sie die Früchte in kleine Stücke. Eine Schere aus rostfreiem Stahl kann Ihnen dabei gute Dienste leisten.

3. Gießen Sie ein wenig Wasser dazu, bringen Sie das Ganze zum Kochen und füllen Sie dann ein Glas mit einem großen Löffel zügig bis oben hin mit der Früchtemischung. Verschließen Sie es luftdicht. Je weniger Luft im Glas zurückbleibt, desto länger bleibt der Inhalt genießbar.

Wie verfährt man beim Einkochen von Gemüse ohne Zugabe

大清同治十二年灶君之神位
東厨司命
回宮降吉祥
惡
善

von Salz? Zerkleinern Sie das Gemüse, und kochen Sie es mit ein wenig Wasser, als ob Sie ein normales Essen zubereiten würden. Fügen Sie kleine Ingwerstückchen und ein wenig Sojasauce oder je nach Geschmack ein wenig Apfelessig hinzu. Bringen Sie das Gemüse rasch zum Kochen und füllen Sie es sofort in Gläser. Die Gläser müssen randvoll sein und luftdicht verschlossen werden. Wenn ich sage, ich gebe nicht extra Salz hinzu, so ist das ganz wörtlich zu nehmen. Nur die Sojasauce enthält eine gewisse Menge Salz.

Sparen und Bewahren als kreatives Lebensprinzip

Viele meiner jungen Freunde finden es seltsam, daß es mir Spaß macht, alle Ausgaben der populären Magazine durchzublättern. Doch daran ist nichts Verwunderliches. Über das Lesen gibt es zwei Sprichwörter aus dem alten China. Eines davon, das ich bereits in einem früheren Kapitel erwähnt habe, lautet: «Wer jedem Buch Glauben schenkt, täte besser daran, gar kein Buch zu lesen!» Das zweite Sprichwort sagt: «Wer zu lesen versteht, kann aus jedem Buch Nutzen ziehen.» Beide Sprichwörter weisen uns darauf hin, daß wir mit wachem Verstand lesen sollten. Wenn wir beim Lesen unseren Kopf gebrauchen, können wir in allen Büchern und Zeitschriften irgendwo etwas Nützliches finden. Wenn wir gelernt haben, wie man mit Zeitschriften umgeht, gelingt es uns, in dem Wust von Klatsch und Tratsch dennoch hin und wieder interessante Anregungen, Spartips und sogar gelegentlich tiefere Einsichten aufzuspüren.

So las ich zum Beispiel vor einigen Jahren in einer bekannten Zeitschrift einen Artikel über Albert Einstein. Darin äußerte der Reporter sein Erstaunen darüber, daß ein so berühmter Wissenschaftler wie Einstein für jeden Zweck und sogar zum Rasieren ein und dasselbe Stück Seife verwendete. Soweit ich mich erinnern kann, antwortete Einstein etwa folgendermaßen: «Das Leben ist auch so schon schwierig genug. Ich will es nicht noch komplizierter machen, indem ich verschiedene Sorten Seife benutze.»

Ich bringe dem Menschen Albert Einstein großen Respekt entgegen. Er strebte nie nach materiellem Gewinn, obwohl er nach der Verleihung des Nobelpreises reichlich Gelegenheit dazu gehabt hätte. Außerdem setzte er sich mit aller Kraft für humanitäre Zwecke ein, insbesondere für die Erhaltung des Weltfriedens. Es gab allerdings auch kritische Stimmen. Pablo Picasso etwa zog Einsteins wissenschaftliche Leistung in Zweifel und fragte, ob er nicht in Wirklichkeit die Büchse der Pandora geöffnet und die Menschheit damit letzten Endes ins Unheil gestürzt habe. Einsteins theoretische Arbeit hat es möglich gemacht, die Atombombe zu bauen. Damit wurde tief in die Ordnung der Natur gegriffen. Wenn wir jedoch der Natur zu rücksichtslos ins Handwerk pfuschen, so heißt es warnend in den alten Schriften des Taos, laufen wir Gefahr, die ganze Welt und damit auch uns selbst auszulöschen.

Oft können wir nicht nur aus Büchern und Zeitschriften, sondern auch von unseren Freunden Anregungen zum Sparen bekommen. Als mich der große Gelehrte und Buchautor Joseph Needham von der Cambridge University zum erstenmal einlud, bei ihm zu Gast zu sein, zeigte er mir eine ganze Lade voll altem Papier. Er sagte, er schreibe nur auf gebrauchtem Papier, und bot mir an, mich aus seinen Vorräten zu bedienen. Auch ich selbst hatte schon seit geraumer Zeit begonnen, gebrauchte Umschläge, Reklamezettel und ähnliches aufzubewahren, war dabei aber nicht ganz so entschlossen zu Werke gegangen wie er. Seit diesem Erlebnis gehe ich jedoch noch viel sparsamer mit Papier um als zuvor.

Bei der Aufgabe, haushälterisch mit den natürlichen Rohstoffen der Erde umzugehen, kann jeder von uns auch seine eigenen Ideen entwickeln. So wußte ich eine Zeitlang nicht, was ich mit den zerschlissenen und unbrauchbaren Leintüchern anfangen sollte. Dann kam mir auf einmal der Gedanke, sie in verschieden große Stücke zu reißen und als Lappen oder Handtücher zu verwenden. Sie sind außerordentlich weich, sehr saugfähig und kochfest, so daß man sie immer wieder verwenden kann.

Das Sparen, von dem in diesem Kapitel die Rede ist, darf nicht im engen Wortsinn verstanden werden, etwa als «Geld sparen». Es geht dabei vielmehr um eine umfassende Perspektive des Bewahrens, Erhaltens und Schützens, die, auf knappe Formeln gebracht, vor allem folgende Ziele und Aufgaben beinhalten:

1. Schutz unserer gefährdeten Umwelt.
2. Erhaltung der immer knapper werdenden Rohstoffe.
3. Erhaltung der bisher geschaffenen geistigen und künstlerischen Zeugnisse menschlichen Wirkens.
4. Widerstand gegen den allgemeinen Sog der Habsucht, die Geist und Seele zu korrumpieren droht.

Der letzte Punkt ist der wichtigste. Denn es gibt so viele Menschen, die unermüdlich immer noch mehr Besitz anhäufen und darüber ganz vergessen, daß es ihnen ursprünglich einmal darum gegangen war, Glück und Lebensfreude zu finden. Es gibt nichts Traurigeres als einen Menschen, der ein Riesenvermögen angesammelt und dennoch nie gelernt hat, sein Leben zu genießen, denn eines Tages wird er genau wie alle anderen sterben und nichts mitnehmen können.

D. H. Lawrence, der berühmte Autor des Romans *Lady Chatterley*, hat mehrere Gedichte geschrieben, in denen er das Geld als die Wurzel allen Übels anklagt. In gewissem Sinne stimmt das natürlich auch. Doch wir können nicht das Geld dafür verantwortlich machen, wenn wir unglücklich sind. Geld ist nur ein praktisches Hilfsmittel zum Zweck des Güteraustausches und nicht mehr. Dementsprechend sollten wir mit ihm umgehen und nie vergessen, daß es nicht mehr als ein Hilfsmittel oder Werkzeug sein kann. Für viele Menschen ist das Geld heute zum Götzen geworden. Wenn wir der Weisung des Taos folgen und lernen, achtsam mit den Gütern der Erde umzugehen, brauchen wir nicht rastlos danach zu streben, immer noch mehr Geld zu verdienen.

Erst wenn wir erkannt haben, wie wichtig das Bewahren der natürlichen Reichtümer ist, werden wir imstande sein, uns von den zerstörerischen Auswirkungen der Jagd nach Geld und materiellem Wohlstand und der damit einhergehenden Arbeitswut zu befreien. Verbrechen und Kriege, die Folgen der Überschätzung des Geldes, haben uns seit Tausenden von Jahren Unglück gebracht.

Ich möchte hier noch ein paar Bemerkungen zu einem Artikel machen, den ich vor einiger Zeit in einer Frauenzeitschrift gefunden habe. Unter der Überschrift «Die Inflation – worüber Sie sich Sorgen machen sollten und was Sie dagegen unternehmen können» gibt Roger Eglin, stellvertretender Herausgeber der ‹Sunday Times Business News›, einige Anregungen zum Sparen, von denen viele in überraschender Weise mit dem Geist des Taos übereinstimmen:

«Kaufen Sie nicht einfach drauflos! Fragen Sie sich jedesmal, wenn Sie in Versuchung kommen, ob Sie das Gewünschte wirklich brauchen.

Gehen Sie soviel wie möglich zu Fuß.

Kaufen Sie sich keine Gefriertruhe, denn wenn Sie erst ein solches Gerät haben, werden Sie sich gezwungen fühlen, es immer bis oben hin zu füllen.

Verkaufen Sie Ihren Fernseher und sparen Sie die horrende Gebühr.

Sehen Sie sich in Second-hand-Läden nach Kleidungsstücken um – und verkaufen Sie einen Teil Ihrer Kleider an diese Läden.

Drehen Sie die Heizung herunter und tragen Sie, wenn nötig, zu Hause warme Kleidung.

Kaufen Sie sich einen Kohleofen und sammeln Sie draußen Brennholz.

Lernen Sie vegetarisch kochen und bieten Sie Ihren Gästen statt eines aufwendigen Menüs ein einfaches, nahrhaftes Essen an.»[2]

Die Redensart, daß man die besten Dinge im Leben nicht kaufen kann, ist keineswegs aus der Luft gegriffen. So werden wir zum Beispiel alle imstande sein, die himmlischen Freuden der Liebe in Hülle und Fülle zu genießen, wenn wir lernen, bewußt und aufmerksam mit unserem Leben, unserer Energie, unseren Gedanken und Gefühlen umzugehen und nichts mehr achtlos zu verschwenden.

10

Die Lehren des Taos – kurz zusammengefaßt

Nichts in der Welt ist weicher und schwächer als Wasser,
und doch nichts, was Hartes und Starkes angreift,
vermag es zu übertreffen,
es gibt nichts, wodurch es zu ersetzen wäre.
Schwaches überwindet das Starke,
Weiches überwindet das Harte.
Keinem in der Welt ist es unbekannt,
aber keiner vermag es zu üben.

Laotse [1]

In meinem ersten Buch habe ich nur kurz angedeutet, worum es im Taoismus geht. Daran möchte ich an dieser Stelle anknüpfen und die Grundgedanken dieser alten Philosophie weiter ausführen.

Die Quintessenz des Taos

Wenn ich in ein oder zwei Sätzen zusammenfassen soll, was den Kern des taoistischen Gedankenguts ausmacht, dann würde ich sagen: Hört auf, einander und euch selber zu zerstören: hört auf, den anderen und euch selbst Probleme zu schaffen! Statt dessen fangt an, die Liebe, die Schönheit und das Leben überhaupt zu genießen und zu würdigen!

Das Tao ist kein Ismus

Vor einiger Zeit erhielt ich einen anregenden Brief von der bekannten dänischen Schriftstellerin Susanne Brøgger, der mit den eindrucksvollen Worten endete: «Ich freue mich darauf, Sie zu sehen. Denn wenn ich mich für irgendeinen ‹Ismus› begeistere, dann für den Taoismus – gerade weil er *kein* starres System darstellt!»

Das Tao ist keine Religion

Der höchst Gute ist wie Wasser. –
Wasser ist gut, allen Wesen zu nützen und streitet nicht;
es bewohnt, was die Menschen verabscheuen. –
Darum ist er nahe dem Tao.

Laotse[2]

Das Wasser ist das Symbol des Taos, weil es wohltuende Wirkungen hat, weil es anpassungsfähig und nicht starr ist. In fast allen Religionen, die wir kennen, gibt es jedoch eine Fülle von Ritualen und Dogmen. Die Lehre des Taos ist deshalb ihrem Wesen und ihrem vorherrschenden Kennzeichen nach nicht zu den Religionen zu zählen.

Gewiß hat es seit der Entstehung des Buches *Taoteking*, in dem Laotse vor ungefähr 2500 Jahren die Grundgedanken des Taos niederschrieb, zahlreiche Versuche gegeben, den Taoismus zu einer Religion zu verfestigen. Diese Bestrebungen ähnelten dem Prozeß, durch den Gandhi nach seinem Tod von seinen Anhängern zu einer gottgleichen Gestalt erhoben wurde, obwohl er unter den herausragenden Menschen unseres Jahrhunderts sicher einer der demütigsten und frei von jedem Dünkel und jeder Selbstherrlichkeit war. Zum Glück waren die Bemühungen, die Lehren des Taos in den Rang göttlicher Weisheiten zu erheben, nie sehr erfolgreich. Wir kennen das Tao deshalb heute vor allem als eine Philosophie. Als ich vor vielen Jahren das letzte Mal in China war, gab es dort noch einige wenige taoistische Tempel. Doch war die Zahl der buddhistischen Tempel mindestens zehnmal so hoch.

Das Tao ist keine anarchistische Lehre

Im Wohnen ist er [der höchst Gute] gut der Erde,
im Herzen gut dem Abgrund,
im Geben gut der Menschenliebe,
im Reden gut der Wahrheit,
im Herrschen gut der Regelung,
im Wirken gut der Fähigkeit,
im Bewegen gut der rechten Zeit. *Laotse*[3]

Kurz bevor Mao Tse-tung starb, begegnete ich einem österreichischen Ökologen, der bei den Vereinten Nationen arbeitete. Im Laufe unseres Gespräches erzählte er mir: «Sie werden es kaum für möglich halten, aber ich war erst vor ein paar Tagen in Peking und aß mit Fung Yu-lan zu Mittag. Fung verriet mir, er schreibe an einem Buch, das wahrscheinlich sein letztes sein werde, ein Buch über Mao Tse-tung als Taoist.»

Professor Chan Wing-tsit zufolge «gibt es keinen Zweifel daran, daß Fung Yu-lan (geboren 1895) seit drei Jahrzehnten als der herausragendste Philosoph Chinas anzusehen ist».[4] Ich weiß nicht mit Sicherheit, ob Fung noch lebt, denn seit unserem letzten Zusammentreffen vor über dreißig Jahren habe ich die Verbindung zu ihm verloren, so wie auch der Kontakt zu allen meinen Familienmitgliedern abgerissen ist. Doch bevor ich China verließ, habe ich mit Fung, der dem Alter nach mein Vater sein könnte, über die taoistischen Anklänge in Maos Denken gesprochen.

Wie ich schon in meinem ersten Buch erwähnte, sagt ein altes chinesisches Sprichwort: «Wenn der Konfuzianismus das äußere Gewand des Chinesen ist, dann ist der Taoismus seine Seele.» Mao Tse-tung betrachtete sich selbst als Kommunisten, andere nannten ihn den Begründer des Maoismus, doch ich bin davon überzeugt, daß er als Taoist gefühlt hat. Wie die Geschichte Chinas in diesem Jahrhundert gezeigt hat, handelte Mao völlig im Einklang mit dem achten Kapitel des *Taoteking*, das ich weiter vorn zitiert habe. Gleichgültig, was manche von ihm halten mögen – er hat in meinen Augen doch das wirkungsvollste Regierungssystem geschaffen, das China in den letzten zweihundert Jahren gehabt hat. Von Anarchie kann überhaupt nicht die Rede sein.

In Fragen der Staatsführung und der politischen Strategie handelte Mao ganz im Geiste des Taos. Ich würde ihn aber dennoch keinen echten Taoisten nennen, denn wahrscheinlich hat er kaum etwas gewußt von der Existenz des Taos der Liebe, des Eckpfeilers, durch den das Tao erst zu einer einzigartigen philosophischen Lehre wird. (Ohne das Tao der Liebe wären die taoistischen Anschauungen nur leere Worte. Schon der große Arzt Sun Szu-mo, der im siebten Jahrhundert lebte, hielt es für so wesentlich, daß er es häufig einfach als «das Tao» bezeichnete.) Wenn Mao um die zentrale Bedeutung des Taos der Liebe gewußt hätte, wäre China die puritanische Phase nach der Revolution wohl erspart geblieben. Maos relativ große Unwissenheit auf dem Gebiet des Taos der Liebe kann jedoch kaum überraschen, denn nur sehr wenige chinesische Gelehrte seiner wie auch der heutigen Generation verfügen darin über umfassende Kenntnisse. (Weitere Informationen zu diesem Thema und zu den Hintergründen dieser Situation finden Sie im siebten Kapitel meines ersten Buches.) Und die wenigen, die sich im Tao der Liebe auskannten, blieben in der puritanischen Atmosphäre, die nach der Revolution von 1949 in China herrschte, stumm. Dennoch war Mao vielleicht der humanste Revolutionär unseres Jahrhunderts. Die folgende Geschichte stammt aus verläßlicher Quelle:

Viele Jahre lang war Chang Ko-tau Maos bedeutendster Rivale im Kampf um die Führung der Partei. Am Ende trug Mao den Sieg davon, und Chang floh nach Hongkong. Als Mao China geeint hatte, lud er eines Tages Changs Frau (die Chang mit ihrer Familie zurückgelassen hatte) zu sich ein. Er sagte zu ihr: «Ich habe gehört, daß Ihr Gatte in Hongkong krank ist. Sie und Ihre Familie sollten ihm dorthin folgen und sich um ihn kümmern.» Mao ließ die Familie nach Hongkong ausreisen und versorgte sie mit ausreichenden finanziellen Mitteln, damit Chang Ko-tau angemessene Pflege erhielt.

Ein Freund von Chang Ko-taus Familie erzählte mir diese Begebenheit. Ich bin sicher, daß sie authentisch ist. Was für ein Kontrast zu den herkömmlichen Schicksalen besiegter politischer Gegner, vor allem in den Ländern, in denen in unserem Jahrhundert Revolutionen stattgefunden haben!

Obwohl man im heutigen China nicht mehr ganz so puritanisch

lebt wie noch vor einigen Jahren und insbesondere in der Zeit der Kulturrevolution, gibt es dort in der Öffentlichkeit immer noch keinerlei Informationen über das Tao der Liebe. Ein chinesischer Ingenieur, der seit über zwanzig Jahren hier in Schweden lebt und arbeitet, unternahm letztes Jahr eine Reise in sein Heimatland. Nach seiner Rückkehr rief er mich an, um zu fragen, ob es bereits eine chinesische Ausgabe meines ersten Buches gebe. Er war tief enttäuscht, als ich verneinte, denn seiner Ansicht nach hätte das Buch seinem Bruder in China bei der Lösung dringender Probleme helfen können.

Der Kern des Taos ist die Liebe

> Nun habe ich drei Schätze,
> die ich bewahre und schätze:
> Der erste heißt: Barmherzigkeit,
> der zweite heißt: Genügsamkeit,
> der dritte heißt: Nicht wagen, im Reich voran zu sein.
>
> *Laotse*[5]

Gestern besuchten mich zwei Medizinstudenten im letzten Studienjahr, eine Frau und ein Mann. Die Frau kannte mein erstes Buch, und der Mann hatte das *Taoteking* auf englisch gelesen.

Die beiden stellten mir viele Fragen, von denen ich hier nur zwei erwähnen möchte. Die Frau war sehr attraktiv; dennoch wollte sie wissen, was man tun müsse, um einen liebenswerten Partner zu finden. Ich antwortete ihr, daß es auf der Welt wahrhaftig keinen Mangel an Männern und Frauen gebe – es gehe nur darum, einander zu finden. Dann erzählte ich ihr von meinem neuen Buch und versprach ihr, daß sie dort eine ausführlichere Antwort auf ihre Frage finden würde.

Die Frage des Mannes, die ich hier beantworten will, lautete, worin der Zusammenhang zwischen dem Tao als einer philosophischen Lehre und Tao der Liebe bestehe. Beim Lesen des *Taoteking*, sagte er, sei ihm dieser Zusammenhang nicht klargeworden. Diese Frage ist sehr wichtig, denn wahrscheinlich ist sie bei vielen anderen, die sich mit dem *Taoteking* beschäftigt haben, ebenfalls aufgetaucht.

1. *Wie komme ich dazu, das Tao der Liebe als den Eckpfeiler der taoistischen Philosophie zu bezeichnen?* Wenn man aus der taoistischen Philosophie das Tao der Liebe entfernt, raubt man ihr das Herzstück, so daß – wie bei vielen anderen philosophischen Lehren – nur noch Abstraktionen übrigbleiben. Von vielen Philosophen und religiösen Führern hören wir immer wieder die Mahnung: «Liebet euren Nächsten!» Doch jeden Tag sehen, hören und lesen wir aufs neue, daß ein Staat den anderen überfällt, daß Völker gegeneinander Krieg führen, daß ein Mensch den anderen tötet. Wie kommt es dazu?

Es gibt Mütter, die nicht imstande sind, ihre Kinder zu lieben, weil sie selbst als Kinder keine Liebe bekommen haben. Doch was verstehen wir überhaupt unter «Liebe»? Jemand kann tausendmal wiederholen: «Ich liebe dich, ich liebe dich», und dennoch bleiben diese Beteuerungen für den geliebten Menschen oder für ein Kind nur leere Worte. Wir alle wollen, daß die Liebe, die uns entgegengebracht wird, auch Substanz hat. Wir wollen, daß sie sich in liebevollem Verhalten und in Liebkosungen ausdrückt.

An der Mutter meines Sohnes beobachte ich, daß sie unserem Kind nur dann eine wirklich gütige und zärtliche Mutter ist, wenn sie sich als Frau völlig befriedigt und glücklich fühlt. Sie würden sich wundern, wie viele wonnevolle Liebesvereinigungen dazu nötig sind – manchmal scheint es, als wolle sie nie mehr aufhören! Ohne die Unterstützung durch das Tao der Liebe würde sich wohl jeder Mann durch ihren unersättlichen Appetit überfordert fühlen. Doch wenn man die Methode des Taos kennt, ist man nicht mehr so leicht in Verlegenheit zu bringen. Dadurch fühlt man sich viel mehr als Mann, der über eine wundervolle Fähigkeit verfügt, ohne daß man es nötig hätte, die eigene Männlichkeit durch Kämpfen und zerstörerische Machtausübung ständig unter Beweis zu stellen.

2. *Warum sagt das* Taoteking *fast nichts über das Tao der Liebe?* Im siebenundsechzigsten Kapitel des *Taoteking* heißt es: «Nun habe ich drei Schätze... Der erste heißt: Barmherzigkeit.» In der

Übersetzung von Richard Wilhelm lautet diese Stelle ein wenig anders: dort ist statt von «Barmherzigkeit» von «Liebe» die Rede.[6] Darüber hinaus wird die Liebe im *Taoteking* kaum erwähnt, obwohl sie als der wertvollste Schatz gilt.

Doch diese Auslassung erklärt, warum das *Taoteking* die Bücherverbrennungen unter der mongolischen Herrschaft überlebte. Sowohl die Mongolen als auch die Mandschu waren Fremdherrscher in China. Sie hatten das Land erobert und zwei Epochen hindurch regiert. Beide Eindringlinge fürchteten das Tao als den Geist, der die Chinesen beseelte und Chinas wahre Stärke ausmachte. Sie taten, was sie konnten, um die taoistische Philosophie auszulöschen, und unterdrückten fortan ihr Herzstück, das Tao der Liebe. Dies ist der Grund, warum das Tao der Liebe jahrhundertelang so gut wie vergessen war.

Ein Taoist ist ein Optimist

Wir alle wünschen uns, angenehm zu leben und glücklich zu sein. Doch die allermeisten von uns kennen weder Genuß noch Lebensfreude. Wir halten uns daran fest, daß unser Lebensstandard angeblich beständig weiter ansteigt. Jeder verdient immer mehr Geld und verbraucht immer mehr Strom und andere Formen von Energie, so daß wir heute in einer Energiekrise stecken und auf die riskante Nutzung der Atomkraft ausweichen, über deren Auswirkungen wir noch kaum etwas wissen. Wir treiben eine so leichtfertige Verschwendung mit Gütern wie Papier, Seife, Lebensmitteln, Medikamenten, Metallen und chemischen Stoffen jeder Art, daß es von Tag zu Tag schwieriger wird, Orte, an denen man noch reine Luft atmen kann, und sauberes Wasser zum Trinken und zum Baden zu finden.

Die Ursache dieser Verschwendung liegt darin, daß die meisten von uns ihren Lebensstandard und ihr Lebensglück irrigerweise mit dem Geld gleichsetzen, das sie verdienen. Deshalb tun fast alle Menschen ihr möglichstes, um immer noch mehr Geld zusammenzuraffen. Alle Verbrechen, betrügerischen Machenschaften und Kriege wurzeln in dieser fieberhaften Jagd nach Geld.

Mit dieser ungehemmten Habgier geht eine ungeheure Verschwendung menschlicher und natürlicher Ressourcen einher. Selbst der unbedeutendste Einfall wird dazu genutzt, sich noch größere Verdienstchancen zu erschließen. Manche produzieren neue und nützliche Artikel; den meisten geht es jedoch nur um den Gewinn, den sie aus schön anzusehenden, aber völlig nutzlosen Waren ziehen können. Es ist leicht zu erkennen, daß mehr als die Hälfte der Waren, die heute angeboten werden, von zweifelhaftem Wert und Nutzen ist. Durch die Produktion dieser überflüssigen Dinge vergeuden wir nicht nur Zeit und Energie, sondern auch die natürlichen Rohstoffe, die ständig knapper werden.

Das Tragische an dieser hektischen Geschäftigkeit ist, daß auch der größte materielle Wohlstand uns nicht wirklich glücklich macht. Denken wir zum Beispiel an Ernest Hemingway und Mark Rothko. Beide, sowohl der Schriftsteller als auch der Maler, waren durch ihre Kunst zu beachtlichem Reichtum gekommen. Das hinderte sie jedoch nicht daran, sich das Leben zu nehmen. Barbara Hutton, eine der reichsten Frauen der Welt (ich habe sie bereits im ersten Kapitel erwähnt), legte zwar nicht selbst Hand an sich, ernährte sich aber in den letzten drei Jahren vor ihrem Tod fast ausschließlich von Coca-Cola, wie Enid Nemy am 13. Mai 1979 im ‹Observer› schrieb. Sie beging auf eine sehr langsame und passive Weise Selbstmord, indem sie sich zu Tode hungerte.

Wenn wir uns einmal in unserer Umgebung umsehen, werden wir erkennen, daß die Menschen, die von ihren Gefährten, Freunden und Bekannten geliebt werden, durchweg am meisten Lebensfreude ausstrahlen. Am unglücklichsten sind immer die Einsamen. Somit kehren wir am Ende unserer Überlegungen wieder zu der Grundidee des Taos zurück, der zufolge unser Lebensglück und Wohlbefinden in erster Linie von dem harmonischen Zusammenspiel von Yin und Yang abhängen.

Es liegt auf der Hand, daß die von Habgier getriebene Jagd nach materiellen Gütern keinen von uns glücklich macht, sondern nur dazu führt, daß wir den natürlichen Reichtum unseres Planeten vergeuden und unsere Lebensgrundlage zerstören. Die meisten kritisch denkenden Menschen haben mittlerweile begriffen, wie sehr unser eigenes Verhalten unser aller Überleben gefährdet. Viele von ihnen reagieren jedoch sehr mutlos und meinen, es sei ja doch umsonst, gegen den Strom zu schwimmen, der Versuch, unsere Gesellschaft zu einem besonneneren Umgang mit Energien und Rohstoffen zu bewegen, sei sowieso zum Scheitern verurteilt. Dagegen heißt es im Tao: «Wir müssen Pessimismus und Hoffnungslosigkeit überwinden und aufhören, das düstere Lied vom sicheren Tod zu singen! Die Liebe und das Leben sind dazu bestimmt, uns Freude und Glück zu schenken.»

11

Das Tao und das Geheimnis der Jugendlichkeit

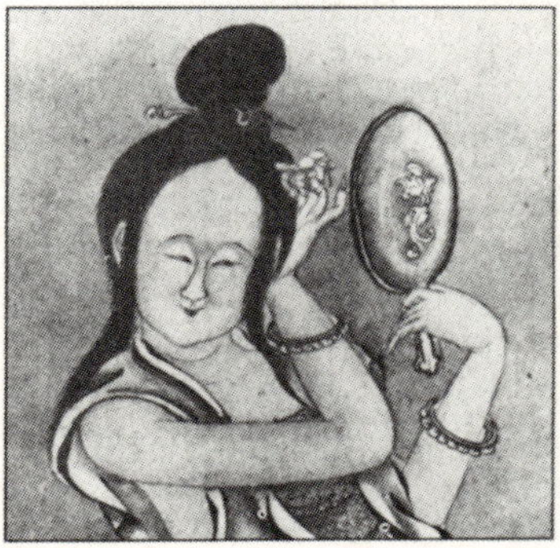

Ursprünglich hatte ich mir vorgenommen, erst in zwanzig oder dreißig Jahren über das Geheimnis fortdauernder Jugendfrische zu schreiben, also zu einer Zeit, in der ich zwischen achtzig und neunzig Jahre alt sein werde. Doch wenn ich noch so viel Zeit verstreichen ließe, müßten die vielen, die dieses Wissen jetzt dringend brauchen, vielleicht doch zu lange warten. Obwohl ich heute erst in den Sechzigern bin, ist jeder, der mich kennenlernt, von meinem ausgezeichneten Gesundheitszustand und meiner jugendlichen Erscheinung beeindruckt. Ich habe im ersten Kapitel bereits geschildert, wie überrascht der Schriftsteller Lawrence Durrell reagierte, als wir uns zum erstenmal begegneten.

Das Beste aus beiden Kulturwelten verbinden

Wir alle stimmen wohl darin überein, daß sich Menschen, die die Gesundheit, Kraft und äußere Erscheinung der Jugend mit dem Wissen und Erfahrungsschatz des reiferen Menschen verbinden, in einer beneidenswerten Lage befinden.

Es kann nicht unser Ziel sein, ein hohes Alter zu erreichen, wenn wir nicht auch dann noch rüstig genug sind, um das Leben weiterhin zu genießen und konstruktiv an ihm teilzunehmen. Wenn wir schon zu hinfällig sind, fallen wir unseren Mitmenschen mehr und mehr zur Last und werden zwar noch bemitleidet, aber nicht mehr geliebt – das heißt, wir existieren zwar noch, aber wir führen eigentlich kein richtiges Leben mehr.

Die alten Taoisten haben im Laufe von Jahrtausenden eine wirkungsvolle Methode zur Erhaltung der Jugendlichkeit entwickelt, die es uns ermöglicht, die besten Seiten der Jugend und des Alters miteinander zu verbinden. Leider haben während der letzten vier Jahrhunderte nur wenige Eingeweihte dieses Wissen voll nutzen können. In diesem Zeitraum ist kein einziges herausragendes Werk zu diesem Thema entstanden.

Es gibt wohl kein schlimmeres Unglück auf der Welt als Krieg; doch die Tatsache, daß unzählige Menschen auch ohne Krieg schon in der Mitte des Lebens oder sogar noch früher sterben, ist fast ebenso niederschmetternd. Es ist soviel Liebe und Arbeit nötig, um einen Menschen großzuziehen und auszubilden. Die Gesellschaft gibt einen hohen Anteil der öffentlichen Mittel dafür aus, fähige Fachleute, Wissenschaftler, Ärzte und Künstler heranzubilden. Allzuoft sterben diese hochtalentierten Menschen bereits auf dem Gipfel ihrer schöpferischen Entwicklung, oder sie verlieren ihre Arbeitsfähigkeit. Aus diesem Grund halte ich es für dringend notwendig, das fast vergessene Geheimnis des Taos wieder zum Leben zu erwecken. Heute wird sehr viel getan, um die Gesundheit der Menschen zu fördern. So werden zum Beispiel gesündere Eßgewohnheiten und regelmäßige Trimmübungen propagiert. Doch all diesen Appellen fehlt zumeist der entscheidende psychologische Anreiz – der Anreiz, den das Tao der Liebe in einzigartiger Weise bietet. Es geht darum, daß ein Mensch sich inbrünstig wünschen muß, seine Jugendlichkeit zu erhalten, denn sonst würde er nie die nötige Willenskraft aufbringen, um sich über Jahre hinweg an sein Programm zu halten.

Worin besteht der geheime Reiz des Taos?

> Das Volk, das einem Geschäft nachgeht, ist stets nahe am Vollenden, und dann mißlingt es ihm. Sorgt man für das Ende wie für den Anfang, dann mißlingt kein Geschäft.
>
> *Laotse* [1]

In meiner frühen Jugend habe ich sehr viel geschwommen und Tennis gespielt. Obwohl ich aus Mangel an Zeit und Gelegenheit seit Jahren nicht mehr Tennis spiele, sehe ich mir immer noch ab und zu ein gutes Match an. In den letzten Jahren hat Schweden ein paar herausragende Tennisspieler hervorgebracht, wie etwa Björn Borg oder den jungen Mats Wilander. Das Spiel dieser beiden Könner gleicht sich in einem entscheidenden Punkt: Sie spielen jedes Match vom Anfang bis zum Ende mit gleich hohem Einsatz.

Ich erwähne hier zwei Sportler, weil ich beobachtet habe, daß Sportler und Musiker in den hochindustrialisierten Ländern zumeist gesünder sind und sich eines längeren Lebens erfreuen als der Durchschnitt der Bevölkerung. Die Gründe dafür sind leicht zu finden: Erstens bewegen sich Sportler und Musiker viel mehr als Menschen in vielen anderen Berufen, und zweitens bietet ihre Tätigkeit ihnen einen Anreiz zu leben. Er besteht darin, daß Sportler wie Musiker ihre Tätigkeit oft ausgesprochen genießen, da sie ihnen großes Vergnügen bereitet. Eine sportliche Übung gekonnt zu absolvieren und ein Instrument gut zu spielen, schenkt uns eine Art allumfassenden, Körper und Geist vereinenden Genusses, der der Lust gleicht, die zwei gut aufeinander eingestimmte Partner im Liebesakt erleben. Beide Berufe verlangen eine hervorragende körperliche Verfassung, eine Qualifikation, die gute Liebhaber beiderlei Geschlechts ebenfalls erfüllen müssen. Bei genauerem Hinsehen erkennen wir, daß Musiker im ganzen gesehen noch bessere Voraussetzungen haben als Sportler, weil diese ihre Aktivität von einem bestimmten Alter an oft ganz aufgeben. Und wenn sie in ihren späteren Jahren kein erfülltes Liebesleben haben, kann ihr Dasein oft sehr düster und einsam werden, während Musiker in vielen Fällen bis an ihr Lebensende weiterspielen, wenn auch vielleicht nur noch mit halber Kraft. Beispielsweise tritt der Gitarrenspieler Andres Segovia mit seinen achtundachtzig Jahren immer noch auf, und er zeugte noch einen Sohn, als er schon fast achtzig war.

Worin besteht nun also der lebensfördernde Anreiz des Taos? Es ist die Aussicht, bis zum letzten Atemzug ein glückliches und höchst genußreiches Leben führen zu können. Das Tao ermöglicht uns nicht nur, die bisher genossenen Liebesfreuden aufrechtzuerhalten, sondern es kann uns sogar dazu verhelfen, *im Alter ein viel befriedigenderes Liebesleben zu führen als in jungen Jahren.* Wer würde sein Leben verkürzen wollen, wenn noch soviel Glück auf ihn wartet? Und wer würde nicht sein Bestes tun, um sich so lange wie möglich fit und jugendlich zu erhalten?

Neben dieser motivierenden Wirkung trägt die Liebe auch durch hormonelle Prozesse zur Erhaltung der Gesundheit bei, wie ich bereits am Ende des ersten Kapitels und im zwölften Kapitel meines ersten Buchs gezeigt habe. Doch nun möchte ich noch einige weitere taoistische Methoden darstellen, die uns helfen, bis ins hohe Alter hinein gesund zu bleiben.

Des Atems süße Fülle – richtig atmen lernen

Als erstes möchte ich den Atem nennen, und zwar nicht nur wegen seiner Bedeutung für unsere Gesundheit, sondern weil die Atmung die einfachste Leibesübung darstellt und uns zugleich mit dem billigsten Nährstoff versorgt, den wir zur Verfügung haben. Außerdem hat richtiges Atmen etliche bedeutende Vorteile:

1. Tiefe Zwerchfellatmung macht den Atem frischer. Es kann nicht so leicht zu schlechtem Mundgeruch kommen, wenn wir so tief atmen, daß die Luft in der Lunge bei jedem Atemzug fast ganz ausgetauscht wird. Außerdem regt tiefes Atmen die Verdauungsorgane an, so daß zugleich eine weitere Ursache unangenehmen Mundgeruchs beseitigt wird.

2. Wer tief atmet, ist gewöhnlich auch ein ruhigerer Bettgenosse. Bei tiefer Atmung machen wir im Schlaf etwa sieben bis acht Atemzüge pro Minute, während es ein Schläfer, der flach atmet, im selben Zeitraum auf zwanzig bis dreißig Atemzüge bringt. Natürlich erzeugt der letztere viel mehr Geräusche als jemand, der langsam, tief und sanft ein- und ausatmet.

3. Wer tief atmet, leidet nicht so leicht unter Schlaflosigkeit. Und ich übertreibe nicht, wenn ich behaupte, daß richtiges Atmen, verbunden mit natürlichen Eß- und Liebesgewohnheiten, Beruhigungs- und Kopfschmerzmittel praktisch überflüssig macht. Menschen, die langsam atmen, sind weniger nervös und reizbar. Ärger und Aufregung wiederum sind die Hauptursachen der Schlaflosigkeit.

4. Bei ruhiger Atmung ermüden wir nicht so leicht. Es ist offensichtlich, daß tiefes und langsames Atmen weniger Energie erfordert als eine flache und hastige Atmung.

Auf den Seiten 132 und 133 meines ersten Buches finden Sie eine Anleitung, mit deren Hilfe Sie Ihre Atmung ohne großen Aufwand verbessern können. Ich möchte hier noch einmal die beiden wichtigsten Regeln nennen, die Sie beim Erlernen einer gründlicheren Atmung beachten sollten.

Als erstes müssen Sie sich klarmachen, daß der Durchschnittsmensch seine Lungen bei jedem Atemzug nur zu etwa einem Fünftel ihrer vollen Kapazität füllt. Das wichtigste Ziel ist es deshalb, das Fassungsvermögen der Lunge stärker auszunutzen. Zunächst müssen Sie jedoch Raum schaffen, indem Sie die verbrauchte Luft so vollständig wie möglich ausstoßen. Atmen Sie langsam und sanft aus, so daß der Gasaustausch in den Lungenbläschen ohne Hast vonstatten gehen kann. Für das Einatmen ist nicht soviel Zeit nötig, wie Sie leicht einsehen werden.

Zweitens: Atmen Sie mit dem Zwerchfell und ziehen Sie dabei nicht die Schultern hoch. Ziehen Sie die Luft nach unten ein, nicht nach oben.

Warum es wichtig ist, Wasser zu trinken

Die meisten Menschen trinken viel zuwenig Wasser. Es gibt sogar verbohrte Experten, die Wasser für schädlich halten. Mich wundert es angesichts dieser Einstellung nicht, daß Nierenerkrankungen überall auf der Welt zu einer häufigen Todesursache geworden sind.

Reichliches Wassertrinken verhindert nicht nur Nierenerkrankungen, sondern beseitigt auch unreinen Atem. Es trägt überdies zur Verhütung von Hautkrankheiten und Krebs bei, da es das Kochsalz hinwegspült, das die meisten von uns in viel zu großen Mengen konsumieren. Und natürlich hilft Wasser auch bei vielerlei Erkrankungen der Gelenke, wie zum Beispiel bei Arthritis und Gicht. Es spielt bei der Vorbeugung und Linderung vieler weiterer Krankheiten eine Rolle. Ich möchte sie hier nicht alle anführen, sondern nur bemerken, daß drei große Gläser voll möglichst sauberen Wassers, morgens auf nüchternen Magen getrunken, uns allen viele Probleme ersparen können.

Selbstverständlich sollten wir sehr genau auf die Reinheit des Wassers achten, das wir trinken. Meiden Sie hartes oder stark verunreinigtes Wasser. Es gibt jedoch eine höchst unkomplizierte Methode, der Gefahr möglicher Verschmutzung des Wassers zu entgehen. In China trinkt man in der Regel nur abgekochtes Wasser. Das Abkochen beseitigt nicht nur schädliche Bakterien und Kleinstlebewesen, sondern auch den überwiegenden Teil der Mineralien, die in den Nieren und Harnleitern Steine bilden und die Arterien und Kapillargefäße verhärten können.

Das Abkochen ist natürlich kein so vollkommener Reinigungsprozeß wie das Destillieren, hat aber den Vorteil, daß jeder es ohne großen Aufwand zu Hause durchführen kann. Bei dem nicht sehr harten Wasser in Stockholm zum Beispiel genügt es, wenn man das Wasser eine gute Stunde kochen läßt. Dabei geht jedoch etwa die Hälfte des Wassers durch Verdampfen verloren. Mit Hilfe eines Dampfkochtopfs ist diese Schwierigkeit leicht zu beheben. Und wenn Sie die Prozedur des Abkochens ein paarmal durchgeführt haben, können Sie selbst sehen, wie viele anorganische Stoffe sich dabei in Ihrem Topf absetzen.

Was ich außer Wasser trinke

Ich trinke fast gar keinen Alkohol. Nur bei ganz besonderen Anlässen nippe ich vielleicht ein wenig an einem guten Wein, um das Bukett zu kosten, doch eine solche Gelegenheit ergibt sich vielleicht einmal im Jahr oder sogar noch seltener.

Ich gehöre zu dem winzigen Häuflein derer, die zwar in China geboren und aufgewachsen sind, dem Teetrinken aber dennoch nie viel abgewinnen konnten. Ich habe nichts gegen das Teetrinken. Es spricht vielleicht ebensoviel dafür wie dagegen. Doch da ich in meinem Leben fast immer ein Obst- und Gemüse-Esser gewesen bin, blieb in meinem Magen nie genug Platz, um ihn mit Tee anzufüllen.

In meiner Jugend war Kaffee in China noch etwas völlig Neues. Ich muß wohl auf den Geschmack gekommen sein, denn hin und wieder gönnte ich mir eine Tasse. Doch während meiner Studentenzeit an der University of Toronto in Kanada trank ich einmal bei einer Nachmittagsveranstaltung im Internationalen Studentenklub gegen vierzehn Uhr zwei Tassen Kaffee. Ihre Wirkung hielt bis zwei oder drei Uhr in der Nacht an. Seit jener Zeit habe ich Kaffee nur noch sehr selten und in geringen Mengen getrunken.

Solange ich noch in China lebte, trank ich natürlich sehr viel Sojamilch. Es war unmöglich, diese Gewohnheit nach dem Verlassen meines Landes aufrechtzuerhalten (die Herstellung schmackhafter Sojamilch erfordert besondere Fertigkeiten und Geräte). An den Porridge, den ich morgens ziemlich regelmäßig zu mir nehme, gebe ich manchmal noch ein wenig Sojapulver, aber zu den Mahlzeiten trinke ich jetzt hauptsächlich warme Magermilch, die ich aus Milchpulver anrühre. Ich will nicht behaupten, das sei das ideale Getränk. Doch alles in allem habe ich bisher noch keine bessere Alternative entdecken können. Ich brauche das in der Milch enthaltene Protein als Gegengewicht zu den überwiegend pflanzlichen Eiweißen in meiner Kost, und ich brauche ihren hohen Kalziumgehalt, um die beträchtlichen Phosphormengen auszugleichen, die ich mit den Weizenkeimen aufnehme. Außerdem ist die heute in Ländern wie Schweden erzeugte Milch auch reich an Jod (die Kühe bekommen regelmäßig Jodbeigaben ins Futter). Ich bin auf das Jod aus der Milch angewiesen, weil ich fast kein Salz esse. (Salz ist die Quelle, aus der die meisten Leute ihren Bedarf an Jod decken.)

Ich trinke jeden Tag etwa einen Liter Magermilch, manchmal auch mehr. Ich will den Lesern jedoch nicht grundsätzlich raten, es mir gleichzutun. Sie müssen selbst herausfinden, welche Menge Milch für Sie am besten ist. Falls Sie nicht allergisch auf Milch reagieren und sie vom Geschmack her mögen, sollten Sie mindestens einen halben Liter pro Tag trinken. Wenn Sie Magermilch aus Milchpulver mögen, genießen Sie damit eines der preiswertesten Nahrungsmittel, die uns heute zur Verfügung stehen. Schon ein im siebten Jahrhundert veröffentlichter taoistischer Text mit dem Titel *Yü-fang pi-chüeh* lehrt uns, daß Milch unseren allgemeinen Gesundheitszustand fördert.

Waschen und Baden

Während des Zweiten Weltkriegs hatte ich nur die Möglichkeit, mich mit kaltem Wasser zu waschen. Unter solchen Umständen kommt man nicht umhin, ein wenig Seife zu benutzen, um sich sauberzuhalten. Doch wenn man reichlich warmes Wasser zur Verfügung hat, ist Seife praktisch überflüssig. Unsere Vorfahren haben jahrtausendelang nichts von Seife gewußt. Es sind auch nicht die Kosten der Seife, die mich verdrießen, sondern die Schäden, die sie unserer Haut und den Flüssen und Seen zufügt. Wegen seiner Tragweite will ich hier noch einmal das Ergebnis einer wissenschaftlichen Untersuchung anführen, das ich schon im *Tao der Liebe* (S. 105) erwähnt und im Kapitel über Empfängnisverhütung kurz gestreift habe. In dem Artikel «Leben auf der menschlichen Haut», der im Januar 1969 in der Zeitschrift ‹Scientific American› erschien, schreibt die Ärztin und Zoologin Mary J. Marples: «Es ist seit einigen Jahren bekannt, daß ungesättigte Fettsäuren (der Hauptbestandteil der meisten Pflanzenöle) einen wichtigen Bestandteil des Talgs der Hautoberfläche bilden und daß diese das Wachstum verschiedener bakterieller und pilzartiger Erreger von Hautkrankheiten hemmen.» Die meisten Seifensorten, die heute in fast allen Haushalten verwendet werden, sind alkalisch und neutralisieren somit die Fettsäuren der Hautoberfläche. Die Seife zerstört den natürlichen Schutz der Haut vor Krankheitserregern. Die Menschen verwenden heute sehr viel Seife zum Waschen und verbrauchen Waschpulver und Reinigungsmittel im Übermaß. Die Rückstände der Seifen und Waschmittel gelangen durch die Kanalisation in die Seen und Flüsse. Der überhöhte Seifenverbrauch hat nicht nur zu Schädigungen der Haut und zur Verschmutzung der Gewässer beigetragen, sondern stellt auch eine erhebliche Verschwendung von Energie und natürlichen Rohstoffen dar, die zur Herstellung der Seifen und Waschpulver gebraucht werden.

In meinen frühen Jugendjahren ging ich aus Unkenntnis sehr verschwenderisch mit Seife um, und meine Haut war damals viel anfälliger für Infektionen als heute. Inzwischen nehme ich zum Waschen und Baden überhaupt keine Seife mehr, außer wenn ich vielleicht einmal mit fettiger Schmiere oder ähnlichem in Berüh-

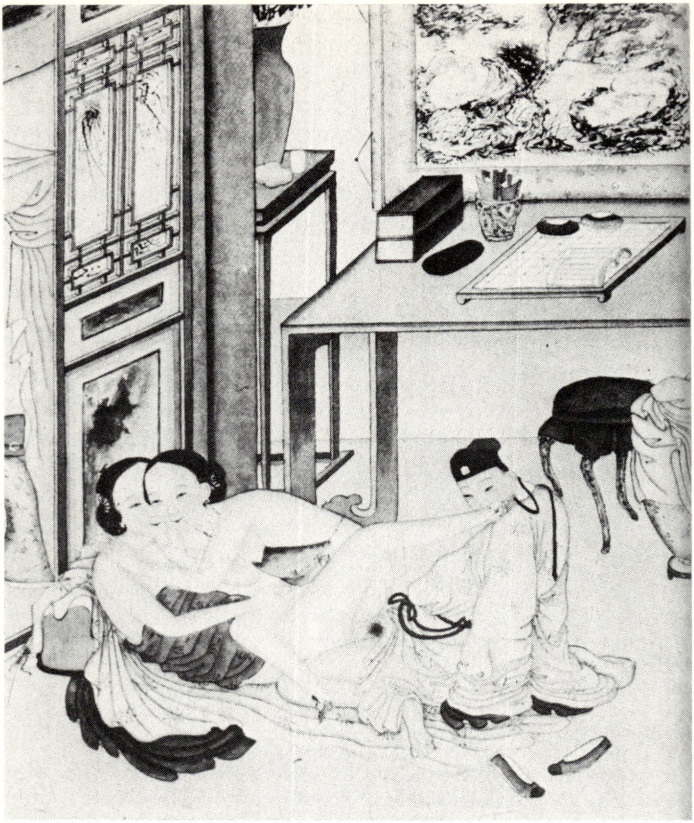

rung gekommen bin. Ich habe festgestellt, daß man sich auch ohne Seife sehr gut sauberhalten kann, wenn man jeden Tag warm badet oder duscht. Hautinfektionen kenne ich seit langem nicht mehr.

Die meisten Haarshampoos haben zwar mittlerweile einen neutralen pH-Wert. Doch auch ohne den Gebrauch von Shampoo ist es mir während der letzten zwanzig Jahre gelungen, mein Haar sauber und gesund zu erhalten. Ich wasche es einfach kräftig unter dem warmen Strahl der Brause, während ich bade oder dusche.

Außerdem habe ich eine Methode gefunden, Bettzeug und Kleidung zu waschen, die vom ökologischen Standpunkt aus betrachtet höchst befriedigend ist. Ich greife nur dann zu Waschpulver, wenn die Wäsche fleckig ist und ohne Detergenzien (seifenfreie Reinigungsmittel) nicht sauber werden würde. Normalerweise lege ich einfach alle Leintücher, Handtücher und Unterbekleidung in einen großen Topf, fülle ihn mit warmem Wasser und koche die Wäsche auf dem Herd. Danach braucht sie nur noch gespült und aufgehängt zu werden. Durch das Kochen werden nicht nur fast alle Keime abgetötet, sondern auch erstaunliche Mengen Schmutz aus der Wäsche entfernt. Auf diese simple Weise haben übrigens unsere Großmütter die Wäsche gewaschen, als solche Dinge wie Detergenzien und Seife noch nicht bekannt waren. Diese Waschmethode ist für einen alleinstehenden, freiberuflich tätigen Menschen wie mich ideal. Ich setze die Wäsche auf, während ich koche und esse, so daß ich auf sie achten und ein etwaiges Überlaufen verhindern kann. Dieses Verfahren spart viel Zeit. Ich benötige nur einen Bruchteil der Waschmittel, die andere Leute verbrauchen. Ich brauche mir keine Waschmaschine anzuschaffen, ich brauche nicht zum Waschsalon zu gehen, und ich belaste die Gewässer viel weniger.

Die Hersteller von Waschmaschinen und Waschpulver werden von solchen Ideen natürlich nicht sehr begeistert sein. Doch bis jetzt brauchen sie sich noch keine großen Sorgen zu machen. Von allen meinen Bekannten hat bisher erst etwa jeder zehnte meine Waschmethode übernommen. Aber die meisten von ihnen verwenden für Gesicht und Körper bereits sehr viel weniger normale Seife. Sie nehmen entweder neutrale oder saure Seife, die viel weniger kraß in den «ökologischen Haushalt» unseres Körpers eingreift. Jeder von uns sollte sich verpflichtet fühlen, auf die Erhaltung unserer Umwelt zu achten und angesichts unserer täglich weiter zusammenschrumpfenden Mineral- und Energievorräte seinen Teil der Verantwortung zu übernehmen.

Wenn ich in einer Stadt wie Barcelona lebte, wo frisches Obst und Gemüse auf den Märkten in Hülle und Fülle und zu immer noch vergleichsweise niedrigen Preisen angeboten wird, brauchte ich wahrscheinlich kaum zusätzliche Vitamine in Form von Pulver oder Tabletten. Würde ich in Paris, London oder Hamburg wohnen, müßte ich wohl ein wenig mehr zusätzliche Vitamine zu mir nehmen. Und in Stockholm kann man sich praktisch nicht bei optimaler Gesundheit erhalten, ohne täglich wenigstens ein oder zwei Gramm Vitamin-C-Pulver zu schlucken.

Meine Mutter und ich waren bereits vor fünfundvierzig Jahren, lange vor Linus Paulings Buch *Vitamin C und der Schnupfen*, auf die Bedeutung des Vitamin C gestoßen. Wir entdeckten bei einer Art Selbstversuch, daß sich unser Gesundheitszustand deutlich besserte, wenn wir große Mengen Orangen und Tomaten aßen. Sogar Verletzungen heilten wesentlich schneller. Natürlich war die Bezeichnung «Vitamin» damals noch kaum bekannt, doch schon in den alten chinesischen Schriften ist oft von der wohltuenden Wirkung der Orangen auf die menschliche Gesundheit die Rede.

Als Linus Pauling sein Buch über das Vitamin C veröffentlichte, wurde er jedoch zunächst von zahlreichen Wissenschaftlern und Ärzten heftig angegriffen. Seit der Veröffentlichung der an der University of Dublin durchgeführten Untersuchungen zum Thema Vitamin C und Erkältungskrankheiten und mehrerer anderer Forschungsarbeiten sind inzwischen jedoch immer mehr Ärzte zu der Überzeugung gelangt, daß Vitamin C tatsächlich hilft, Erkältungen wirkungsvoll vorzubeugen.

Seit ich vor rund sieben Jahren die Studie der University of Dublin über die Wirkung des Vitamin C gelesen habe, war ich nie mehr richtig erkältet. Die Autoren des Forschungsberichts raten, bei den ersten Anzeichen einer herannahenden Erkältung einfach Vitamin C einzunehmen. Männer sollen alle sechs Stunden zweieinhalb Gramm Vitamin C einnehmen, bis die Symptome abgeklungen sind. Bei Frauen genügt eine kleinere Dosis, etwa zwei Gramm alle sechs Stunden.

Ich nehme, da ich nur achtundfünfzig Kilogramm wiege, etwas weniger als die empfohlene Menge, sobald ich spüre, daß sich eine

Erkältung ankündigt. In den allermeisten Fällen genügt es, wenn ich ein oder zwei solcher Dosen einnehme und eine Nacht schlafe, um die Erkältung abzuwehren. In den letzten beiden Jahren ist es mir gelungen, die Vorbeugung noch wirkungsvoller zu machen, indem ich im Winter durchgängig nach jeder Hauptmahlzeit ein halbes Gramm (insgesamt zwei Gramm pro Tag) und in den übrigen Jahreszeiten etwa ein Gramm Vitamin C pro Tag einnehme. Seither bin ich völlig frei von Erkältungen. Ich lebe jetzt seit mehr als zehn Jahren in Stockholm, und in den ersten Jahren bekam ich fast jeden Winter die heimtückische Stockholmer Erkältung, von der ich mich meist erst nach mehreren Wochen erholte.

Nach meiner persönlichen Erfahrung wirkt Vitamin C für sich allein nicht so gut, wenn der Körper nicht ausreichend mit den Vitaminen A und D und mit Kalzium versorgt ist. Kalzium hingegen wird manchmal nicht richtig aufgenommen, wenn dem Körper Magnesium, das vor allem in grünem Gemüse enthalten ist, fehlt.

Das Sonnenlicht

Die alten Taoisten hielten nicht viel vom Sonnenbaden. Die Dermatologen sind heute derselben Meinung, denn zuviel Sonneneinstrahlung verursacht mit einer gewissen Wahrscheinlichkeit Hautkrebs. Dennoch rieten die alten Taoisten dazu, die Augen in vernünftigem Maß der Sonne auszusetzen. Sie glaubten, daß die Sonnenstrahlen nicht nur zur Erhaltung unseres Sehvermögens, sondern auch zu einer guten Gesamtverfassung beitragen. Amerikanische Wissenschaftler haben diese Ansicht vor kurzem bekräftigt. Lange Zeit hatte man in den Zoologischen Gärten der USA Probleme mit der Gesundheit und Fruchtbarkeit der Tiere. Doch sobald man anfing, die Käfige mit Lampen auszustatten, die das ganze Spektrum des Sonnenlichts abstrahlten, besserte sich das Befinden der Tiere schlagartig. Die Wissenschaftler fanden heraus, daß die das Auge treffenden Sonnenstrahlen bei den Tieren wie auch bei uns Menschen die Hypophyse zur Ausschüttung verschiedener Hormone stimulieren, die für unsere Gesundheit und unser Wohlbefinden unerläßlich sind. Versuche haben gezeigt, daß das Auge bei der zentralen Steuerung von Körpervorgängen wie zum Beispiel der Nierentätigkeit, der Hormonausschüttung und der Körpertemperatur eine wesentliche Rolle spielt. Wird das Sonnenlicht durch Brillengläser oder Kontaktlinsen gefiltert, verliert es gewöhnlich seine wohltuende Wirkung.

Ich habe schon als kleiner Junge in alten Büchern von der heilsamen Wirkung des Sonnenlichts gelesen und mein Gesicht seitdem immer wieder bewußt der Sonne zugewendet. Vielleicht habe ich es dieser Gewohnheit, ungefähr eine Minute lang in das Sonnenlicht zu blinzeln, zu verdanken, daß mir bis heute mein gutes Sehvermögen erhalten geblieben ist.

Wie empfehlenswert sind Aphrodisiaka?

> Wenn ein Mann das Tao meistert, hat er nur noch die eine Sorge: daß er nicht oft genug liebt.
>
> *P'eng-tsu*[2]

Als König Ludwig XV. in den Vierzigern war, ließ sein Gesundheitszustand merklich nach. Man erzählte sich, der Arzt habe den König davor gewarnt, sich zu häufig auf Liebesabenteuer einzulassen. Erstaunt habe der König entgegnet: «Aber Ihr habt mir doch gesagt, solange ich keine Aphrodisiaka nehme, könne ich so oft lieben, wie ich wolle», worauf der Arzt ausgerufen habe: «Oh, Sire! Abwechslung ist das stärkste Aphrodisiakum von allen!»[3]

Diese kleine Anekdote hat mehrere interessante Aspekte:

1. Für einen Arzt, der das Tao der Liebe nicht kennt, ist es sehr schwer, in Liebesdingen Ratschläge zu erteilen.

2. Geschlechtsverkehr in der herkömmlichen Weise mit jedesmal stattfindender Ejakulation kann zur Erschöpfung führen.

3. Mit der Abwechslung, von der der königliche Leibarzt hier spricht, ist natürlich der häufige Wechsel der Liebespartner gemeint.

4. Der Arzt hat vollkommen recht, wenn er sagt, Abwechslung sei das beste Aphrodisiakum, das es gibt.

Die alten Tao-Meister wußten schon vor Tausenden von Jahren, daß Abwechslung das wirkungsvollste Liebesstimulans ist. Doch kann sie auch Schaden anrichten? Das hängt ganz davon ab, ob Sie die Liebesregeln des Taos erlernt haben oder nicht. Wenn ja, dann gilt auch für Sie, was P'eng-tsu schon vor langer Zeit sagte: Das einzige, was Ihnen noch Sorgen machen wird, ist, daß Sie nicht oft genug lieben! Denn das Liebesspiel ist für die Frau fast immer eine Wohltat, und sie fühlt sich gewöhnlich um so besser, je häufiger sie es genießt. Nur wenn der Mann unter dem Einfluß herkömmlicher Vorstellungen meint, bei jeder Liebesvereinigung einen Erguß haben zu müssen, wird das Liebesbedürfnis der Frau oft nicht ausreichend befriedigt.

Es ist deshalb sehr einleuchtend, daß sich Aphrodisiaka zum Vorteil auswirken können, wenn der Mann das Tao meistert; andernfalls können sie gefährlich sein. In beiden Fällen sind jedoch keinerlei künstliche oder medizinische Anregungsmittel erforderlich. Ein wenig Abwechslung von Zeit zu Zeit – womit ich keinesfalls die Ehescheidung oder den Bruch mit dem Liebespartner meine –, verbunden mit gesunden Eßgewohnheiten, wird praktisch jeden von uns in Schwung halten.

Ist die Vorstellung, die Liebespartner zu wechseln, wirklich so abstoßend? Vorausgesetzt, daß alle Beteiligten einverstanden sind, kann ich nichts Unrechtes daran finden. Ich habe diese Auffassung bereits im vierten Kapitel ausführlich begründet.

Auf der anderen Seite stellen Monotonie und Langeweile für viele Ehen und eheähnliche Beziehungen aller Art die verhängnisvollste Bedrohung dar. Der gefeierte, aber unglückliche schwedische Schriftsteller August Strindberg griff diese Problematik in seinen Dramen *Heiraten* und *Der Totentanz* auf, in die er seine eigenen Erfahrungen aus drei gescheiterten Ehen einbezog. Zum selben Thema schrieb der amerikanische Dramatiker Eugene O'Neill zahlreiche Theaterstücke, in denen sich seine eigenen tragischen Beziehungen zu Frauen widerspiegeln.

Wenn wir begreifen würden, wie wohltuend die Abwechslung sich in der Liebe auswirkt, dann würde es Männern und Frauen sicher leichter fallen, freie Beziehungen zueinander einzugehen und damit die vergiftende Wirkung eines eintönigen und von Langeweile geprägten Zusammenlebens – mit oder ohne Trauschein – aufheben. Für Männer und Frauen, die der Weisung des Taos folgen und sich ihre Jugend erhalten wollen, ist häufiges Lieben das oberste Gebot. Und um so oft wie möglich lieben zu können, ist Abwechslung nach meiner Erfahrung notwendig.

Körperübungen

> Jeder von uns kann eine Reise ins Paradies machen und eine Weile dort bleiben und das Leben genießen, ohne einen Pfennig dafür zu bezahlen. Aus diesem Grund ist es höchst ratsam, sich im T'ai-chi zu üben.
>
> *T. T. Liang*

Ich habe das *T'ai-chi ch'üan* bereits in meinem ersten Buch vorgestellt. Es handelt sich dabei um eine ideale Körperübung, die auf der taoistischen Vorstellung beruht, daß das beständige Strömen das Wasser frisch hält. Außerdem ist das *T'ai-chi ch'üan* eine friedfertige Selbstverteidigungstechnik, bei der der Angreifer unter Ausnutzung seines eigenen Schwungs entwaffnet wird.

Zum Schluß dieses Kapitels möchte ich den Grundgedanken erwähnen, auf den die taoistischen Bewegungsübungen zurückgehen. Diese wohl angenehmste Art, den Körper zu üben, basiert auf dem Grundsatz unaufhörlich fließender, ununterbrochener Bewegung. Sun Szu-mo erläutert dieses Prinzip in seinen *Kostbaren Rezepten*:

«Das Tao zur Verfeinerung des Lebens erfordert, daß wir uns in möglichst ununterbrochener Bewegung halten. Wir sollten nicht zu lange still stehen, uns aber auch nicht bis zur Erschöpfung antreiben oder uns zwingen, Unmögliches zu vollbringen. Wir sollten aus der Beobachtung lernen, daß fließendes Wasser nie faulig wird und eine ständig auf- und zugehende Tür niemals Würmer anzieht, denn beide befinden sich in fast unaufhörlicher Bewegung... Wir sollten nicht zu lange in einer Haltung oder Stellung bleiben, sei es im Sitzen oder im Liegen. Wir sollten uns Kleider anziehen, bevor wir zu sehr frieren, und sie lockern oder ablegen, bevor wir zu sehr schwitzen. Wir sollten essen, bevor wir zu hungrig sind...»

Wenn man sich Meister Suns Lehre zu Herzen genommen hat, hält man seinen Körper in ständiger Übung, ohne irgend etwas Besonderes dafür zu tun.

Vor zwei Jahren gab es in Schweden einen der dort seltenen Streiks. Die öffentlichen Verkehrsmittel standen fast zwei Wochen lang still. Daraufhin geschah etwas Interessantes: Innerhalb kurzer Zeit waren alle Fahrräder ausverkauft. Als der Streik schließlich zu Ende ging, hatten die frischgebackenen Radfahrer entdeckt, wieviel Freude es macht, sich durch Betätigung der eigenen Beine fortzubewegen. Viele von ihnen entschlossen sich daraufhin, auch weiterhin mit dem Rad zu fahren. Diese Reaktion der schwedischen Verkehrsteilnehmer steht im Einklang mit einem in der britischen Mai-Nummer 1980 des Magazins ‹Cosmopolitan› veröffentlichten Artikels, in dem es heißt: «Das Liebesverhältnis der Menschen des zwanzigsten Jahrhunderts mit dem Auto flaut langsam ab und macht der Freundschaft mit dem Drahtesel Platz.» Augenscheinlich ist dies eine glückliche Nebenwirkung der Ölkrisen. Das Radfahren ist eine der wenigen idealen Leibesübungen, bei denen der Körper ohne allzu großen Stress unaufhörlich in Bewegung ist.

Halten wir also fest: Wenn wir uns Gesundheit und Jugend erhalten wollen, sollten wir vom Beispiel des Wassers und vom Tao lernen, daß wir nie aufhören dürfen, uns zu bewegen und zu lieben.

12

Zuviel lieben kann man nicht – zuviel essen tun fast alle

Wie man richtig essen lernt

Bis zu meinem achtzehnten Lebensjahr war ich einem Laster verfallen, von dem sich die meisten ihr ganzes Leben lang nicht befreien können: ich aß zuviel. Die erlesenen und vielfältigen Genüsse, die die chinesische Küche für den Feinschmecker bereithält, waren eine zu große Versuchung. Ich brachte es oft nicht fertig, mit dem Essen aufzuhören. Ich erinnere mich noch genau, wie ich als Vierzehnjähriger bei einem Neujahrsessen eine Gans und dazu noch mehrere andere Gerichte verschlang. Und mit sechzehn Jahren aß ich, nachdem ich einen Tag lang auf die Berge gestiegen war, einen ganzen Tisch voll Speisen leer. Ich räumte alles ab, was an Eßbarem auf dem Tisch stand. Was für eine erstaunliche Vergeudung! Ingrid Bergman sagte einmal, ihr Magen sei wie ein Faß ohne Boden. Mit meinem Appetit war es genauso. Ich konnte einfach nicht genug kriegen. Ich wurde dabei zwar nicht dick, verdarb mir aber öfters den Magen. Doch seit ich anfing, die körperliche Liebe zu genießen, verschwand auch mein Eßproblem. Inzwischen habe ich einen Punkt erreicht, an dem ich mir oft wünsche, wirklich nur noch dann etwas zu essen, wenn es lebensnotwendig ist. Aber das ist natürlich nur ein Wunschtraum. Tatsächlich müssen wir alle ständig die Augen offenhalten und ausprobieren, welche Speisen und welche Ernährungsweise uns am besten bekommen.

Sich richtig und gesund zu ernähren, scheint für viele noch verwickelter zu sein als das Lieben. In der Liebe geht es in der Hauptsache nur um uns selbst und um den Liebespartner, während wir es bei der Ernährung mit hunderterlei verschiedenen Dingen zu tun bekommen, von denen wir kaum etwas wissen und über die wir keine Kontrolle haben. Doch da wir alle essen müssen, sollten wir uns bemühen, uns ohne Vorbehalte mit diesem Thema zu befassen. Eine Zeitlang wich ich diesen Fragen eher aus, und auch in meinem ersten Buch habe ich sie nur sehr knapp angesprochen. Doch vielleicht hat Lawrence Durrell auch in diesem Punkt eine Änderung meiner Einstellung bewirkt. In seinem neuen Buch *A Smile in the Mind's Eye* schreibt er ausführlich über meine Eß- und Kochgewohnheiten und schildert, wie er seine eigene Ernährung unter meinem Einfluß umgestellt hat. So wie ihm ist es vielen meiner Freunde und Bekannten gegangen. Sie haben mir beim Essen und Kochen einiges abgeguckt und dadurch auf die eine oder andere Weise ihren allgemeinen Gesundheitszustand verbessert. Die folgenden Seiten sind das Ergebnis eines Meinungsumschwungs, bei dem mir klar wurde, daß es wichtig ist, auf dieses Thema ebenso gründlich und freimütig einzugehen, wie wir über die Liebe und den Liebesakt gesprochen haben. Die meisten von uns haben zwar weniger Hemmungen, über Ernährungsfragen zu reden, doch wenn man so undiplomatisch ist, das tabuierte Thema «Gewicht und Fettleibigkeit» anzuschneiden, gerät man rasch in die Gefahr, sich unbeliebt zu machen. Viele Leute schrecken sogar davor zurück, ihr Gewicht auf einer Waage zu überprüfen.

Das makrobiotische Mißverständnis

«Makrobiotik» ist ein griechisches Wort und bedeutet nichts anderes als «langes Leben». Es handelt sich dabei um eine Ernährungsweise, die das Ziel hat, ein langes und gesundes Leben zu ermöglichen. Sie stammt ursprünglich von den Taoisten in China, die der richtigen Ernährung allerhöchste Bedeutung beimaßen. Wenig später wurde sie auch in Japan sehr beliebt. Inzwischen hat sich die makrobiotische Lehre so verändert, daß die zugrunde liegenden lockeren und flexiblen Anschauungen des Taos kaum mehr wiederzuerkennen sind. Die Makrobiotik ist zu einem starren, dogmatischen System geworden. Es ist sehr schade, daß sie sich so weit von ihren Ursprüngen entfernt hat; das frei strömende Wasser als das Symbol des Taos ist niemals starr, außer wenn es gefroren ist. Wir sollten uns deshalb bemühen, diese bedauerliche Fehlentwicklung rückgängig zu machen und zu der gesünderen Ursprungsform zurückzukehren.

Sich einfach ernähren

Ich richte mich in Fragen der Ernährung hauptsächlich nach den Lehren des Taoisten Sun Szu-mo, der herausragenden Gestalt der traditionellen chinesischen Heilkunst, der hundertundein Jahre alt wurde (er lebte von 581 bis 682 n. Chr.). Sein langes und bei guter Gesundheit verbrachtes Leben verleiht seinen Lehren ein besonderes Gewicht. Im folgenden nenne ich die Kernpunkte dessen, was er über die Ernährung gesagt hat:

1. Reichliches Essen verkürzt das Leben. (Dieses Wissen ist heute Allgemeingut, doch vor 1300 Jahren war es eine umwälzende Neuigkeit. Sun Szu-mo war wahrscheinlich der erste Arzt, der den Zusammenhang zwischen Langlebigkeit und karger Kost erkannte.)

2. Wie fast alle taoistischen Meister lehrte auch Sun, daß man ohne die Kunst des Liebens das oberste Ziel, ein langes und gesundes Leben zu führen, nicht erreichen könne, wie auch immer man sich ernähren mag.

3. Fast allen Krankheiten kann dadurch begegnet werden, daß man falsche Ernährungsgewohnheiten des Patienten korrigiert. Ein guter Arzt rät immer zuerst zu gesünderem Essen und verschreibt erst dann starke Arzneimittel, wenn die neue Ernährungsweise zu keiner positiven Veränderung geführt hat. Große Operationen sollten nur dann vorgenommen werden, wenn das Leben des Kranken nicht anders gerettet werden kann.

Daß bestimmte Nahrungsmittel körperliche Störungen beheben können, zeigt eine historische Begebenheit aus dem achten Jahrhundert. Yang Kueifei, die Favoritin des T'ang-Kaisers Hsüantsung, litt unter schlechtem Mundgeruch. Als Gegenmittel verschrieb ihr der kaiserliche Leibarzt eine Diät aus Litschipflaumen. Diese gedeihen jedoch nur im warmen Klima der südlichen Gegenden Chinas, etwa 1600 Kilometer von der Kaiserstadt Ch'ang-an, die am nördlichen Rand Südchinas liegt, entfernt. Der Kaiser befahl, die kostbare Frucht, die den Mundgeruch seiner Lieblingsfrau beheben sollte, durch Kuriere zu Pferd herbeischaffen zu lassen. Ich erwähne diese Geschichte hier, um eine Fehlinformation zu korrigieren, die hin und wieder in makrobiotischen Schriften auftaucht, nämlich die Behauptung, man solle Lebensmittel meiden, die aus weit entfernten Gebieten mit andersartigen klimatischen Verhältnissen stammen. Dies entspricht nicht den traditionellen makrobiotischen Lehren des Taos. Zwei einfache Beispiele zeigen dies deutlich. Ginseng etwa wird aus der Wurzel einer Pflanze gewonnen, die nur in der kalten Klimazone der Berge an der chinesisch-koreanischen Grenze gedeiht – und doch war es jahrtausendelang der beliebteste Gesundheitstrank der Bewohner ganz Chinas, unabhängig davon, in welchen Gegenden des Landes sie wohnten. Überdies ist Ginseng heute auf der ganzen Welt beliebt. Das zweite Beispiel, das ich hier nennen möchte, ist die bereits erwähnte tropische Litschipflaume. Es gibt in China heute zwar keine Kaiser und keine Konkubinen mehr, doch die Chinesen überall auf der Welt haben noch immer eine ausgesprochene Vorliebe für diese Frucht. Außerdem gilt sie allgemein als sehr gesund. Auch außerhalb der Saison sind getrocknete Litschipflaumen in vielen Ländern das ganze Jahr über erhältlich.

Eine bedeutsame persönliche Erfahrung hat mich in der Ansicht bestärkt, daß ein drastischer Wechsel der Ernährungsweise eine chronische Krankheit heilen kann. Einige Jahre lang litt ich unter flachen Warzen, die sich in ganzen Gruppen auf dem Gesicht und den Unterarmen ausbreiteten. Sie brachten keine Beschwerden mit sich, doch sie wirkten unansehnlich, und offenbar war kein Arzt in der Lage, mich von ihnen zu befreien. Während einer Reise in die südchinesische Provinz Guan-xi machte ich für einige Tage in einer großen Stadt namens Liu-zhou halt. Dort sah ich zum erstenmal kleine, gelbe, aromatische Früchte, die wie Trauben aussahen, anders als diese jedoch auf hohen Bäumen wuchsen. Diese Früchte kosteten nicht viel und schmeckten köstlich. Ich genoß sie tagelang in riesigen Mengen. Gegen Ende meines Aufenthalts bemerkte ich zu meiner Überraschung, daß die flachen Warzen erst rot wurden und dann allesamt abfielen, ohne auf meinem Gesicht oder auf meinen Armen die geringsten Spuren zu hinterlassen. Dieser Vorfall liegt mehr als vierzig Jahre zurück, und ich habe leider den Namen der Frucht vergessen. Es ist keine bekannte Frucht, und ich habe sie nie wieder an einem anderen Ort gesehen. Es wäre denkbar, daß die kleine gelbe Frucht einen hohen Zinkgehalt hat. Man weiß heute, daß Zink bei der Heilung bestimmter Hautkrankheiten wahre Wunder vollbringt.

Was und wie ich esse

Ich nehme täglich fünf bis sechs Mahlzeiten zu mir, und zwar hauptsächlich ballaststoffreiche, aber kalorienarme Kost, vor allem Gemüse und Obst. Nach meiner Erfahrung geht es mir gesundheitlich dann am besten, wenn ich meine Kost zu einem großen Teil aus Gemüse (das ich so zubereite, wie ich es im neunten Kapitel beschrieben habe) und verschiedenen Obstsorten zusammenstelle. Dies steht scheinbar im Widerspruch zu der nachdrücklichen Empfehlung der Makrobioten, vor allem gekochtes Vollkorngetreide zu essen. Ich habe den Eindruck, daß die meisten Menschen heute ohnehin schon zuviel Getreideprodukte zu sich nehmen, was meines Wissens zu der allgemein zu beobachtenden Übergewichtigkeit beiträgt. Übergewicht ist in den letzten Jahrzehnten zu einem großen gesundheitlichen Problem geworden. Die zusätzlichen Pfunde bedeuten eine hohe Belastung für den Körper. Stellen Sie sich vor, Sie müßten ständig einen schweren Koffer mit sich schleppen…

Die echte makrobiotische Ernährung zeichnet sich durch ihre Flexibilität aus. Jeder muß so lange experimentieren, bis er die bestmögliche Eßweise für sich gefunden hat. Ich habe zum Beispiel Fleisch und Geflügel schon seit geraumer Zeit von meinem Speisezettel gestrichen, weil dem Tierfutter heute fast überall regelmäßig Antibiotika und sogar künstliche Östrogene beigemischt werden. 1978 haben allein die Farmer in den USA acht Millionen Pfund verschiedener Antibiotika an ihre Tiere verfüttert. Nach dem Grund braucht man nicht lange zu suchen. Auf diese Weise wachsen Schlachttiere und Geflügel schneller, brauchen weniger Futter und sind weniger krankheitsanfällig. Der Pferdefuß dieses Mißbrauchs von Antibiotika liegt darin, daß sich allmählich Bakterienstämme herausbilden, die resistent gegen Antibiotika sind und unser Leben gefährden. Die Verabreichung künstlicher Östrogene bei Schlachtvieh und Geflügel wirkt sich auf die Konsumenten dieses Fleisches sogar noch verhängnisvoller aus, denn sie nehmen damit zugleich jedesmal eine erhebliche Dosis des gefährlichen künstlichen Hormons zu sich, das der Körper überhaupt nicht braucht.

Fisch esse ich dagegen häufig, vor allem Hochseefisch, denn in den Ozeanen ist das Wasser noch nicht so stark verschmutzt wie in den Küstenregionen und Flüssen. Die Tatsache, daß Fisch hier im Westen so wenig beliebt ist, ist mir immer ein Rätsel geblieben. In China gibt man Fisch oft den Vorzug vor allen anderen Nahrungsmitteln. Große Mengen Fisch werden in eigens dafür angelegten Teichen gezüchtet, und auf den Bauernhöfen vor allem in Südchina sind Fischteiche ebenso häufig anzutreffen wie Geflügelgatter und Tierställe auf den Bauernhöfen in der westlichen Welt.

Ein wichtiger Grund für die mangelnde Beliebtheit des Fisches im Westen liegt sicherlich darin, daß man hier nicht genügend einfallsreiche Zubereitungsarten kennt, während die Fischküche im Süden Chinas hochentwickelt ist. So sehr ich zögere, über das Kochen von Fisch zu schreiben, sollte ich Ihnen vielleicht doch wenigstens an einem Beispiel zeigen, wie man Fisch ohne großen Aufwand schmackhaft zubereiten kann.

Ein einfaches Fischgericht

Hier in Schweden esse ich am liebsten einen flachen Fisch, der der Seezunge ähnelt. Er stammt von der schwedischen Westküste und heißt wegen seiner Form «Rotzunge».

Als erstes kauft man einen ziemlich großen Fisch von ein bis eineinhalb Pfund Gewicht, damit sich die Arbeit überhaupt lohnt. Natürlich sollten Sie nur frischen Fisch kaufen. Säubern Sie den Fisch wie gewohnt, aber entfernen Sie weder die Haut noch den Kopf oder die Gräten. Schneiden Sie ihn in drei Teile (ein großes Mittelstück und zwei kleinere Stücke aus dem Kopf und der Schwanzflosse), so daß er in Ihre große Bratpfanne paßt. Legen Sie jedoch zuerst eine Schicht kleingeschnittenes Gemüse jeder Art in die Pfanne. Der Boden der Pfanne wird mit Gemüse bedeckt, damit der Fisch trotz der Zubereitung ohne Öl oder anderes Fett nicht anklebt (die meisten Fische haben ziemlich viel Fett, so daß wir kein Fett mehr hinzuzufügen brauchen).

Häufen Sie dann noch weitere Gemüse- und auch ein paar Apfelstücke auf den Fisch, so daß das Gericht schön würzig schmeckt. Durch die Apfelstückchen wird es auf natürliche Weise gesüßt. Geben Sie noch ein kleines, in winzige Bröckchen geschnittenes Stück Ingwer dazu und ein wenig Wasser, damit nichts anbrennt. Obendrauf gießen Sie ein wenig Sojasauce und ein oder zwei Löffel Apfelessig. Decken Sie die Pfanne zu und lassen Sie den Fisch und das Gemüse ungefähr zehn Minuten lang kochen – fertig ist Ihr Fischgericht für etwa vier Personen. Wenn Sie allein sind, können Sie die ganze Pfanne nach der Mahlzeit in den Kühlschrank stellen und noch mehrere Tage davon essen.

Die Sojabohne, die «Milchkuh der Chinesen»

Die eiweißreichen Sojabohnen sind wohl das ökonomischste und nährstoffreichste Nahrungsmittel, das es heute auf der Erde gibt. Die Chinesen haben sich die günstigen Eigenschaften der Sojabohne bereits seit Tausenden von Jahren zunutze gemacht. Als ich noch in China lebte, aß ich fast täglich Soja-Erzeugnisse, wie zum Beispiel Sojamilch, Sojabohnenkäse (Tofu) und anderes mehr. Tofu gibt es inzwischen auch in vielen westlichen Großstädten zu kaufen, doch außer in Städten mit einem hohen Chinesenanteil wie New York, London oder Toronto ist er ziemlich teuer.

Im folgenden möchte ich Ihnen die vielleicht einfachste Zubereitungsweise für Sojabohnen schildern: Sie brauchen einen ziemlich großen emaillierten oder rostfreien Kochtopf. Messen Sie etwa vier Tassen voll Bohnen ab und waschen Sie sie unter fließendem Wasser. Lassen Sie die Bohnen im Topf in etwa acht bis zehn Tassen abgekochtem (und wieder abgekühltem) Wasser sechs bis acht Stunden lang einweichen. Setzen Sie dann den Topf auf den Herd und schließen Sie ihn mit dem Deckel. Bringen Sie die Bohnen zum Kochen, schalten Sie dann auf die niedrigste Heizstufe herunter und lassen Sie den Topf bei schwacher Hitze drei bis vier Stunden lang fest zugedeckt auf der Kochplatte stehen. Dann ist Ihr Bohnengericht fertig, und Sie können mindestens eine halbe Woche davon essen. Achten Sie jedoch darauf, daß Sie den Topf nach jeder Mahlzeit wieder in den Kühlschrank stellen (ich esse zu jeder Mahlzeit ein paar Löffel Bohnen).

Küchengeheimnisse der Chinesen

Gut zu kochen bedeutet nicht, sich mit sklavischer Genauigkeit an bestimmte Kochrezepte zu halten. Durch ständiges Experimentieren kommt man als Koch jedoch zu interessanten und leckeren Ergebnissen. Ich habe deshalb in diesem Kapitel sämtliche Maßangaben und Anleitungen offen und flexibel gehalten, um Sie zum Experimentieren zu ermuntern. Schließlich weiß ich nicht, auf was für einem Herd oder mit was für Töpfen Sie kochen, genausowenig wie ich Ihren Geschmack und Ihre persönlichen Vorlieben kenne. Nur durch ständiges Probieren und Variieren können Sie herausfinden, wie es Ihnen am besten schmeckt.

So habe ich die Kochzeit für die Sojabohnen zum Beispiel mit drei bis vier Stunden angegeben, um den unterschiedlichen Geschmäckern einen gewissen Spielraum zu lassen. Nach vier Stunden Garen auf kleiner Flamme sind die Bohnen viel zarter, als wenn Sie sie nur drei Stunden kochen lassen. Wenn Sie wollen, können Sie die Kochzeit sogar noch verlängern. Und wenn Sie die Bohnen mit acht Tassen Wasser garen, werden sie natürlich trokkener schmecken, als wenn Sie zehn Tassen Wasser dazugeben. Je nach der Wassermenge ändert sich der Geschmack des Gerichts. Geben Sie beim Servieren noch ein wenig Honig dazu, dann haben Sie ein ausgesprochen preiswertes und wohlschmeckendes Essen. Selbstverständlich können Sie den Honig auch weglassen. Sie können die Bohnen je nach Geschmack warm oder kalt auf den Tisch bringen und sie mit Brot, Reis oder Gemüse jeder Art kombinieren. Einige Löffel Bohnen, ein wenig Reis und ein paar kleingeschnittene grüne Gemüseblätter ergeben ein höchst nahrhaftes, köstlich schmeckendes und billiges Essen.

Sparsam und doch nahrhaft – weitere Tips

Als junger Mensch habe ich sehr gern und häufig Eier gegessen. Heute bin ich in dieser Hinsicht wegen des zweifelhaften Futters, das die Hühner bekommen, sehr vorsichtig geworden. Wenn ich trotz dieser Bedenken ein Ei essen will, schlage ich es einfach auf und lasse es auf dem Gemüse im Topf ungefähr eine Minute lang im Dampf garen. (Speisen im Dampf zu garen ist eine wichtige Zubereitungsart der chinesischen Küche.)

Einer der wichtigsten Bestandteile meines täglichen Speiseplans sind Weizenkeime. Sie sind nicht teuer und wahrscheinlich das einzige naturbelassene Lebensmittel, das sämtliche Vitamine des B-Komplexes enthält. Außerdem enthalten Weizenkeime Vitamin E, Eiweiß und wertvolles pflanzliches Öl.

Die gefährliche Leidenschaft für Süßigkeiten

Die meisten Menschen sind Tag für Tag emsig damit beschäftigt, sich durch übermäßigen Süßigkeitenkonsum ein frühes Ende zu bereiten.

In der Kindheit, als wir noch zu jung waren, um mit unserem ersten Liebespartner die Freuden der Liebe zu genießen, war das Essen, vor allem der Genuß von Süßigkeiten, für viele von uns eine Ersatzbefriedigung und zumeist unser größtes Vergnügen. Angesichts der reichen Auswahl von Eissorten, Bonbons, Schokolade und Kuchen hatten wir kaum eine Chance, all den Verlockungen zu widerstehen und nicht zu Vielessern zu werden, es sei denn, unsere Eltern hätten uns aktiv darin unterstützt. Doch sobald wir anfingen, einen Partner des andern Geschlechts zu suchen, und lernten, die himmlischen Wonnen der Liebe zu genießen, hätte es uns eigentlich leichter fallen müssen, der Verlockung des Naschens zu widerstehen. Was mich angeht, so kann ich nur sagen, daß ich nie mehr gegen übermäßige Eßlust anzukämpfen brauchte, seitdem ich mit siebzehneinhalb Jahren in die Freuden der Liebe eingeweiht wurde. Meine frühere Gier ist völlig verschwunden. Vor allem rühre ich ungesundes Naschwerk wie Kuchen, Bonbons und Eiscreme praktisch nie mehr an. Als Kind war ich imstande, mich ausschließlich von solchen Süßigkeiten zu ernähren. Ich konnte ein ganzes Paket Eiscreme auf einmal hinunterschlingen, und meine Taschen waren oft vollgestopft mit süßen Keksen.

Auch heute gibt es unter meinen Freunden noch einige, die sich von Zeit zu Zeit an Süßigkeiten überessen, doch gewöhnlich haben sie in dem Augenblick, in dem ihre Bedürfnisse nach Liebe und Zärtlichkeit vollkommen befriedigt werden, für diese gesundheitsschädlichen Leckereien nichts mehr übrig. Die einzige anhaltend wirksame Kur gegen die gefährliche Leidenschaft, zuviel zu essen, ist körperliche und geistige Liebe.

Verkehrte Welt

Wir sind aus Liebe macht.
Marc Chagall

Niemand wird Chagall ernsthaft widersprechen wollen, wenn er sagt, daß die Liebe der Ursprung unseres Lebens ist, obwohl es bei manchen vielleicht entstellte und verzerrte Formen von Liebe gewesen sein mögen. Jedoch nur wenige von uns können sich rühmen, auch nach ihrer Geburt noch mit genügend Liebe genährt worden zu sein. Der Hunger nach Liebe ist auf dieser Erde fast allgegenwärtig.

Ist dieser Zustand nicht absurd, wenn wir daran denken, daß wir, zumindest in der westlichen Welt, mühelos für alles und jedes staatliche Unterstützung bekommen können? Doch anscheinend gibt es niemanden, der in der Lage ist, uns von unserem Hunger nach Liebe zu befreien, obwohl nirgendwo Mangel an Männern und Frauen herrscht, die einander die ersehnte Liebe geben könnten.

Der Schmerz, den ungestilltes Liebesverlangen hervorruft, ist qualvoll. Simone de Beauvoir schildert diesen Zustand in ihrem autobiographischen Werk *In den besten Jahren*:

«Ich entdeckte, daß die Sehnsucht nicht nur ein seelisches

Leid, sondern ein körperlicher Schmerz sein kann; von den Haarwurzeln bis zu den Fußsohlen wob sie ein Nessushemd über meine Haut... Aber am Abend erwachte die Qual von neuem, Tausende von Ameisen liefen über meinen Mund. Im Spiegel strotzte ich vor Gesundheit, aber ein heimliches Übel zerfraß meine Knochen.»[1]

Erschreckend viele von uns entscheiden sich für eine weniger qualvolle, aber viel sinnlosere Form des Leidens, indem sie sich langsam zu Tode essen.

13

Die Kunst und das Tao

Ihr Gewand ist wie eine Wolke,
Ihr Gesicht ist wie eine Blume.
Li Po

Das taoistische Schönheitsideal

In Gegenwart von Kaiser Hsüan-tsung und seiner Lieblingsfrau Yang Kuei-fei benutzte der große Dichter Li Po (700–762) die einfachste Form und die schlichtesten Worte, und dennoch gelang es ihm vielleicht besser als allen anderen Bewunderern, die außerordentliche Schönheit der jungen Frau wiederzugeben. Dies entspricht dem taoistischen Schönheitsideal.

Die taoistische Kunstauffassung

Der englische Philosoph und Staatsmann Francis Bacon hat einmal gesagt, Kunst sei die Verbindung von Mensch und Natur. Nach der taoistischen Auffassung stellt Kunst den Menschen im Einklang mit der Natur dar. Demnach liegen die beiden Auffassungen nicht sehr weit auseinander, doch die des Taos geht noch ein wenig tiefer: Mensch und Natur verschmelzen miteinander und werden eins.

Die Keramik und Malerei der Sung-Zeit

Zwischen einer Sung-Vase und einem Sung-Gemälde besteht ästhetisch gesehen praktisch kein Unterschied; doch ein Majolika-Teller ist etwas ganz anderes als ein Gemälde von Piero della Francesca.

Herbert Read[1]

Die Mehrheit der Fachgelehrten stimmt darin überein, daß die chinesische Kunst, insbesondere jedoch Malerei und Keramik, zur Zeit der Sung-Dynastie (960–1130 n. Chr.) ihren Gipfelpunkt erreichte. Der Grund, warum die Vasen und Gemälde dieser Zeit denselben ästhetischen Gesetzen folgen, liegt darin, daß sich die Künstler entweder bewußt als Taoisten fühlten oder doch zumindest stark vom taoistischen Schönheitsbegriff beeinflußt waren, der in der Kunst äußere Schlichtheit in Form und Farbe und harmonische Übereinstimmung mit der Natur verlangt. Die Bildwerke und Keramiken der Sung-Dynastie wirken auch deshalb oft wie Geschwister, weil die verwendeten Materialien recht primitiv und von geringer Qualität waren – die Malereien wurden größtenteils mit Tusche und Pinsel auf Papier (nur gelegentlich auf Seide) ausgeführt, während die Keramiken hauptsächlich aus Ton geformt wurden. Im Gegensatz dazu malten die Künstler im Westen zumeist mit kräftigen Ölfarben auf teure Leinwand. Die verschiedenartigen Materialien sind zumindest ein Grund, warum zwischen einem Majolika-Teller und einem Gemälde von Piero della Francesca enorme Unterschiede bestehen. Der Teller besteht aus gewöhnlichem Ton, während das Gemälde mit großer Kunstfertigkeit auf kostbarem Material ausgeführt wurde.

Sung-Keramik

Aber die chinesische Vase – ... kein Kristall, aber eine Blume.

Herbert Read[2]

Die chinesische Keramik wird im Westen, ja vielleicht sogar in der ganzen Welt, schon seit mehreren Jahrhunderten bewundert. Dagegen wurde die zurückhaltendere und feinere Sung-Keramik erst angemessen gewürdigt, als die Schätze des Palastmuseums in Peking zu Beginn dieses Jahrhunderts im Londoner Burlington House ausgestellt wurden.

In China gelten die Keramiken der Sung-Zeit jedoch seit ihrer Entstehung als die höchste Vollendung der Töpferkunst. Diese Hochachtung wird in neuerer Zeit von einer großen Zahl westlicher, vorwiegend nordeuropäischer Künstler geteilt, deren Keramiken schon seit Jahrzehnten stark von der schlichten, subtilen Schönheit der Sung-Meisterwerke beeinflußt sind. Inzwischen haben sich auch westliche Gelehrte begeistert zu dieser Kunst geäußert. So urteilte Peter Swann, der frühere Leiter der Abteilung für östliche Kunst am Ashmolean Museum in Oxford, die Keramiken der Sung-Zeit seien «sowohl in technischer als auch in künstlerischer Hinsicht die erlesensten, die die Menschen je geschaffen haben».[3]

Der besondere Reiz keramischer Kunstwerke liegt darin, daß die Künstler allein durch ihre Hände und ihr Feingefühl gewöhnlichen Ton in Gegenstände von unbeschreiblicher Schönheit verwandeln. Es ist in diesem Zusammenhang interessant zu wissen, daß über die Jahrhunderte hinweg nur sehr wenige Kunstgegenstände aus wertvollen Metallen erhalten geblieben sind. Der Grund dafür ist, daß man sie in Unkenntnis ihres künstlerischen Wertes wegen ihres Gold- oder auch Silberanteils allzuhäufig eingeschmolzen hat. Keramiken dagegen sind dieser Zerstörung auf Grund ihres an sich wertlosen Materials entgangen.

Die Schönheit der Sung-Keramiken liegt vor allem in ihren Formen. Die Künstler schufen einfache, aber wundervoll geschwungene Formen, für die es kein Vorbild in der Natur gab und die sich doch harmonisch in sie einfügen. Fast ebenso wichtig sind die kunstvollen und meistens einfarbigen Glasuren, ohne die die Schönheit der Formen nicht so klar zur Geltung käme.

Wie man die Sung-Keramik verstehen lernt

> Bevor man das ganz Einfache und Subtile würdigen kann, muß man einen Sinn für das reich Verzierte und bis ins Detail Ausgearbeitete entwickeln.
>
> *T'ao Ch'ien*

Diese Äußerung stammt von dem taoistischen Dichter T'ao Ch'ien aus dem fünften Jahrhundert. Sie weist auf einen Prozeß der Geschmacksbildung hin, den viele von uns in ähnlicher Weise durchlaufen haben. Beispielsweise erwarb Sir Harry Garner, ein bekannter britischer Sammler und sachkundiger Liebhaber chinesischer Kunst, als erstes eine verzierte blau-weiße Kanne aus der frühen Ch'ing-Periode (1644–1911) und begann sich erst später für die Keramik-Kunst der Sung-Zeit zu interessieren. Genauso erging es dem schwedischen König Gustav VI. Adolf, einem bekannten Sammler chinesischer Kunst, der mit einem reich geschmückten, mehrfarbigen Krug aus der Ch'ing-Periode den Grundstock zu seiner Sammlung legte. Erst später begann er, Gefallen an den unauffälligeren Sung-Kunstwerken zu finden. Auch meine Vorliebe galt zunächst den farbenfrohen Stücken aus späteren Epochen. Nach vielen Jahren erst lernte ich, die schlichte Schönheit des Sung-Stils zu schätzen. Man hört oft, daß Bewunderer der Sung-Keramiken am Ende nichts weiter als eine einzelne weiße oder schwarze Schale behalten. Es gibt in der Keramik wohl keine einfachere Form als die der Schale, und dennoch kann man in einer gelungenen Sung-Schale die reinste Schönheit finden, die Menschen hervorbringen können.

Wie ist das zu erklären? An einer vollendet schönen Sung-Schale kann man sehen, wie sich der wunderbar subtile Farbton, der äußerst einfache Schwung der Linien und die Form zu vollendeter Harmonie verbinden. Einen solch hohen Grad der Vollkommenheit findet man nicht oft – noch nicht einmal bei den Schalen der Sung-Zeit.

Sung-Malerei

Bis ins zwanzigste Jahrhundert hinein wurde die chinesische Malerei, und vor allem die der Sung-Zeit, im Westen nicht sehr geschätzt. Der Grund für diese Zurückhaltung ist leicht zu erkennen, wenn man die reiche Farbigkeit fast aller im Westen geschaffenen Gemälde mit den unauffälligen Tönen der hauptsächlich mit Tusche ausgeführten Bilder der Sung-Periode vergleicht. Heute dagegen erfreut sich die chinesische Tuschmalerei einer wachsenden Beliebtheit. Dieser Geschmackswandel zeigt gewisse Analogien zu der Umstellung vieler Menschen unserer Zeit, die ihre bisher gewohnte üppige Kost aufgeben und beginnen, leichtere und gesündere Gerichte auszuprobieren.

Sung-Gemälde sind vor allem für ihre Blumen, Vögel und Landschaften bekannt. Die bedeutendsten unter ihnen zeichnen sich durch äußerste Einfachheit der Formen und Farben aus. Sie sind das Werk taoistischer Künstler, die dem Ideal der harmonischen Übereinstimmung von Mensch und Natur nacheiferten. Der französische Philosoph Jacques Maritain bezeichnete diese in den Bildern zum Ausdruck kommende Grundhaltung in einem Vortrag als «gegenseitige Durchdringung von Mensch und Natur».[4]

Der Zauber der großen Sung-Malereien besteht darin, daß sie dem einfühlsamen Betrachter ein Gefühl tiefer Harmonie schenken, als ob er sich der Schönheit der Natur angenähert hätte und schließlich mit ihr eins geworden wäre.

Die Bedeutung der Kunst

Wo Musik ist, kann es nichts Böses geben.
Miguel de Cervantes

Vielen großen Denkern im Westen wie im Osten galt und gilt die Kunst als ein unentbehrliches Hilfsmittel bei dem Bemühen, die Menschen zu einem moralischen Lebenswandel im Einklang mit sich selbst und der Natur anzuhalten. Einer dieser Denker ist Plato, ein anderer Konfuzius, von den Taoisten gar nicht zu reden, für die die Kunst fast dieselbe Rolle spielt wie das Essen, Atmen und Lieben. Es wird deshalb niemanden überraschen, daß fast alle großen chinesischen Künstler der alten Zeit Taoisten waren. Und in der künstlerisch lebendigen Epoche zur Zeit der Sung-Dynastie regierte sogar ein Taoist, der Kaiser Hui-tsung, der zugleich als einer der großartigsten Künstler der chinesischen Geschichte gilt. Von ihm stammen die Worte:

> Wenn man dem Wunderbaren nahe kommt,
> weiß man nicht mehr,
> ob die Kunst das Tao ist
> oder das Tao die Kunst.

Sechshundertfünfzig Jahre später sagte Goethe fast das gleiche: «Man weicht der Welt nicht sicherer aus als durch die Kunst, und man verknüpft sich nicht sicherer mit ihr als durch die Kunst.»[5]

Hui-tsung liebte die Schönheit der Natur so sehr, daß er neben seinen unermeßlichen Kunstschätzen auch schöne Steine sammelte. Leider hatten seine barbarischen Nachbarn im Norden nicht viel für seine friedliche und künstlerische Wesensart übrig. Sie machten sich seine Versunkenheit in Kunst und Philosophie zunutze und besetzten die Hauptstadt, als er gerade fünfundzwanzig Jahre lang regiert hatte. Der Kaiser starb nach zehn leidvollen Jahren in der Gefangenschaft.

Ist Glück der Feind der Kunst?

> «Der größte Feind der Kunst ist leider Gottes das Glück. Ich weiß nicht genug über das Leben großer Komponisten, doch kenne ich keinen einzigen großen Dichter oder bedeutenden Maler, dessen Leben als überwiegend glücklich bezeichnet werden könnte.»
>
> *Herbert Read*[6]

Den meisten Anschauungen und Ansichten Herbert Reads kann ich mich anschließen, doch in diesem und den folgenden Abschnitten muß ich ihm ein paarmal widersprechen – wohl vor allem deswegen, weil ich – im Gegensatz zu Read – Taoist bin.

Soviel ich weiß, hatte keiner der großen Maler der Sung-Zeit ein ungewöhnlich freudloses Leben. Selbst der glücklose Kaiser Huitsung erfreute sich während seiner Regierungszeit eines erfüllteren Daseins als die meisten anderen Kaiser. Was er an Kunstwerken schuf, entstand in dieser glücklichen Phase.

Selbst die großen Maler der Yüan-Periode (1277–1367), die die Herrschaft der barbarischen Mongolen miterlebten, führten keineswegs ein Leben voll Kummer und Not. Viele von ihnen waren ständig auf Wanderschaft, erfreuten sich an den herrlichen Landschaften Chinas und hielten sich so gut es ging aus der Politik heraus. Gemessen an der unruhigen und ereignisreichen Zeit, in der sie lebten, erreichten die «Vier großen Männer der Yüan-Zeit» Wu Chen (1280–1354), Huang Kung-wang (1269 oder 1259 bis 1354), Wang Meng (etwa 1309–1385) und Ni Tsan (1301–1374) alle ein recht hohes Alter. Von diesen vier großen Meistern hat mich Huang Kung-wang am tiefsten beeindruckt. Seine atemberaubend schönen Landschaftsbilder, die heute in vielen großen Museen auf der ganzen Welt ausgestellt sind, haben ihn unsterblich gemacht.

Das gleiche gilt für die Maler der Ming-Periode. Shen Chou wurde zweiundachtzig Jahre alt, und es gibt keinerlei Anzeichen dafür, daß er ein übermäßig leidvolles Leben geführt habe. Vielmehr wissen wir, daß er in seinen letzten zwanzig Lebensjahren mit großer Freude gemalt und seinen begabten Schüler Wen Chen-Ming unterrichtet hat, dem später ein größerer Ruhm zuteil wurde als seinem Meister.[7] Beide lebten in Suchou, einer der schönsten Städte Chinas. In allen Büchern über Wen Chen-Ming wie auch in seinen Gemälden und Kalligraphien habe ich keine Hinweise finden können, die darauf hindeuten, daß er sein Leben nicht genossen hätte. Es heißt, selbst in den letzten Tagen seines Lebens habe er sich noch in der Kalligraphie geübt. Nur in jenen drei seiner neunundachtzig Lebensjahre, in denen er als Hofbeamter in Peking arbeitete, ist er in einer unglücklichen Lage gewesen. Er beeilte sich daraufhin, seinen Posten aufzugeben und in das schöne Suchou zurückzukehren.

Aus der neueren Zeit möchte ich nur Chi Po-shi erwähnen, dessen berühmte Bilder vor allem Blumen, Fische, Vögel und ähnliche Motive darstellen. Chi Po-shi wurde fast hundert Jahre alt, und man hat ihn oft als den glücklichsten Menschen Chinas bezeichnet.

Nach alldem scheint es, als wären die chinesischen Künstler stärker vom Glück begünstigt als der Durchschnitt der Bevölkerung. Das ist vor allem darauf zurückzuführen, daß die Kunst nach Auffassung der Taoisten unsere geistige Nahrung darstellt. Den Künstlern wird deshalb diese lebensspendende Kraft in besonders hohem Maße zuteil – wie sollten sie da nicht glücklicher sein als die meisten anderen?

Die Künstler im Westen befinden sich dagegen in einer ungünstigeren Lage. Solange sie noch keiner kennt, sind sie meistens so arm, daß sie ums Überleben kämpfen müssen, und wenn sich dann der Erfolg einstellt, ersticken sie im Reichtum, worunter häufig die Qualität ihrer Werke leidet.

Ein Beispiel dafür bietet das tragische Schicksal des berühmten holländischen Malers Rembrandt van Rijn. Erfolg und materieller Wohlstand machten sein Leben nicht unbeschwerter, sondern stürzten ihn in Elend und Leid. Berauscht durch seinen materiellen Erfolg entwickelte der Maler eine ungehemmte Habgier, die seine Mittel weit überstieg. Dies führte dazu, daß er immer mehr verschuldete und schließlich einsam und vergessen starb. Doch sind seine bedeutendsten Werke fast ausschließlich während seiner glücklicheren Jahre entstanden. Das läßt uns zumindest ahnen, daß Glück und Lebensfreude der Kunst nicht schaden.

In meinen Augen – und die meisten Künstler, die ich kenne, sind derselben Meinung – ist ein glückliches Leben der Kunst keineswegs abträglich. Vielmehr fördert und stärkt es sie eher. Aus den Reihen namhafter Künstler, die ein im großen und ganzen glückliches Leben führen, ließen sich dafür endlos Beispiele aufzählen.

So hat zum Beispiel Gauguin keineswegs im Elend gelebt, wie manche Biographen schreiben. Er zog es vor, seine Tage in Armut auf Tahiti zu leben, anstatt sich hier in Europa eine gesicherte bürgerliche Existenz aufzubauen. Es ist offensichtlich, daß das geregelte Leben eines Bankiers nicht nach seinem Geschmack war. Um seiner Kunst willen ließ er seine Familie zurück.

Können wir Picassos langes Leben «unglücklich» nennen? Wenn ja, dann nur deshalb, weil auch er ein Opfer unserer das Materielle überbewertenden Gesellschaft wurde. In seinen jungen

Jahren in Paris litt er materielle Not, und später wurde er dann so bekannt, daß sein überwältigender Ruhm und Reichtum ihn fesselten und erstickten. Nach seinem Tod stritten seine Nachkommen in jahrelangen Prozessen um das gewaltige Vermögen, das er hinterlassen hatte.

Sicherlich wird niemand behaupten, Chagalls langes Leben sei trostlos gewesen. Im Gegenteil: Ich kann mir keinen Menschen vorstellen, der ein erfüllteres Leben gehabt hätte. Zwar litt Chagall als Kind sehr unter Einsamkeit. Er war schüchtern. Als Jugendlicher war er jahrelang unfähig, seine Gefühle auszudrücken, denn in seiner Kindheit hatte er kaum Gelegenheit gehabt, mit den Menschen in seiner Umgebung zu reden. Da sein Vater äußerst zurückhaltend gewesen war, hatte die Familie bei den Mahlzeiten gewöhnlich schweigend am Tisch gesessen.

Chagall verlor seine erste Liebe, weil er nicht wußte, worüber er mit ihr reden sollte. Er machte endlose Spaziergänge mit einem Mädchen, das er bewunderte, blieb jedoch den größten Teil der Zeit stumm. Und als er eine Weile von ihr getrennt war, fiel ihm nichts ein, was er ihr hätte schreiben können. Als er zurückkehrte, hatte das Mädchen schon einen anderen Mann geheiratet.

Doch alle diese Erfahrungen liegen in seiner Kindheit und Jugendzeit. Sein Erwachsenenleben dagegen ist – nach allem, was ich über ihn gelesen habe – glücklich und erfüllt gewesen.

Als begeisterter Musikliebhaber las ich in meiner Jugend zahlreiche Biographien von Musikern und Komponisten. Ich hatte dabei jedoch nie den Eindruck, daß die Großen der Musikgeschichte außergewöhnlich viel Kummer und Sorgen erlebt hätten.

Bach lebte hauptsächlich seiner vielen Kinder wegen in ärmlichen Verhältnissen. Das heißt jedoch nicht, daß sein Leben unbefriedigend gewesen wäre. Albinoni, Telemann, Händel und Haydn erfreuten sich – gemessen an den damaligen Maßstäben – alle eines recht langen und erfüllten Lebens.

Mozart jedoch starb viel zu jung – er war fünfunddreißig Jahre alt – und in bitterer Armut. Ich überlege mir immer wieder, wie viele wunderbare Opern und Sinfonien er wohl noch hätte komponieren können, wenn er vierzig Jahre älter geworden wäre. Es heißt, er sei so arm gewesen, daß er in seinem Zimmer auf und ab gehen mußte, um nicht zu erfrieren. Doch als ich seine schöne

Wohnung in der Salzburger Altstadt besuchte, hatte ich nicht den Eindruck, daß er in einem heruntergekommenen Armenviertel gehaust hat.

Dagegen muß ich zugeben, daß Schubert und Beethoven viel Unglück erlebt haben. Von ihrem leidvollen Leben handelt der nächste Abschnitt.

Müssen Künstler mönchisch leben?

> Um sich ganz seiner Kunst widmen zu können, muß der Künstler ehelos leben; nein, nicht nur ehelos, sondern wie ein Mönch.
>
> *Herbert Read*[8]

Es ist allgemein bekannt, daß Künstler leidenschaftliche Naturen sind. Es ist das Feuer heftiger Gefühle, das sie befähigt, Kunstwerke von äußerster Schönheit zu schaffen.

Kann diese Leidenschaftlichkeit gezügelt oder sublimiert werden? Viele Anzeichen deuten darauf hin, daß dies meistens unmöglich ist.

Ich habe diese Lektion recht früh von meinem Kunst- und Musiklehrer gelernt, der in beiden Fächern hochbegabt war. Von ihm ermutigt, strebte ich in meinen jungen Jahren danach, mich im Malen und Singen zum Künstler auszubilden. Das Leben dieses Lehrers jedoch nahm ein tragisches Ende, da er nie Gelegenheit fand, seine leidenschaftlichen Gefühle nach außen zu wenden. Von einer Pockenerkrankung in seiner Jugend hatte er am ganzen Körper häßliche Narben zurückbehalten. Da er nicht in der Lage war, sich dem weiblichen Geschlecht unbefangen zu nähern, ging er zu Prostituierten. Dabei holte er sich eine Geschlechtskrankheit und starb nach wenigen Jahren. Wer seine wunderschönen Aquarelle sah und seinen leidenschaftlich bewegten Gesang hörte, zweifelte nicht an seiner Begabung. Doch durch sein Aussehen stieß er alle Frauen ab.

Schubert erging es ähnlich, nicht weil er abstoßend ausgesehen hätte, sondern weil er bettelarm war. Er starb mit nur fünfunddreißig Jahren. Welche Vergeudung seiner musikalischen Gaben!

Beethovens Lebenssituation war nicht ganz so düster, doch einigen Quellen zufolge ging er auch in seinen späteren Jahren zu Prostituierten.[9] Beethoven war ein großer Künstler – und doch brachte er es offensichtlich nicht fertig, wie ein Mönch zu leben. Darunter hatte nicht nur sein Schaffen zu leiden, er hat sogar einen Selbstmordversuch unternommen.[10]

Herbert Read hatte Tolstoi und Baudelaire im Auge, als er schrieb, daß der Künstler wie ein Mönch leben müsse. Baudelaire heiratete zwar nie, führte jedoch auch nie ein mönchisches Leben. Im Gegenteil: Es deutet einiges darauf hin, daß es die Syphilis war, an der er mit sechsundvierzig Jahren starb.[11] Tolstoi hat in seinen späten Jahren wie ein Mönch leben wollen. Ist es ihm gelungen, sich konsequent an diesen Entschluß zu halten? Wenn man der Mehrheit seiner Biographen glauben darf, war das nicht der Fall. Tolstoi hatte beschlossen, nicht mehr mit seiner Frau sexuell zu verkehren, als er fünfzig und sie vierunddreißig Jahre alt war. Es gelang ihm jedoch nicht, diesem Vorsatz völlig treu zu bleiben. Erst als Zweiundachtzigjähriger vertraute er seinem Biographen und Übersetzer Aylmer Maude an, er werde nun nicht mehr von seinem Sexualtrieb heimgesucht.[12] Im selben Jahr starb er in einem einsamen Bahnwärterhäuschen. Tolstois Keuschheitsideal hatte nicht nur ihn selber, sondern auch seine ganze Familie unglücklich gemacht. Noch tragischer ist, daß seine Not und das Leiden seiner Familie seiner Kunst in keiner Weise zugute kamen. Praktisch alle seine großen Werke entstanden in den glücklichen Jahren nach seiner Heirat. Wie es heißt, half ihm seine Frau tatkräftig dabei, indem sie die zahlreichen Neufassungen seiner Romane immer wieder abschrieb. Als Streit zwischen den Eheleuten aufkam und Tolstoi sich in seiner Ehe nicht mehr glücklich fühlte, schrieb er keine bedeutenden Werke mehr. Ich glaube, sein Wunsch nach einem keuschen Leben ist nicht schwer zu verstehen. Wie für die meisten Männer war es wohl auch für ihn schwierig, mit den erotischen Bedürfnissen seiner Frau Schritt zu halten. Selbst seine Lieblingstochter Tatjana erwähnt in ihrem Erinnerungsbuch Tolstois «Frauenfeindlichkeit»[13] und schildert die Geringschätzung, mit der ihr Vater den Frauen begegnete. Und doch hatte er in seinen ersten Ehejahren, während er an seinem Meisterwerk *Krieg und Frieden* arbeitete, an den mit ihm befreundeten

Dichter Fet geschrieben: «Die Poesie gewinnt ihre Kraft allein aus der Liebe. Ohne sie gibt es keine Poesie...»

Die Tragödie von Tolstois späten Jahren zeigt deutlich, daß der Künstler keineswegs ehelos oder in mönchischer Zucht zu leben braucht. Nach Ansicht der Taoisten wird er um so Größeres schaffen, je glücklicher er sich fühlt. Dies gilt allerdings nur unter der Bedingung, daß er Glück nicht mit materiellem Überfluß verwechselt.

Doch um Herbert Read nicht unrecht zu tun, will ich gern einräumen, daß Vincent van Gogh seine großartigen und erschütternden Bilder vielleicht nie gemalt hätte, wenn sein Leben weniger unglücklich verlaufen wäre. Als van Gogh in der Londoner Kunsthandlung seines Onkels mitarbeitete, verliebte er sich zum erstenmal, doch die Frau wies ihn ab. Dieses traurige Erlebnis bestimmte fortan sein Schicksal: Um sich von seinem Schmerz abzulenken, begann er zu malen. Doch er litt so sehr unter seiner Einsamkeit, daß er sich mit siebenunddreißig Jahren erschoß. Van Gogh war mehrmals von Frauen abgewiesen worden, das letzte Mal in seinem Todesjahr, als Dr. Gachet, der Vater einer Frau, die er liebte, dieser verbot, sich mit dem Künstler einzulassen. Hätte dieser Arzt ein bißchen mehr Liebe und Einfühlungsvermögen aufgebracht, dann hätte van Gogh der Menschheit vielleicht noch mehr große Werke schenken können – und die Tochter Gachets hätte nicht einsam zu sterben brauchen.

Die unbefangene Kunstbetrachtung der Taoisten

Der Zauber der Kalligraphie ist wie Musik ohne Klang.

An früherer Stelle habe ich bereits erwähnt, daß die Taoisten der Kunst fast ebenso große Bedeutung beimessen wie dem Lieben, Essen und Atmen.

Ohne Nahrung und Sauerstoff können wir nicht leben; ohne die Liebe und die Kunst können wir nicht gesund leben. Daß wir ohne Nahrung, Luft und Liebe nicht auskommen, braucht nicht weiter erklärt zu werden, doch wie steht es mit der Kunst? Es mag manche von Ihnen überraschen, wenn ich behaupte, daß die Kunst in unserem Leben eine ähnliche Rolle spielt wie die Liebe. Die Liebe schenkt uns innere Harmonie und Seelenfrieden. Das gleiche tut die Kunst. Echte Kunst nährt uns ebensosehr wie bekömmliche Nahrung.

Manche lassen sich durch den Begriff «Kunst» verwirren, vor allem, wenn es um «abstrakte» Kunst geht. Wir sollten uns von diesen Begriffen jedoch nicht ins Bockshorn jagen lassen. Selbst der scheinbar erscheinungsgetreueste Kunstgegenstand weist immer noch ein Element der Abstraktion auf. Eine naturalistisch gestaltete Statue aus Marmor ist zum Beispiel zumindest insofern abstrakt, als sie einen Menschen- oder Tierkörper aus Stein nachbildet.

Die einfachste Art, abstrakte Kunst zu verstehen oder zu würdigen, besteht darin, sie mit musikalischen Werken zu vergleichen. Wir haben eine lange Tradition, Musik zu genießen, ohne uns dadurch beirren zu lassen, daß sie völlig abstrakt ist (ausgenommen vielleicht die Formen, die die menschliche Stimme miteinbeziehen). Genau wie abstrakte Gemälde erzählen auch Musikwerke keine Geschichte. Wir können sogar sagen: *Die Aufführung eines musikalischen Werks gleicht einem sich in der zeitlichen Dimension erstreckenden abstrakten Gemälde, während ein abstraktes Gemälde so etwas wie eine sich in den Raum erstreckende musikalische Darbietung ist.* Der offensichtliche Unterschied zwischen beiden Kunstformen besteht darin, daß uns ein Gemälde fast augenblicklich einen optischen Eindruck vermittelt, während uns ein Musikstück einen fortschreitenden Klangeindruck bietet. Bei Gemälden ebenso wie bei Musikstücken sind es die Linien, die Rhythmen, die Formen, die Komposition, worin sich Schönheit ausdrückt. Zugegeben, auch das klingt abstrakt; doch vielleicht muß man ein wenig abstrakt werden, wenn man das Abstrakte erklären will. Wenn Sie einen Augenblick darüber nachdenken, werden Sie es leicht verstehen. Wenn uns dieser Grundgedanke einmal klargeworden ist, wird es uns nicht mehr schwerfallen, die abstrakte Kunst sowie auch alle anderen Kunstrichtungen zu verstehen und zu würdigen.

Beispielsweise ist die Schönschreibkunst in China seit Jahrtausenden eine bedeutende Kunstform. Im Westen weigerte man sich bisher jedoch beharrlich, sie als solche anzuerkennen. Der westliche Mensch kann sie vielleicht leichter akzeptieren und würdigen, wenn er sie wie eine musikalische Darbietung betrachtet. Die Schönheit der chinesischen Kalligraphie drückt sich in ähnlicher Weise aus wie die der chinesischen Keramik, doch chinesische Vasen und Schalen sind den Menschen im Westen viel leichter zugänglich.

Auf den eigenen Geschmack kommt es an

Was die Menschen fürchten, kann man nicht nicht-fürchten.
Laotse[14]

Warum malt ein Kind gewöhnlich viel lebendiger und singt viel bezaubernder als ein Erwachsener? Die Antwort ist einfach: Die meisten Erwachsenen sind so befangen, daß sie gar nicht mehr zu malen oder zu singen wagen!

Schon an meinem ersten Schultag bekam ich den Druck der Gruppe zu spüren. Nur weil ich anders gekleidet war, wurde ich gehänselt, geneckt und gequält. Viele Jahre lang führte ich einen ständigen Kampf gegen die Menge, um meine Individualität zu bewahren. Zuvor hatte ich mich monatelang darum bemüht, mich der Menge anzupassen. Diese Erfahrung lehrte mich, daß es vielleicht weniger beschwerlich ist, mit den Wölfen zu heulen, daß diese Bequemlichkeit jedoch nur um den Preis eines öden und langweiligen Lebens zu erreichen ist. Seit dieser Kindheitserfahrung habe ich meine Individualität immer erfolgreich verteidigt, und dadurch ist mein Leben vielfältiger und sinnvoller geworden. Hauptsächlich durch diese Erlebnisse habe ich auch gelernt, mich gegen die tyrannische Herrschaft meines Vaters zu wehren.

Die meisten Schulen im Westen sind heute erstaunlich demokratisch, wenn auch oft nicht im besten Sinne. Im Vorwort habe ich schon darauf hingewiesen, daß die Demokratie heute oftmals zur Tyrannei der Mehrheit wird. Zum Beispiel wird hier in Schweden gerade heftig darüber debattiert, ob der schwedische Rundfunk seine Programme mit klassischer Musik aufgeben oder drastisch kürzen sollte, weil die überwältigende Mehrheit der Zuhörer keine klassische Musik hört. Zum Glück haben die Liebhaber klassischer Musik einige beredte Fürsprecher auf ihrer Seite. Dennoch wurden die klassischen Musikprogramme in den letzten Jahren schrittweise eingeschränkt.

Kunstfreunde stellen oft die Frage, warum Gegenstände aus vergangenen Jahrhunderten oft soviel schöner und charaktervoller sind als moderne Produkte. Die Antwort ist einfach. Die Entstehung der profitorientierten Industrie forderte eine Vereinheitlichung der Waren, um die Massenproduktion zu erleichtern. Die Folge ist, daß die Produkte immer mehr an Eigenart und Reiz verlieren.

Um die Massenproduktion in Gang zu halten, fordert die Industrie die Menschen auf, das Kleid, die Schuhe oder die Möbel vom letzten Jahr wegzuwerfen und durch ein neues Modell im neuen Stil zu ersetzen. Sie verkündet immer wieder, die wirtschaftliche Blüte unserer Gesellschaft hänge davon ab, daß immer mehr erzeugt und konsumiert werde. Aber das stimmt nicht. Die gegenwärtige Wirtschafts- und Energiekrise wurde durch die bedenkenlose Verschwendung verursacht, zu der die Werbung uns ständig aufruft.

Doch die profitorientierte Industrie hätte nicht die Macht, uns zur Verschwendung und zur ständigen Neuorientierung an den jeweils aktuellen Modetrends anzuhalten, wenn wir nicht bereit wären, unseren individuellen Geschmack aufzugeben. Ein Mensch mit einem eigenen Geschmack wird nie der Mode folgen, denn der Sinn der Mode besteht ja genau darin, die Masse unter Druck zu setzen und sie dazu zu bringen, blind den jeweils neuen Stil zu übernehmen, gleichgültig, ob er dem einzelnen paßt oder nicht.

Leider wird heute unser Wille, dem unablässig über uns hereinbrechenden Ansturm zu widerstehen und unsere persönliche Eigenart zu bewahren, immer schwächer. Immer mehr Menschen unterwerfen sich dem Massengeschmack und kaufen wertloses Zeug, um damit ihre geschmackvollen, soliden alten Sachen zu ersetzen und dann fortlaufend mit der neuesten Mode Schritt zu halten. Dadurch verbrauchen wir die kostbaren natürlichen Ressourcen immer rascher und belasten zugleich die Umwelt. So sah ich zum Beispiel eines Abends vor noch nicht allzu langer Zeit, wie ein junges Paar mit dem Auto vor meinem Fenster anhielt. Die beiden luden zwei alte Stühle aus und warfen sie in den Müllcontainer vor dem gegenüberliegenden Haus, das gerade renoviert wurde. Als sie wieder weggefahren waren, ging ich zu dem Container und entdeckte, daß es sich um zwei wunderschön geschnitzte Kirschholzstühle aus dem neunzehnten Jahrhundert handelte. Zwar war die Lehne des einen Stuhls gebrochen, und bei beiden mußten die Sitze neu bezogen werden, doch es kostete mich nicht viel Mühe, sie wieder herzurichten. Sie gehören heute zu den Glanzstücken meiner Wohnungseinrichtung.

Sollte ich stolz sein auf meinen Fund?

Ich bin erleichtert, weil es mir gelungen ist, zumindest diese zwei Stühle, die von unseren Vorfahren in gewissenhafter Arbeit hergestellt wurden, zu retten. Doch macht mich die allgemeine Neigung zum vorschnellen Wegwerfen keineswegs froh. Vermutlich ersetzte das junge Paar die ausgedienten schönen Möbelstücke durch eine Garnitur nagelneuer Eßzimmerstühle, die ihnen ein geschickter Verkäufer aufgeschwatzt hatte.

14

Auf dem Weg zu einer Welt ohne Haß und Krieg

Ein ideales Leben zu führen heißt, uns selbst und andere glücklich zu machen und dabei niemandem, auch uns selbst nicht, zu schaden. Es heißt, alles, was in unseren Kräften steht, zu tun, um unsere Gesellschaft nicht nur vor der Zerstörung zu bewahren, sondern auch dafür zu sorgen, daß Schönheit und Liebe in ihr ständig zunehmen.

Der verstorbene Historiker Arnold Toynbee sagte einmal dem Sinne nach, die industrielle Entwicklung des Westens wäre nicht möglich gewesen ohne die puritanische Unterdrückung der Sinnlichkeit, die die Menschen dazu zwang, ihre Zeit und Energie nicht mehr der sexuellen Befriedigung, sondern dem Studium und der Beherrschung komplizierter technischer Vorgänge zu widmen.

Die amerikanische Wissenschaftlerin Mary Jane Sherfey hat eine ähnliche Theorie entwickelt. Sie geht dabei jedoch von der Existenz eines «übermächtigen» weiblichen Sexualtriebs aus und stellt ihn in einen über die industrielle Entwicklung in den westlichen Staaten hinausgehenden weltgeschichtlichen Zusammenhang, wenn sie schreibt:

«Aus prähistorischen Studien im Nahen Osten können wir entnehmen, daß es wahrscheinlich etwa 5000 Jahre gedauert hat, ehe die Frau unterworfen wurde. Die relevanten Daten aus der Zeit von 12000 bis 8000 v. Chr. zeigen, daß die vorzivilisierte Frau völlige sexuelle Freiheit genoß und oft nicht in der Lage war, ihren Trieb zu beherrschen. Deshalb stelle ich die These auf, daß einer der Gründe für die lange Verzögerung zwischen den Anfängen der Landwirtschaft (etwa um 12000 v. Chr.), der Entstehung städtischen Lebens und dem Beginn urkundlich belegten Wissens (etwa 8000 bis 5000 v. Chr.) die ungezügelte zyklische Sexualität der damaligen Frau gewesen sein muß. Erst als diese Triebkräfte mittels streng durchgeführter sozialer Gesetze nach und nach eingedämmt und unter Kontrolle gebracht werden konnten, wurde das Familienleben zu dem stabilisierenden und kreativen Schmelztiegel, aus dem dann der moderne, zivilisierte Mensch hervorgegangen ist.»[1]

Die Opferung der Liebe war ein folgenschwerer Fehler

Der Hunger nach Liebe und der überall herrschende Liebesmangel haben dazu geführt, daß ein sehr großer Teil der Menschen heute unter Angst und Mißtrauen leidet und daß viele ihrem Unbehagen durch grausames oder habgieriges Verhalten Luft zu machen suchen. Auf meinem Schreibtisch liegt eine Zeitung mit der Schlagzeile:

> **Verbrauch an Wirtschaftsgütern**
> **erreicht katastrophale Ausmaße**
> Ressourcen der Erde in zwanzig Jahren erschöpft[2]

In diesem Artikel[2] wird die katastrophale Situation geschildert, in die wir Menschen uns durch schrankenlose Vergeudung und rücksichtslose Ausbeutung der natürlichen Rohstoffe hineinmanövriert haben.

Das industrielle Wachstum und die Ausplünderung der Erde haben zwar vielen unter uns immer größeren materiellen Komfort beschert, andererseits aber auch schwere seelische Belastungen und Gefahren mit sich gebracht, ganz zu schweigen von der entsetzlichen Bedrohung durch gewaltige Giftgasarsenale und von den auf ein Overkill-Potential angewachsenen Mengen von Kernwaffen, die allem Leben auf der Erde ein Ende machen können. Und der Kostenpunkt? Allein für die Rüstung, die keinem anderen Zweck dient, als unser aller Leben zu bedrohen, wurden im letzten Jahr vierhundert Millionen Dollar ausgegeben! Können wir das noch «Fortschritt» nennen? Ich fände es viel angemessener, von «Wahnsinn» zu reden. Und dennoch liegt die Ursache all dieses krebsartigen Wachstums in dem verzweifelten Hunger nach Liebe.

Manch einer führt nun vielleicht ins Feld, unsere Lebenserwartung habe sich dank des wissenschaftlichen und technischen Fortschritts in den vergangenen Jahrzehnten erheblich erhöht. Doch die statistische Lebenserwartung ist keineswegs eine so eindeutige Angabe, wie sie es auf den ersten Blick zu sein scheint. Die durchschnittliche Lebenserwartung ist in neuerer Zeit vor allem deswegen so eindrucksvoll angestiegen, weil es gelungen ist, die Gefahren, die früher für Mutter und Kind in der Zeit nach der Geburt bestanden, zu verringern. Sie hat sich auch deswegen erhöht, weil der Medizin heute weitaus effektivere Mittel zur Verfügung stehen, Schwerkranke vor dem Tod zu bewahren. Doch auch diese Möglichkeiten sind es sicherlich nicht wert, die völlige Zerstörung des Lebens auf der Erde in Kauf zu nehmen – ein Schicksal, das jederzeit über uns hereinbrechen kann. Es wäre jedoch nie dazu gekommen, wenn wir die Industrialisierung nicht zu weit getrieben hätten.

Der Verzicht war nicht notwendig

Zunächst einmal glaube ich nicht, daß die Frauen in der Frühzeit der menschlichen Entwicklung außer Rand und Band geraten wären, wenn man ihnen die volle sexuelle Freiheit gelassen hätte. Es ist denkbar, daß sie die Männer durch ihre sexuellen Bedürfnisse einschüchterten. Vielleicht erging es den Männern nicht viel anders als ihren Geschlechtsgenossen heute, von denen ein nicht geringer Teil ebenfalls Angst vor den Frauen zu haben scheint. Doch brauchen sich darüber die männlichen Leser nicht zu beunruhigen. Wenn ein Mann die Regeln des Taos beherrscht, wird er der Frau sexuell ebenbürtig.

Die taoistischen Liebeslehren verändern die Beziehungen zwischen den Geschlechtern von Grund auf. Für diejenigen, die sich nach ihnen richten, sind die Bemerkungen Mark Twains über die unterschiedlichen sexuellen Fähigkeiten von Mann und Frau nicht mehr gültig. Die Schilderung des Schriftstellers trifft nur auf Frauen zu, die verzweifelt nach Liebe hungern. Sobald sie gesättigt sind, gewinnen sie ihre Ruhe und Ausgeglichenheit zurück – zumindest für einen gewissen Zeitraum, der allerdings von Frau zu Frau variiert.

Maria, die junge Frau, die ich in einem früheren Kapitel vorstellte, ist dafür ein gutes Beispiel. Wenn sie ausgehungert ist, verlangt sie genauso dringlich nach Liebe, wie Mark Twain es beschreibt. Doch wenn sie durch eine Vielzahl von Orgasmen an einem Abend vollkommen befriedigt worden ist, können einige Tage vergehen, bevor ihr Verlangen wieder erwacht.

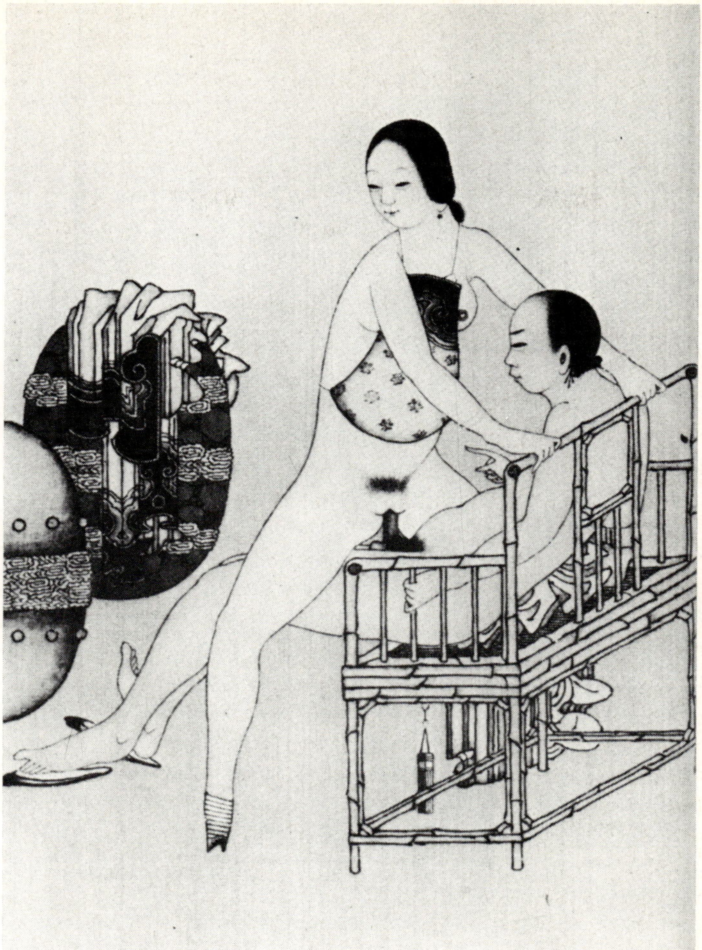

Doch wie ergeht es den Frauen, die nicht so mühelos zum Orgasmus kommen wie Maria, oder denen, die überhaupt nicht wissen, was ein Orgasmus ist?

Vor rund vier Jahren lernte ich eine Frau namens Lydia kennen, die damals zweiunddreißig Jahre alt war. Lydia war eine zarte, gutaussehende Frau, und ihr sexuelles Verhalten stimmte genau mit Mark Twains Schilderung überein. Wenn sie drei oder vier Tage ohne körperliche Liebe auskommen mußte, fühlte sie sich so matt, als ob alles Leben aus ihr gewichen wäre. Sie war niedergedrückt, mußte häufig weinen und verfiel in selbstzerstörerische Verhaltensweisen – sie trank, rauchte täglich vierzig Zigaretten und stopfte enorme Mengen Kuchen und Süßigkeiten in sich hinein. Mit anderen Worten: Sie verhielt sich ähnlich wie Maria, nur daß sie beim Liebesakt fast nie zum Orgasmus kam. Diese Probleme gingen wahrscheinlich auf ein Kindheitserlebnis zurück. Als Fünfjährige hatte Lydia einmal zwei Jungen aus der Nachbarschaft gefragt, ob sie ihre kleinen Penisse ansehen und anfassen dürfe. Die Jungen ließen sie gewähren, erzählten aber zu Hause, was sie getan hatten. Lydias Mutter erfuhr davon, und da sie keine aufgeklärte Frau war, verabreichte sie ihrer Tochter voller Zorn eine heftige Tracht Prügel. Durch diese Bestrafung wurde Lydia die natürliche und unverhohlene Neugier Jungen und Männern gegenüber nachhaltig ausgetrieben. Sie war bereits achtundzwanzig Jahre alt, als sie es endlich wagte, mit einem Mann zu schlafen.

Für Lydia ist die sexuelle Befriedigung von der Anzahl der Stöße abhängig. Einmal haben wir es im Laufe von eineinhalb Stunden auf rund 3500 Stöße gebracht. Sie hat eine besondere Vorliebe für die «Frau-oben»-Stellung, deshalb saß sie erst etwa eine Dreiviertelstunde auf mir und vollführte ungefähr 2000 Stöße. Gegen Ende dieses Liebesaktes geriet Lydia in Ekstase, zugleich war sie aber erschöpft und schweißnaß. Sie ging rasch unter die Dusche, und danach begannen wir von neuem. Dieses Mal wechselten wir die Positionen, ich lag auf ihr und stieß ruhig und sanft in sie hinein. Als wir bei etwa 3500 «liebenden Stößen» angelangt waren, empfand Lydia eine so tiefe Befriedigung, daß ihr Gesicht engelsgleich leuchtete. Bei einem solchen Genuß fragt niemand danach, ob es nun auch noch zum Orgasmus gekommen ist oder nicht.

Doch von Zeit zu Zeit hatte Lydia Lust, einen Orgasmus zu erleben; dann nahm sie die Finger zu Hilfe oder bat mich, sie mit der Hand zu erregen.

Ein erfülltes Liebesleben sollte zum Menschenrecht werden

Im Laufe vieler Jahre konnte ich beobachten, daß die Frauen sexuell keineswegs so wild und unbezähmbar sind, wie oft behauptet wird. Ohne die volle, natürliche Befriedigung ihrer körperlichen Liebesbedürfnisse kommen sie jedoch nicht aus. Ist diese gesichert, sind Frauen in der Regel friedliebender und mitfühlender als Männer. Leider war die volle Befriedigung der Frau früher nur sehr schwer zu erreichen, da die Lehren des Taos erst in allerneuester Zeit in den Westen gelangt sind.

Havelock Ellis war im Westen wohl der erste Sexualwissenschaftler, der begriff, welches Maß an sexueller Aktivität für die Befriedigung der Frau nötig sein kann. «...die Frau erreicht den Höhepunkt der Lust erst nach einer Dreiviertelstunde», schreibt er. «Gelegentlich kann es vorkommen, daß ihr Verlangen kurz darauf neu erwacht und der Verkehr in derselben Weise wiederaufgenommen wird. Danach jedoch ist die Frau befriedigt, und es tritt kein erneutes Verlangen mehr auf.»[3] Diese Angaben sind jedoch sehr niedrig gegriffen. Nach meinen Beobachtungen kann das Begehren der Frau sehr viel häufiger neu aufflammen. Ich habe es selbst erlebt, daß eine Frau an einem Abend sechzehnmal eine Vereinigung wünschte!

Dieses Beispiel soll zeigen, daß der Mann, der das Tao meistert, den sexuellen Ansprüchen jeder Frau gewachsen ist. Wenn die Kenntnis des Taos erst einmal weit verbreitet ist, wird es leicht möglich sein, die «ungezügelte zyklische Sexualität» der Frauen zu befriedigen, so daß kein Mann mehr das Gefühl zu haben braucht, sie beherrschen und unterdrücken zu müssen. Wenn den Frauen die volle sexuelle Befriedigung zugestanden wird, werden sie sich bald als die friedlichsten, lebensbejahendsten und konstruktivsten Menschen entpuppen, die man sich vorstellen kann!

Erst wenn das erreicht ist und der überwiegende Teil der Menschheit zu einem positiven und konstruktiven Verhalten gefunden hat, besteht die Hoffnung, daß wir uns einer vollkommeneren Welt nähern!

Der im Sexus Gefangene wird in die Freiheit entlassen

Liebe ist der Kontakt zweier Hautoberflächen.
Jean-Paul Sartre

Die Lektüre von Norman Mailers Buch *Gefangen im Sexus* hinterläßt einen bitteren Nachgeschmack: was für ein Abgrund von Haß und Feindseligkeit zwischen den Geschlechtern, wieviel vergeudete Energie und zurückgewiesene Liebe! Wer von uns, Mann oder Frau, ist das Opfer? In Wahrheit brauchte niemand Opfer zu sein. Eigentlich sind Liebe und Sex unsere angenehmste Erquikkung, wohltuender noch als das Essen, der Schlaf oder die Abenteuer des Geistes. Wir alle sind darauf angewiesen, dreimal am Tag eine Mahlzeit zu uns zu nehmen und fast ein Drittel unseres Lebens schlafend zuzubringen, und manche unter uns widmen sogar noch den größten Teil ihres Lebens der Wissenschaft. Und dennoch würde niemand behaupten, wir würden unterdrückt durch unser Bedürfnis nach Nahrung, nach Schlaf und nach Wissen.

Wir befinden uns heute in einer Situation, in der fast jeder nach Liebe und Sex hungert, weil wir nicht wissen, wie wir uns möglichen Liebespartnern nähern sollen. Wir sollten jedoch ohne Scheu auf das andere Geschlecht zugehen und einfach ausprobieren, wie beglückend eine solche Begegnung sein kann. Im *Hite-Report* haben viele Frauen gesagt, wie wesentlich die körperliche Berührung für sie ist. Wenn wir uns unbefangener berühren und uns im täglichen Leben mehr Wärme und Nähe schenken könnten, würden viele Kliniken und Sanatorien für psychisch Kranke überflüssig werden. Ich will sogar noch weitergehen und behaupten, auch zum Kriegführen gäbe es dann keinen Grund mehr, weil der Haß, der uns zum Kämpfen treibt, überwunden wäre.

Wenn es zwischen den Geschlechtern statt Haß und Streit einmal nur noch Liebe und Frieden gibt, dann wird sich diese Harmonie auch auf die Klassen, Nationen und Rassen ausdehnen.

Wenn das geschieht, nähern wir uns fast von selbst der idealen Welt.

Anmerkungen

Das Tao der Liebe und das Glück

1 William Blake, *The Question Answer'd.* In: The Complete Writings of William Blake, London, 1966, S. 180.
2 ‹The Observer›, 13.5.1979.
3 Klaus Mehnert, *Jugend im Zeitbruch*, S. 307.
4 Li Tung-hsüan, *Tung-hsüan-tzu*, Kapitel 5. Dieses Buch stammt aus dem siebten Jahrhundert.
5 Wu Hsien, *Shu-chin Yu-lu*, Kapitel 18.
6 David Reuben, *Alles was Sie schon immer über Sex wissen wollten*, S. 86.
7 Lawrence Durrell, *A Smile in the Mind's Eye*, S. 3.
8 Vgl. die ausführliche Darstellung in *Das Tao der Liebe*, S. 150 f.

Siege des Taos

1 Mark Twain, *Briefe von der Erde*, S. 568.
2 Mary Jane Sherfey, *Die Potenz der Frau.*
3 Alexander Wolf, *The Problem of Infidelity.* In: Salo Rosenbaum und Ian Alger (Hg.), *The Marriage Relationship.*

Die orgastische Verwirrung

1 Helen S. Kaplan, *The New Sex Therapy*, S. 380 f.
2 Mario Puzo, *Narren sterben*, S. 365.

Der Mythos von der Monogamie

1 *Yü-fang pi-chüeh* (siebtes Jahrhundert).
2 Mary Jane Sherfey, a. a. O., S. 220 f.
3 Ben B. Lindsey, *Die Kameradschaftsehe.*
4 Lao-Tse (Laotse), *Tao Tê King (Taoteking).* Übertragen und kommentiert von Victor von Strauss, S. 135.

Hindernisse beim Erlernen des Liebens

1 *Su-nü miao-lun*, Kapitel 7.
2 Vgl. Norman Sussman, *Sex and Sexuality in History.* In: Sadock, Kaplan, Freedman (Hg.), *The Sexual Experience.*
3 Desmond Morris, *Der nackte Affe*, S. 7.
4 Ronald D. Laing, *Die Tatsachen des Lebens*, S. 10.

5 William H. Masters und Virginia E. Johnson, *Funktionelle Sexualstörungen.*
6 David Reuben, a. a. O., S. 86.
7 Ebd.
8 Alex Comfort, *More Joy of Sex*, S. 50.
9 Ders., *Joy of Sex*, S. 143.
10 Ders., *The Joy of Sex*, Quartet Books, London, 1975, S. 1.
11 Ders., *Joy of Sex*, S. 148.
12 T. H. van de Velde, *Die vollkommene Ehe.* Vgl. *Das Tao der Liebe* S. 40.
13 Alex Comfort, *Joy of Sex*, S. 7.
14 Donald S. Marshall und Robert C. Suggs, *Sexual Behavior on Mangaia.* In: Dies. (Hg.), *Human Sexual Behavior*, S. 160 ff.
15 Alex Comfort, *Joy of Sex*, S. 74.
16 Ebd., S. 75.
17 Gail Sheehy, *The Truth about Today's Young Men.* ‹Esquire›, Oktober 1979.
18 Alex Comfort, *More Joy of Sex*, S. 50.
19 Desmond Morris, *Der Menschenzoo*, S. 9.
20 Alex Comfort, *Joy of Sex*, S. 34.

Empfängnisverhütung und das Tao

1 Marilyn French, *Frauen*, S. 67.
2 Ebd., S. 155.
3 René Dubos, Horizon Summer Issue 1970, S. 61.
4 Zitiert im Vorwort zu: Barbara und Gideon Seaman, *Women and the Crises of Sex Hormones.*
5 Ebd.
6 T. H. van de Velde, a. a. O., S. 175 ff.
7 David Reuben, a. a. O., S. 215.
8 Ebd.
9 Ebd.
10 Nell Dunn, *Talking to Women.*
11 Egon Diczfalusy und Ulf Borrell (Hg.), *Control of Human Fertility.*
12 Ebd., S. 311.
13 Mary J. Marples, *Life on the Human Skin.* ‹Scientific American›, Januar 1969.
14 Andrew Hacker, *The Technocrat in the Bedroom.* ‹The New York Times Book Review›, 10. 2. 1980.

15 Sandy Rovner, *Beyond the Pill.* ‹International Herald Tribune›, 8.4.1980.

16 Andrew Hacker, a.a.O.

Das Lieben lehren

1 Li Tung-hsüan, *Tung-hsüan-tzu.*

2 Germaine Greer, *Der weibliche Eunuch*, S. 257.

3 David Reuben, a.a.O., S. 97ff.

4 In deutscher Sprache liegt eine Auswahl der Briefe vor: *Briefe der Ninon de Lenclos*, Ullstein, Frankfurt a.M., Berlin, Wien, 1980.

Frigidität, seelische Gesundheit und das Tao

1 Zitiert nach: George Spater und Ian Parsons, *Porträt einer ungewöhnlichen Ehe*, S. 230.

2 Ebd., S. 75.

3 Nigel Nicolson (Hg.), *A Change of Perspective*, S. 38.

4 *Yü-fang pi-chüeh* (siebtes Jahrhundert).

5 E. G. Witenberg (Hg.), *Interpersonal Exploration on Psychoanalysis.*

6 Mark Twain, a.a.O., S. 568 und 570.

7 Erica Jong, *Angst vorm Fliegen*, S. 118.

8 Dies., *Rette sich wer kann*, S. 245.

9 William H. Masters und Virginia E. Johnson, a.a.O.; Helen S. Kaplan, a.a.O.

10 Vgl. Ellis Kahn Ladas u.a., *The G-Spot*, New York, 1982.

11 *Tung-hsüan-tzu*, Kapitel 5.

12 Karl Menninger, *Selbstzerstörung*, S. 446.

Schluß mit der Verschwendung

1 *Taoteking*, a.a.O., S. 69.

2 ‹Cosmopolitan› (Londoner Ausgabe), März 1980.

Die Lehren des Taos – kurz zusammengefaßt

1 *Taoteking*, a.a.O., S. 162.

2 Ebd., S. 65.

3 Ebd.

4 Chan Wing-tsit, *A Source Book in Chinese Philosophy*, S. 751.

5 Laotse, *Taoteking* (Übertragung von Richard Wilhelm).

Das Tao und das Geheimnis der Jugendlichkeit

1 *Taoteking* (übertragen und kommentiert von Victor von Strauss), a. a. O., S. 145.

2 Aus dem *Yü-fang chi-yao*, einem Buch über das Tao aus dem siebten Jahrhundert.

3 Nancy Mitford, *Madame de Pompadour*, S. 187 ff.

Zuviel lieben kann man nicht – zuviel essen tun fast alle

1 Simone de Beauvoir, *In den besten Jahren*, S. 57 f.

Die Kunst und das Tao

1 Herbert Read, *The Meaning of Art*, S. 32.

2 Ebd.

3 Peter Swann, *Art of China, Korea and Japan*, S. 137.

4 Jacques Maritain bei einem im Frühjahr 1952 in der National Gallery of Art (Washington) gehaltenen Vortrag.

5 Hamburger Ausgabe, Bd. 12, München, 1981, S. 469.

6 Herbert Read, *The Contrary Experience*, S. 268.

7 Richard Edwards, *The Art of Wen Cheng-Ming*, S. 26 f.

8 Herbert Read, *The Contrary Experience*, S. 268.

9 Maynard Solomon, *Beethoven*, S. 220 f.

10 Ebd.

11 Francis Stiemuller (Hg.), *The Letters of Gustave Flaubert*, Anhang «Flaubert on Syphilis».

12 Edward Crankshaw, *Tolstoy*, S. 264 ff.

13 Tatjana Tolstoi, *Ein Leben mit meinem Vater*, S. 172.

14 *Taoteking*, a. a. O., S. 80.

Auf dem Weg zu einer Welt ohne Haß und Krieg

1 Mary Jane Sherfey, a. a. O., S. 221 f.

2 ‹International Herald Tribune›, 8./9. 3. 1980.

3 Havelock Ellis, *Sexualpsychologische Studien*, Bd. 2.

Bibliographie I
Chinesische Texte

Su-nü-ching
Su-nü-fang
Yü-fang pi-chüeh
Tung-hsüan-tzu von Li Tung-hsüan (Sui- oder T'ang-Zeit)
T'ien-i yin-yang chiao-hun ta-lo-fu von Pai Hseng-cheng (T'ang-Zeit). Diese fünf Bücher erschienen im Jahre 1914, herausgegeben von Yeh Te-hui, einem hervorragenden Gelehrten aus Hunan. Die Verfasser der ersten drei sind nicht bekannt, man weiß jedoch, daß diese Werke vor der T'ang-Zeit entstanden sind, wahrscheinlich in der Han-Zeit.

Kostbare Rezepte von Sun Szu-mo (T'ang-Zeit) – 1955 Nachdruck der Ausgabe aus der Nördlichen Sung-Dynastie
Chi-chi chen-ching von Lu Tung Pin (T'ang-Zeit)
Hsiu-chen yen-i von Wu Hsien (Han-Zeit)
Su-nü miao-lun. Verfasser anonym.
Diese vier Bücher wurden von R. van Gulik nachgedruckt. Es gibt davon nur fünfzig Exemplare, die in großen Bibliotheken in aller Welt stehen.

Pen-ts'ao kang-mu von Li Shih-chen. Siehe auch: *Der Arzneipflanzen- und Drogenschatz Chinas und die Bedeutung des «Pen Ts'ao Kang-Mu» als Standardwerk der chinesischen Materia Magica*, A. Mosig und G. Schramm, Berlin 1955

Ishinpo (I-hsin-fang), im Jahre 984 n. Chr. herausgegeben von Tamba Yasuyori, einem berühmten japanischen Arzt chinesischer Abstammung. Das Werk besteht aus Auszügen aus mehreren hundert chinesischen Büchern aus der T'ang-Zeit und früheren Epochen. Ich habe die chinesische Ausgabe aus dem Jahre 1955 benutzt.

Han Wei Ts'ung-shu, 96 Werke verschiedener Autoren, darunter der berühmte Dichter T'ao Ch'ien und der Taoist Ko Hung aus der Chin-Zeit (265–420 n. Chr.)

Shih-chi (Aufzeichnungen der Historiker) von Szu-ma Ch'ien (Han-Zeit)
Ch'ien Han-shu von Pau Ku (Han-Zeit)
Hou Han-shu von Fan Yeh (Lui Sung-Zeit, 450 n. Chr.)
Tao-te-ching von Li Erh (Chou-Zeit). Deutsche Ausgaben: *Tao Tê King* von Lao-Tse, übersetzt und kommentiert von Victor von Strauss, Manesse, Zürich o. J., sowie *Taoteking* von Laotse, Übertragung von Richard Wilhelm, Jena 1921, ern. Düsseldorf 1950

Jou Pu Tuan von Li Yü (Ming-Zeit), deutsche Ausgabe: Übertragung von Franz Kuhn, Zürich 1959 und Heidelberg 1965

Hsi-hsiang-chi von Wang Shih-Fu (Yuan-Zeit), deutsche Ausgabe: *Das Westzimmer*, Übertragung von V. Hundhausen, Peking/Leipzig 1926

Chuang-Tzu von Chung Chou (Chou-Zeit)

T'ien-ti Yin-Yang Chiao-huen Ta-lo-fu von Po Shin-chien (T'ang-Zeit)

Bibliographie II
Englische und deutsche Texte / Übersetzungen

Beauvoir, Simone de, *In den besten Jahren* (Rowohlt, Reinbek, 1974)

Dies., *Das Alter* (Rowohlt, Reinbek, 1972)

Dies., *Das andere Geschlecht* (Rowohlt, Reinbek, 1968)

Beurdeley, Michel, *The Chinese Collector through the Centuries* (Charles E. Tuttle, Rutland, Vermont, 1969)

Calder-Marshall, Arthur, *Havelock Ellis* (Ruper Hart-Davis, London, 1959)

Capra, Fritjof, *Der kosmische Reigen. Physik und östliche Mystik – ein zeitgenössisches Weltbild* (Scherz, Bern, München, Wien, 1980)

Chan Wing-Tsit, *A Source Book in Chinese Philosophy* (Princeton University Press, 1969)

Comfort, Alex, *Joy of Sex* (Ullstein, Frankfurt a. M., Berlin, Wien, 1981)

Ders., *More Joy of Sex* (Ullstein, Frankfurt a. M., Berlin, Wien, 1982)

Crankshaw, Edward, *Tolstoy* (Weidenfeld & Nicolson, London, 1974)

Danielsson, Bengt, *Love in the South Sea* (Reynal & Co., New York, 1956)

Diczfalusy, Egon, und Ulf Borrell (Hg.), *Control of Human Fertility* (Almquist & Wiksell, Stockholm, 1971)

Durrell, Lawrence, *A Smile in the Mind's Eye* (Wildwood House, London, 1980)

Edwards, Richard, *The Art of Wen Cheng-Ming* (University of Michigan Museum of Art, 1976)

Ellis, Havelock, *Sexualpsychologische Studien* (Leipzig, 1922–1924)

French, Marilyn, *Frauen* (Rowohlt, Reinbek, 1978)

Fuchs, Estelle, *The Second Season. Women in the Middle Years – Life, Love and Sex* (Anchor Press/Doubleday, 1977)

Fuchs, Victor, *Who Shall Live? Health, Economics and Social Choice* (Basic Books, New York, 1974)

Greer, Germaine, *Der weibliche Eunuch* (S. Fischer, Frankfurt a. M., 1971)

Gulik, R. H. van, *Sexual Life in Ancient China* (E. J. Brill, Leiden, 1961; Humanities Press, Atlantic Highlands, New Jersey, revidierte Ausgabe, 1974)

Hall, Ruth, *Marie Stopes* (André Deutsch, 1977)

Huxley, Aldous, *Eiland* (Piper, München, 2. Aufl. 1973)

Illich, Ivan, *Die Nemesis der Medizin. Von den Grenzen des Gesundheitswesens* (Rowohlt, Reinbek, 1977)
Jong, Erica, *Angst vorm Fliegen* (S. Fischer, Frankfurt a. M., 1979)
Dies., *Rette sich wer kann* (S. Fischer, Frankfurt a. M., 1980)
Jung, Carl Gustav, *Gesammelte Werke* (Walter, Freiburg, 1966ff)
Kaplan, Helen Singer, *The New Sex Therapy* (Baillière Tindall, London, 1974)
Kushner, Rose, *Breast Cancer* (Harcourt Brace Jovanovich, New York, London, 1975)
Labhart, Alexis, *Klinik der inneren Sekretion* (Springer, New York, Heidelberg, Berlin, 1974)
Laing, Ronald D., *Das geteilte Selbst. Eine existentielle Studie über geistige Gesundheit und Wahnsinn* (Rowohlt, Reinbek, 1976)
Ders., *Die Tatsachen des Lebens* (Rowohlt, Reinbek, 1981)
Liang, T. T., *T'ai Chi Ch'uan* (Vintage Books, New York, 1977)
Lindsey, Ben B., *Die Kameradschaftsehe* (Deutsche Verlagsanstalt, Stuttgart, Berlin, Leipzig, 1928)
Mailer, Norman, *Gefangen im Sexus* (Droemer, München, 1974)
Marine, Gene, und Judith van Allen, *Food Pollution* (Holt, Rineheart & Winston, New York, 1972)
Masters, William H., und Virginia E. Johnson, *Die sexuelle Reaktion* (Akademische Verlagsanstalt, Frankfurt a. M., 1967)
Dies., *Funktionelle Sexualstörungen* (Akademische Verlagsanstalt, Frankfurt a. M., 1972)
Mehnert, Klaus, *Jugend im Zeitbruch* (DVA, Stuttgart, 1976)
Menninger, Karl, *Selbstzerstörung* (Suhrkamp, Frankfurt a. M., 1974)
Millay, Edna St. Vincent, *Collected Poems* (Harper & Row, 1958)
Monif, Gilles R. G., *Infectious Diseases in Obstetrics and Gynecology* (Harper & Row, 1974)
Morehouse, Lawrence E., und Leonard Gross, *Fitness für Faule* (Rowohlt, Reinbek, 1976)
Morris, Desmond, *Der Menschenzoo* (Droemersche Verlagsanstalt, München, Zürich, 1969)
Ders., *Der nackte Affe* (Knaur-Tb, München, 1980)
Morton, R. S., *Venereal Diseases* (Penguin, 1974)
Myrdal, Jan, *Bekenntnisse eines unmutigen Europäers* (Insel, Frankfurt a. M., 1972)
Needham, Joseph, *Science and Civilization in China* (7 Bde.; Cambridge University Press, Cambridge, 1954 ff.)
Nicolson, Nigel (Hg.), *A Change of Perspective. The Letters of Virginia Woolf 1923–1928* (The Hogarth Press, 1977)

Ders., *Portrait of a Marriage* (Weidenfeld & Nicolson, London, 1973)
O'Neill, Nena und George, *Die offene Ehe* (Rowohlt, Reinbek, 1974)
Porkert, Manfred, *Die theoretischen Grundlagen der chinesischen Medizin. Das Entsprechungssystem* (Steiner, Wiesbaden, 1973)
Puzo, Mario, *Narren sterben* (Molden, Wien, München, Zürich, Innsbruck, 1978)
Read, Herbert, *Art and Alienation* (Horizon Press, New York, 1967)
Ders., *The Contrary Experience* (Faber & Faber, 1963)
Ders., *The Meaning of Art* (Penguin, 1949)
Reuben, David, *Alles was Sie schon immer über Sex wissen wollten (aber bisher nicht zu fragen wagten)* (Knaur-Tb, München, Zürich o. J.)
Rosen, Stephen, *Zukunftsfakten* (Societäts-Verlag, Frankfurt a. M., 1979)
Rosenbaum, Salo, und Ian Alger (Hg.), *The Marriage Relationship* (Basic Books, New York, London 1968)
Rubins, Jack L., *Karen Horney* (Weidenfeld & Nicolson, London, 1978)
Sadock, Kaplan, Freedman (Hg.), *The Sexual Experience* (William & Wilkins, Baltimore, 1976)
Sand, Richard E., *Things Your Mother Never Told You* (Avon, 1970)
Seaman, Barbara und Gideon, *Women and the Crises in Sex Hormones. The Doctor's Care against the Pill* (Rawson Associates, New York, 1977)
Shadagg, S., *Clare Bothe Luce* (Simon & Schuster, 1970)
Sherfey, Mary Jane, *Die Potenz der Frau. Wesen und Evolution der weiblichen Sexualität* (Kiepenheuer & Witsch, Köln, 1974)
Sinclair, Upton, *The Autobiography* (W. H. Allen, London, 1963)
Smith, James und Lynn (Hg.), *Beyond Monogamy* (The Johns Hopkins University Press, Baltimore, Maryland, 1974)
Solomon, Maynard, *Beethoven* (Cassell, London, 1978)
Spater, George, und Ian Parsons, *Porträt einer ungewöhnlichen Ehe. Virginia und Leonard Woolf* (Fischer-Tb, Frankfurt a. M., 1980)
Swann, Peter, *Art of China, Korea and Japan* (Frederick A. Praeger, New York, 1963)
Tolstoi, Tatjana, *Ein Leben mit meinem Vater. Erinnerungen an Leo Tolstoi* (Kiepenheuer & Witsch, Köln, 1978)
Twain, Mark, *Briefe von der Erde* (Hanser-Werkausgabe, Bd. 9)
Velde, T. H. van de, *Die vollkommene Ehe* (Goldmann, München, 1975)
Witenberg, E. G. (Hg.), *Interpersonal Exploration in Psychoanalysis* (Basic Books, New York, 1973)

Bildquellenverzeichnis

Academy of Arts, Honolulu: 171. – Biblioteca Ambrosiana, Mailand: 31. – British Museum, London: 153, 165. – Jolan Chang: 22, 27, 39, 54, 64, 104, 115, 178. – Chu yuan-chang, Quan-zhou: 17, 47, 79, 135, 181. – Sammlung J. P. Dubosc, Lugano: 72. – Sammlung C. H. Mitchell: 123. – Museum of Fine Arts, Boston: 199. – Sammlung R. Peyrefitte: 59, 88, 95, 111, 138, 190, 231, 235. – Palastsammlung Tai-chung, Formosa: 206, 213, 217. – Wellcome Medical Foundation, London: 11.

Danksagung

Der Autor dankt insbesondere Joseph Needham, Fellow of the Royal Society, Fellow of the British Academy, Rektor des Gonville- und des Caius-College, Cambridge, Verfasser des monumentalen Werkes *Science and Civilization in China*, und Dr. Trimmer, Herausgeber des ‹British Journal of Sexual Medicine›, für ihre Unterstützung und ihren Rat; Ina Svensson für die Geduld, mit der sie das Manuskript nicht nur einmal neu tippte; und last but not least Bill Whitehead, Cheflektor im Verlagshaus Dutton, für seine unerschöpfliche Anteilnahme und seine wertvollen Vorschläge.

3404/2

Henry Miller

Henry Miller wuchs in Brooklyn, New York auf. Mit dem wenigen Geld, das er durch illegalen Alkoholverkauf verdient hatte, reiste er 1928 zum erstenmal nach Paris, arbeitete als EnglischLehrer und führte ein freizügiges Leben, ausgefüllt mit Diskussionen, Literatur, nächtlichen Parties – und Sex. In Clichy, wo Miller damals wohnte, schrieb er sein erstes großes Buch «Wendekreis des Krebses». Als er 1939 Frankreich verließ und in die USA zurückkehrte, kannten nur ein paar Freunde seine Bücher. Wenig später war Henry Miller der neue große Name der amerikanischen Literatur. Immer aber bewahrte er sich etwas von dem jugendlichen Anarchismus der Pariser Zeit. Henry Miller starb fast neunzigjährig 1980 in Kalifornien.

Insomnia oder Die schönen Torheiten des Alters
(rororo 4087)

Jugendfreunde *Eine Huldigung an Freunde aus längst vergangenen Zeiten*
(rororo 12587)

Der klimatisierte Alptraum
(rororo 1851)

Lachen, Liebe, Nächte
(rororo 758)

Nexus *Roman*
(rororo 1242)

Sexus *Roman*
(rororo 4612 und als gebundene Ausgabe)

rororo Literatur

Stille Tage in Clichy
(rororo 5161)

Wendekreis des Krebses *Roman*
(rororo 4361)

Wendekreise des Steinbocks
Roman
(rororo 4510 und als gebundene Ausgabe)

Im Rowohlt Verlag sind außerdem erschienen:

Tief im Blut die Lockungen des Paradieses *Henry Miller-Lesebuch*
Herausgegeben von Heinrich Maria Ledig-Rowohlt
256 Seiten. Gebunden.

Der Engel ist mein Wasserzeichen
Sämtliche Erzählungen
Deutsch von Kurt Wagenseil und Herbert Zand
352 Seiten. Gebunden.

Ein Verzeichnis sämtlicher Bücher und Taschenbücher von Henry Miller finden Sie in der Rowohlt Revue – jedes Vierteljahr neu und kostenlos in Ihrer Buchhandlung.

3254/1